칼빈과 영성

고 신 대 학 교
개혁주의학술원

칼빈과 영성

개혁주의 신학과 신앙 총서4

발행일 _ 2010년 4월 23일 발행

발행인 _ 김성수

펴낸곳 _ 개혁주의학술원
부산시 영도구 동삼동 149-1
Tel. 051)990-2266/2267
www.kirs.co.kr
kirs@kosin.ac.kr

칼빈과 영성

개혁주의학술원

칼빈의 경건과 고난의 영성

교회의 "영성"(spirituality)은 현대 목회 실천의 중요한 관심사 중 하나이다. 오늘날 한국교회는 목회 현장의 다양한 현실적 요청에 따라 개인의 신앙 성장과 목회자의 교회 부흥을 위한 각종 영성 세미나와 영성 훈련 프로그램들이 계속 새롭게 소개되고 있다. 그리고 영성에 대한 교과목들이 이미 신학교의 교육과정으로 채택되어 가르쳐지고 있다. 그러나 교회는 아직도 개혁주의 영성의 분명한 원리와 구체적인 모델을 제시하지 못하고 있으며 비성경적인 원리와 전통에 뿌리를 둔 세속적 영성 훈련 프로그램들로 혼란을 겪고 있다. 성경적 반성과 신학적 내용이 없는 개인주의적이며 신비적 영성은 오히려 교회의 영적 건강을 해치는 악이 아닐 수 없다. 이러한 시점에 칼빈의 경건 신학에 뿌리를 둔 개혁주의 영성의 성경적 원리들을 확립하고 구체적인 영성 훈련 프로그램을 개발하는 것은 오늘 우리 교회와 신학의 중요한 과제일 것이다.

종교개혁은 신학과 신앙의 개혁인 동시에 영성과 삶의 개혁이었다. 칼빈은 자신의 영성을 표현하는 말로서 주로 "경건"(*pietas*)이란 말을 사용하였다. 칼빈 신학의 요체인 『기독교 강요』의 핵심이 경건이기에 그의 신학을

“경건의 신학”(*theologia pietatis*)으로 부르기도 한다. 그는 『기독교 강요』에서 경건을 “하나님의 은총을 아는 지식으로부터 생겨나는 하나님에 대한 사랑과 결합된 경외” 또는 “하나님을 아버지로서 사랑하고 경외하며 주로서 순종하고 예배하는 것”으로 이해한다. 다시 말하면 구원의 하나님에 대한 참된 지식이 경건의 열매인 하나님 아버지를 향한 사랑과 경외로 나아가게 하며 또한 자발적인 순종과 합당한 예배로 응답하는 삶의 자리에 서게 한다는 것이다. 그는 먼저 우리가 하나님께서 우리를 거룩하게 하시기 위해 그리스도 안에서 선택하시고 구속하시며 의롭다 하시는 구원의 은혜에 굳건히 뿌리를 내려야 한다는 것을 강조한다.

칼빈을 위시한 개혁자들의 영성에 대한 공통의 강조는 그리스도인의 경건한 삶이 그리스도 안에서의 하나님의 주권적 선택으로부터 시작되고 항상 인간의 행위가 아닌 하나님의 행위에 근거해야 한다는 것이다. 따라서 개혁주의 영성의 가장 중요한 특성은 우리의 구원을 위한 하나님의 주권적 은혜에 대한 확신이다. 문제는 경건한 삶을 위해 우리가 얼마나 많은 성령의 은사들을 소유하는가에 있지 않고 우리에게 구원을 주시는 하나님의 은혜를 얼마나 철저하게 의지하는가에 있다. 경건의 핵심은 우리의 영적 자질과 공덕에 있지 않고 “신비로운 연합”(*unio mystica*)이 약속하는 그리스도와의 신령한 교제에 있다. 따라서 칼빈에게 있어 경건한 삶은 그리스도와 연합하여 그리스도의 의를 덧입고 그의 영을 받아 하나님을 아바 아버지로 부르는 하나님의 자녀들이 구원의 확신 속에서 날마다 그리스도의 의

를 힘입고 항상 그리스도를 본받는 삶을 살아 오직 하나님께 영광을 돌리
는 것을 말한다.

칼빈은 예수 그리스도를 참된 영성의 본보기로 제시하면서 땅위에서의
예수 그리스도의 삶과 그리스도인의 삶의 관계를 비교하여 제시한다. 특히
예수 그리스도의 삶 속에서 고난과 세상에 대한 그리스도인의 삶의 태도를
찾으려고 한다. 칼빈은 망명자인 자신과 자기 시대의 수많은 시련과 고통
을 경험하는 가운데 그리스도인이 살아가야 할 땅위의 삶의 성격을 고난의
삶으로 이해하고 있다. 그리스도인은 그리스도의 고난과 죽음에 참예하는
자들로서 고난을 통해 자기 육체를 억제하고 자기 중시(重視)를 타파할 수
있게 되며, 고난 중에도 인내와 순종을 배우면서 오직 하나님만을 신뢰하
는 자리에 나아가게 된다는 것이다. 따라서 칼빈에게 있어 고난은 하나님
의 사랑의 징표이고 천국에 오르는 계단이며 그리스도인의 영예이기도 하
다.

어떤 학자는 칼빈이 세상 긍정적 영성(world-affirming spirituality)을
가졌다고 하지만 실상 그의 주요한 가르침은 세상 부정적 영성(world-
denying spirituality)으로 가득 차있다. 물론 칼빈은 현세의 삶 자체를 하
나님의 사랑과 은혜의 증거로써 받아들이고 감사하는 태도를 견지하고 있
다. 그러나 그 모든 현세의 삶은 내세의 영원한 삶과 비교할 때 실로 무가
치할 뿐 아니라 결국은 죄로 얽어매는 죽음의 자리에 이르게 한다고 생각

한다. 따라서 그는 그리스도인은 천국의 순례자들로서 항상 땅위의 삶에 대한 경멸과 영원 삶에 대한 열정으로 가득 차있어야 한다고 주장한다. 세상에 대한 지나친 집착을 버리고 천국에 대한 간절한 소망을 가질 것을 강조한 것이다.

한 걸음 더 나아가 그는 그리스도인들에게 세상을 향한 헛된 야망을 떨쳐 버리고 감사와 절제 속에 인내하며 고난과 죽음까지도 두려워하지 말 것을 권고한다. 그리스도의 고난에 동참하여 십자가를 지는 자기부인(self-denial)의 삶을 통해 오직 하나님의 뜻을 이루기 위한 온전한 헌신과 선한 싸움을 다 싸워야 한다는 것이다. 모든 그리스도인은 거룩한 영적 전투에로 부름 받은 그리스도의 병사들로서 원수대적 마귀와 더불어 온 힘을 다해 싸워 최고 사령관이신 그리스도의 영원한 승리에 동참하도록 해야 한다고 격려한다.

칼빈이 강조한 이러한 고난의 영성을 오늘 우리 자신과 우리 교회에서 과연 찾아볼 수 있는가? 한국교회의 성장과 부흥의 뿌리에는 고난의 영성이 있었다. 그러나 언제부터인가 순교자들의 수난사는 아득한 옛 이야기처럼 들리고 순교적 고난과 희생은 박물관 전시장에서나 찾아 볼 수 있는 오래된 빛 바랜 사진처럼 보이기 시작했다. 오늘날 소위 "번영의 신학"이 건강과 행복, 출새와 명예를 기독교 신앙의 간판처럼 내세워 참된 신앙과 영성을 변질시키고 있다. 따라서 한국교회 안에 축복과 번영의 길로 달려가는 교인은 많으나 복음을 위한 고난과 희생의 길을 찾아가는 제자들은 찾아보기 힘들다. 그러나 우리가 물려받은 영성의 유산은 순교적 신앙에 기초한 고난의 영성이며, 우리가 걸어가야 할 길은 그리스도를 위해 죽음의 자리에 까지 나아가는 제자의 길이다. 칼빈은 그리스도인의 삶의 요체를 『기독교 강요』(3.6-11)에서 종말론적 소망 중에 자기를 부인하여 십자가를 지고 그리스도를 따르는 제자의 삶으로 제시하였다. 그리고 그는 자신의 그 가르침에 일치한 삶을 살았다.

  이러한 개혁주의 영성의 신학적 기초를 보다 분명히 하기 위한 다양한 주제들에 대한 교수님들의 탁월한 연구논문을 소개하게 되어 정말 기쁘고 감사하다. 이 모든 노력과 헌신이 개혁주의 영성의 새로운 부흥을 위한 계속적 연구의 새로운 출발이 되기를 바란다. 앞으로 교회를 섬기는 신학으로서 칼빈의 경건신학에 기초한 개혁주의 영성 훈련 프로그램을 구체적으로 제시할 수 있는 기회가 있기를 기대한다.

개혁주의 학술원장 **이 환 봉**

목차
CONTENTS

발간사   개혁주의 학술원장 **이환봉**   4

구약의 '성령충만과 임재'에 대한 칼빈의 이해   신득일   13

신약의 자기 부인의 영성과 칼빈의 이해   채영삼   37

칼빈의 영성과 성경해석   안명준   73

칼빈의 경건   라은성   93

CONTENTS

중보자 그리스도의 중보에 계시된 경건 　　　　문병호　129

성화의 관점에서 살펴본 칼빈의 경건 　　　　이신열　155

칼빈의 종말론적 영성 　　　　황대우　193

칼빈의 기도론의 영성 유형과 기도 모델 　　　　김순성　217

거짓된 영성에 대한 칼빈의 항거 　　　　이성호　247

칼빈의 경제사상에 반영된 그의 영성 　　　　권호덕　273

• 약어 해설 •

CO = Ioannis Calvini Opera quae supersunt omnia

　=칼빈작품전집

OS = Joannis Opera Seleca = 칼빈작품선집

COE = Ioannis Calvini Opera Exegetica = 칼빈주석집

CSEL = Corpus Scriptorum Ecclesiasticorum Latinorum

LW = Luther's Works Ed. Jarosla Pelikan

NPNF = Nicene and Post-Nicene Fathers

　= 니케아 공회 시대 교부들과 그 이후 교부들

Comm. = Com. = Commentary = 주석

PG = patrologia Graeca (ed. by Migne)

PL = patrologia Latina (ed. by Migne)

WA = Matin Luthers Werks (Weimar Ausgabe)

ZW = Zwinglis Werke

구약의 '성령충만과 임재'에 대한 칼빈의 이해

신 득 일 교수 (고신대학교)

1. 서론

1) 주제에 대한 구약과 신약의 간격

성령충만과 임재는 신약에만 한정된 성령사역이 아니다(눅 1:15; 4:1; 행 4:31; 7:55; 9:17; 13:9; 고전 3:16, 19; 엡 5:18등). 하나님/여호와의 영의 사역과 관련된 성령충만과 임재는 구약에서도 여러 번 나타난다(출 31:3; 민 24:2; 사 11:2; 48:16; 욜 2:28등). 그러나 그런 성령의 사역은 의미상 구약과 신약에서 차이가 있다.

일반적으로 신약에서는 개인적인 성령충만은 그리스도인의 성숙한 삶을 위해서 항상 추구해야 하는 것으로 나타난다(엡 5:18).[1] 그리고 이는 성령의 열매를 맺어 인격의 변화를 가져온다(갈 5:22, 23). 또한 성령의 임재는 표적을 나타내기도 하지만(행 19:6) 구원받은 그리스도인의 필수적인 증거가 된다(고전 3:16; 유 19).

---

1) Cf. John R.W. Stott, *Baptism & Fullness* (London: IVP, 1975), 118.

칼빈은 『기독교 강요』에서 택자가 하나님으로부터 받는 은사를 본성으로 소유할 수 없다고 하면서 성령의 사역을 언급했다: "또 성령으로 아니하고는 누구든지 예수를 주시라 할 수 없느니라"(고전 12:3).[2] 특별히 제3권에서 성령의 사역을 교리적으로 정리하면서 그 사역의 특징이 철저하게 구원과 관련된 것임을 강조했다: "그리스도는 성령으로 말미암아 우리와 연합하고 우리에게 그의 은혜를 주신다"[3]; "믿음은 성령의 주된 사역이다"[4]; "우리를 향한 하나님의 은혜의 약속과 그리스도 안에서 주어진 하나님의 약속에 대한 확고한 지식은 성령을 통해서 우리의 지성에 계시되고 마음에 인쳐진다"[5]; "하나님의 은혜에 대한 지식은 성령을 통해서 우리의 지성에 계시된다"[6]; "하나님의 영이 아니면 말씀이 우리 마음에 들어올 수 없다"[7]; "그들 안에 거하는 성령의 증거로서 중생의 열매를 취한다."[8] 그러나 구약에 언급된 성령의 사역은 신약을 통해서 교리화된 내용과는 다르게 설명하고 있다. 즉 구약의 성령충만과 임재는 신약의 구원과는 상관없이 다른 목적으로 나타난 역사라는 것이다.[9]

특히 구약에서 하나님의 영이 (충만히) 임하는 것은 단순한 개인적인 차원이 아니라 많은 경우 이방인으로부터 백성을 구원하는 사역과

---

2) Jean Calvin, *L'institution de la religion Chrétienne II* (Genéve: Labor et fides, 1955), 41.
3) Jean Calvin, *L'institution de la religion Chrétienne III* (Genéve: Labor et fides, 1957), 9.
4) Calvin, *L'institution de la religion Chrétienne III*, 13.
5) Calvin, *L'institution de la religion Chrétienne III*, 25.
6) Calvin, *L'institution de la religion Chrétienne III*, 55.
7) Calvin, *L'institution de la religion Chrétienne III*, 57.
8) Calvin, *L'institution de la religion Chrétienne III*, 249.
9) Cf. N.H. Gootjes, 'De Geest in Bezaleël (Exodus 31:3),' in: F.H. Folkerts, o.a. (ed.), *Ambt en aktualiteit : Opstellen aangeboden aan Prof. Dr. C. Trimp* (Haarlem: Vijlbrief, 1992), 32f.

하나님을 섬기는 공적인 일과 관련되었다(출 31:3; 민 24:2; 삿 6:34; 삼상 10:10; 19:20; 대하 15:1). 성령충만과 임재에 관한 구약본문을 주석할 때 신약과는 달리 옛 언약시대와 새 언약시대 간의 계시역사의 전진을 고려해서 다루어야 할 것이다. 칼빈은 이 점에 있어서 역사적으로 기여한 바가 크다.[10] 그래서 구약의 성령 사역의 성격을 다루면서 '구약의 성령충만과 임재'에 대한 칼빈의 이해를 살피는 것이 중요한 일이 될 것이다. 본고에서는 편의상 기독교의 구약 분류를 따라서 오경, 역사서, 시가서 그리고 선지서 별로 이 주제를 살펴 볼 것이다.

2) 구약에 나타난 충만과 임재에 대한 표현

한글번역에서 '충만'이란 말은 히브리어로 *mālē* (가득 차다)인데 이것은 하나님의 영과 관련하여 세 번 사용되었다(출 28:3; 31:3; 신 34:9).[11] 그런데 출애굽기 28:3의 한글 번역(개역, 개역개정)은 '채우다'로 되어 있다. 이 말의 어원 *ml'*은 모든 셈어에서 공통된 의미를 갖고 있다. 그것은 기본적으로 '가득 차다' 혹은 '가득 채우다'란 뜻

---

10) Cf. T.H.L. Parker, *Calvin's Old Testament Commentaries* (Edinburgh: T.&T. Clark Ltd., 1986), 81~82.

11) 개역개정판 말라기 2:15에 "여호와는 영이 충만하였으나"는 잘못된 번역이다. 본문 자체가 애매하기 때문에 번역도 매우 다양하다. 그러나 성령충만과는 아무런 상관이 없다. Cf. Richard A. Taylor & E. Ray Clendenen, *Haggai, Malachi*, New American Commentary 21A (Nashville: Broadman & Holman Publishers, 2004), 322-24. 미가 3:8의 "나는 여호와의 신으로 말미암아 권능과 공의와 재능으로 채움을 얻고"라는 말도 *NIV*나 *ESV*와는 달리 성령이 충만한 것이 아니라 은사가 충만한 것을 말한다. 왜냐하면 '여호와의 신'에만 전치사 *'et'*가 붙었는데 이것은 '~의 도움으로'란 뜻이다: cf. L. Koehler and W. Baungartner (ed.), *The Hebrew and Aramaic Lexicon of the Old Testament (HAL)* (Leiden: E.J. Brill, 1999), 101.

이다.[12] 이 단어는 칠십인 역에도 신약에서 표현하는 '충만하다'(*plē rō*)와 같은 말에서 파생된 용어로 번역되었다(*epiplēmi*).

그리고 성령의 임재를 나타내는 말은 한글 번역(개역, 개역개정)에서 '임하다'(민 24:2; 삿 11:29; 삼상 19:20, 23; 대하 15:1), '강림하다'(삿 6:34; 사 11:2), '크게 임하다'(삿 14:19; 삼상 10:6), '크게 감동되다'(삿 14:6, 19; 삼상 16:13), '감동하다'(대상 12:18; 대하 24:20), '권능이 임하다'(삿 15:14)로 다양하게 표현되었다. 이 표현들은 유사한 내용으로 볼 수 있으나, 한글번역에서는 같은 단어를 다르게 번역한 것도 있고, 다른 단어를 같은 말로 번역한 것도 있다. 이런 현상은 그 말의 의미가 유사하기 때문에 그것들을 엄격하게 구분해서 번역의 일관성을 유지할 필요가 없다고 보았기 때문일 것이다.

먼저 '임하다' 는 기본적인 동사는 히브리어로 *hāyā* (이다, 있다)인데 한글번역상 '임하다' 란 말이 '들어가다' 란 뜻하는 *bō* (겔 2:2; 3:24)와 '떨어지다' 를 뜻하는 *nāfal* (겔 11:5)을 쓴 경우도 있다. '강림하다' 로 번역된 말은 두 가지다. 하나는 기본적으로 '옷 입다'를 뜻하는 *lābaš* (삿 6:34)이고 다른 하나는 '쉬다' 는 의미를 가진 *nūªḥ* (사 11:2)이다. *lābaš* 는 은유적 표현으로 사람이 옷을 입듯이 성령께서 우리 안에 거하시는 것을 의미한다.[13] 이것은 '감동하다' 로 번역되기도 했다(대상 12:18; 대하 24:20). 또 '강림하다' 로 번역된 *nūªḥ* 는 기본적으로 '쉬다' 를 뜻하지만 전치사 *al* (~ 위에)과 함께 '정주하다' 란 의미를 지닌다. 이 두 단어는 하나님의 임재를 표현하는 동의어로 볼 수 있다.

마지막으로 '크게 임하다' 혹은 '크게 감동되다' 혹은 '권능이 임

---

12) M. Delcor, *mālē* in: Jenni, Ernst & Claus Westermann (ed.), *Theologische Handwörterbuch zum Alten Testament (THAT)* I (München: Chr. Kaiser, 1971), 197.
13) E. Jenni, *lābaš*, in: *THAT* I, 869.

하다'로 번역된 단어는 *ṣālaḥ* 이다(삿 14:6, 9; 15:14; 삼상 10:6). 이 말은 기본적으로 '돌진'이나 '쇄도'를 뜻하는데 의의론적으로 '침입해서 능력을 나타낸다'는 의미로 쓰인다.[14] 그래서 이 단어도 성령의 강한 임재를 표현하는 말이다.

그런데 성령이 주어가 되는 자동사가 아니라 타동사로서 하나님이 동사의 주어가 되고 성령이 목적어가 되어서 쓰이는 경우는 '임하다'란 뜻이 없지만 결과적으로 임하는 것으로 보아야 할 단어들이 있다. 그것은 *'ārā* (붓다, 사 32:15), *šāfak* (붓다, 욜 2:28, 히브리어 성경, 3:1), *nātan* (주다, 사 42:1), *ṣālaḥ* (보내다, 시 104:30; 사 48:16)이다. 하나님께서 성령을 부으시거나, 주시거나 보내시면 인간은 성령의 임재를 경험하게 된다.

칼빈은 이 모든 단어를 다루지는 않았지만 이런 표현이 언급된 본문에 대한 그의 이해를 그의 주석과 『기독교 강요』를 통해서 살필 것이다.

2. 본론

1) 성령충만에 대한 칼빈의 이해

① 브살렐의 성령충만

구약에서 제일 먼저 언급된 성령충만은 성막의 기구를 만드는 브살

---

14) Cf. *HAL*, 1025; J. Hausmann, *ṣālaḥ*. in: G.J. Botterweck & H. Ringgren (ed.), *Theologisches Wörterbuch zum Alten Testament VI* (Stuttgart: W. Kohlhammer, 1989), 1043.

렐과 관련된다: "하나님의 영을 그에게 충만하게 하여 지혜와 총명과 지식과 여러 가지 재주로"(출 31:3). 칼빈은 이 절을 주석하면서 성령충만이란 용어를 사용하지 않았다. 다만 성령의 역사라는 차원에서 설명하고 있다. 그는 성령의 역사로 인하여 브살렐이 일상적인 일이 아니라 아주 특별한 일을 하게 되었다고 한다. 하나님의 성령께서 그 안에서 역사하지 않으면 비천한 솜씨로 탁월한 일을 해낼 수 없다고 하면서 이 성령의 역사는 구원받은 자가 받는 다양한 은사 중의 하나라고 강조한다: "이것은 중생에 따르는 성령의 선물과 관련될 뿐만 아니라 일상생활에서 사용되는 모든 분파의 지식과 관련된다."[15] 그는 성령의 사역을 일반화시켜서 모든 것은 성령에 의한 것으로 표현한다: "그러므로 불경건한 사람들이 우리의 유지 수단을 부분적으로 본성과 하나님의 복으로 돌리고 부분적으로 인간의 노력으로 돌리는 것은 잘못된 구분이다. 왜냐하면 인간의 노력 자체가 하나님으로부터 온 복이기 때문이다."[16] 이것을 인정하는 것이 모든 것의 근원이 되시는 하나님께 감사하고 영광을 돌리도록 하는 것이라고 했다. 그렇지만 브살렐의 경우는 일반적인 경우와는 다르다고 한다. 칼빈은 성령충만이라는 말은 쓰지 않았지만 성령에 의해서 "더 없는 탁월함을 부여받았다는 점에서 단지 차이가 있다"고 한다.[17] 그는 모든 재주와 기술이 하나님께로 온 것이지만 브살렐에게 작용하는 성령의 역사는 특별한 것임을 부각시켰다. 이것은 구약에만 나타나는 성령충만의 결과이다. 다시 말해서 지금 성도들이 성령충만을 받는다고 해서 첨단과학에 대한 기술을 갖출 수는 없다는 것이다. 칼빈은 옛 언약시대와 새

---

15) John Calvin, *Commentaries on the Four Last Books of Moses III* (Grand Rapids: Baker Book House, 1993), 291.
16) Calvin, *Commentaries on the Four Last Books of Moses III*, 291.
17) Calvin, *Commentaries on the Four Last Books of Moses III*, 292.

언약시대의 성령의 역사에 대한 차이점을 잘 지적했다. 하나님께서 설계하신 성막과 기구들을 하나님의 의도대로 세우고 만드는 정교한 작업을 하기 위해서는 성령에 충만해야 했다.

② 여호수아의 성령충만

모세가 여호수아를 후계자로 지명하여 안수하니 그에게 지혜의 신이 충만했다(신 34:9). 칼빈은 이 '지혜의 신'이 무엇인지 구체적으로 설명하지 않고 그 목적을 밝히고 있을 뿐이다. 이사야는 지혜의 영을 여호와의 영이라고 설명한다(사 11:2). 지혜의 영이란 '지혜를 주는 영'으로 이해할 수 있고 또 지혜는 성령의 주된 은사이다.[18] 칼빈은 '지혜의 영'이 여호수아에게 임한 것은 그가 하나님에 의해서 임명받는 것이 실제적으로 드러나게 하기 위함이라고 한다. 또 하나님에 의한 그의 소명을 확실하게 증거하기 위함이고 하나님이 부르신 자를 그런 자질로 늘 준비시키신다고 한다.[19] 그래서 안수가 하나님의 은혜의 비어있는 상징이 아니라는 것을 보여준다는 것이다. 여기서 칼빈이 강조하는 것은 모세를 계승하여 약속의 땅으로 인도할 여호수아가 합법적으로 하나님의 부름을 받은 자이자 하나님의 은사를 받은 자라는 것이다. 이것은 여호수아에게 임한 성령충만이 그에게 지혜를 주고 그가 지혜로써 자신의 직분을 수행하도록 한다는 것이다. 이 본문에서 내용적으로 말하는 지혜의 영(성령)이 충만한 것은 직분수행을 위한 것이지 신약에 언급된 바와 같이 성령이 구원에 이르는 지혜를 주는 것과는 다른 것이다(엡 1:17).

---

18) Cf. Eugene H. Merrill, *Deuteronomy*, New American Commentary 4 (Nashville: Broadman & Holman Publishers, 1994), 454.
19) John Calvin, *Commentaries on the Four Last Books of Moses IV*, 408.

2) 성령임재에 대한 칼빈의 이해

① 발람에게 임한 성령

브올산 꼭대기로 인도받은 발람이 이스라엘이 지파별로 광야에 진영을 친 것을 보았을 때 하나님의 영이 그에게 임했다(민 24:2). 신약적 관점에서 보면 이방신의 선지자인 발람에게 성령이 임했다는 것은 이상하게 들릴지 모르지만 특별한 임무를 위해서 일시적으로 임한 것으로 보인다.[20] 칼빈은 발람에게 성령이 임하신 것은 예언에 영향을 미치는 성령의 영감을 받은 것이라고 한다.[21] 그는 이 과정을 이렇게 설명했다: "성령이 그의 감각에 영향을 미쳐서 그 기관이 직분을 수행하기 위한 적절한 도구로 예비되어 그의 혀가 예언하도록 지배했다. 그러나 이것은 이례적으로 그가 마치 새사람으로 변화된 것처럼 하나님의 엄위가 갑작스런 변화를 가져왔다."[22] 그는 '성령이 그에게 임했다'는 것은 그 말이 자신의 생래적인 지성에서 나온 것이 아니라 성령의 말씀이라는 표시를 나타내는 것이라고 했다.[23] 칼빈은 여기서 이 성령의 임재는 이방신의 선지자가 하나님의 뜻에 부합하게 자기 백성을 축복하도록 하는 특별한 사역이지 자신의 중생이나 구원과 관련된 변화를 일으키는 사역이 아니라는 것을 분명하게 보여준다. 성령이 발람에게 임하였을지라도 그는 여전히 이방신을 섬기는 선지자였다.

---

20) Cf. Philip, J. Budd, *Numbers*, Word Biblical Commentary 5 (Dallas : Word Books Publisher, 1984), 268.
21) Calvin, *Commentaries on the Four Last Books of Moses IV*, 218.
22) Calvin, *Commentaries on the Four Last Books of Moses IV*, 219.
23) Calvin, *Commentaries on the Four Last Books of Moses IV*, 219.

② 사사들에게 임한 성령

사사기에는 옷니엘(삿 3:10), 기드온(삿 6:34), 입다(삿 11:29) 그리고 삼손(삿 14:6. 19; 15:14)에게 성령이 임했다고 한다. 그러나 칼빈은 사사기에 대한 주석은 쓰지 않았고 남아 있는 그의 설교도 없다. 다만 『기독교 강요』에서 기드온에게 임한 여호와의 영에 대해서 간략하게 언급할 뿐이다. 그는 인간이 가진 재능이 크든지 작든지 상관없이 그것은 하나님의 은혜의 선물이라고 하면서 특별히 사사들이 실례가 된다고 한다. 그가 기드온의 경우만 들었지만 "사사기에는 여기에 대한 실례가 많다"고 한 것은 다른 경우도 같은 것으로 보아야 한다는 말이다: "여호와의 신이 백성을 다스리도록 그가 정하신 이들을 사로잡았다"(삿 6:34).[24] 칼빈은 사사들에게 임한 성령의 사역은 소명과 관련된 것이고, 사사의 직분을 갖고 그 사역을 감당하도록 하기 위한 방편으로 보았다. 특별히 사사직은 세습되는 것도 아니고 선지자와 왕과 같이 공식적인 의식을 통한 옹립으로 이루어지지도 않는다. 다만 성령의 임재를 통한 영적인 카리스마를 보여주는 것이 자신의 직분을 확인하는 것이 된다.

칼빈이 성령의 임재를 사사의 직분을 통한 사역에 한정하는 것은 입다의 경우에서도 잘 확인할 수 있다. 입다는 이스라엘이 암몬 땅을 차지했다는 암몬 왕의 터무니없는 주장에 대해서 민수기의 내용을 따라 요단 동편의 땅은 암몬이 아닌 아모리 사람을 몰아내고 차지한 것이라고 반박했다. 그러나 암몬 왕은 입다가 전한 메시지를 듣지 않고 전쟁 상황에 돌입하게 되었다. 이때 여호와의 신이 입다에게 임하였다(삿 11:29). 칼빈은 이 부분을 설명하지 않았지만 입다의 맹세의 문

---

24) Jean Calvin, *L'institution de la religion Chrétienne II* (Genève : Labor et fides, 1955), 39

제점을 지적했다: "마찬가지로 입다는 그가 성급하게 부주의한 맹세에 대해서 자기 딸을 희생시켜야 했을 때 자신의 어리석음에 대한 대가를 받았다"(삿 11:30–31).[25] 성령사역에 대한 이러한 칼빈의 이해는 입다가 성령을 받았기 때문에 인간제물을 바치는 그런 비신앙적인 행위를 하겠다는 맹세를 하지 않았을 것이라는 추측을 무색하게 한다.[26] 그래서 딸이 제물로 바쳐져서 죽게 되는 가능성을 없애는 *NIV* 영어 성경 번역과는 대치되는 입장을 취하고 있다.[27] 이것은 성령의 사역이 신앙적 인격의 성숙과 변화와는 무관하다는 것이다.

사사들에게 임한 성령의 역사가 구원이나 인격적 변화와 무관하다는 것은 삼손의 사역에서도 잘 나타난다. 그가 힘을 발휘해서 사자를 죽이고, 아스글론 사람 삼십 명을 죽이고 또 몸의 결박을 풀고 나귀턱뼈로 블레셋 사람 일천 명을 죽은 것은 하나님의 영이 임했기 때문이다(삿 14:6, 19; 15:14).

이와 같이 칼빈은 사사들에게 임한 성령의 사역을 소명과 직분수행 능력으로 제한하고 있다.

③ 사울과 다윗에게 임한 성령

사무엘서에는 사울의 능력과 예언에 관련된 성령의 역사가 여러 번 언급되었다(삼상 10:6; 11:6; 19:23). 사무엘상 19:20은 사울의 사자들에게 성령이 임했다고 한다. 이 가운데서 하나님의 신이 사울에게

---

25) Jean Calvin, *L'institution de la religion Chrétienne IV* (Genève: Labor et fides, 1958), 245.
26) Jordan은 그가 성령으로 인하여 맹세했기 때문에 이 맹세는 성급한 맹세가 아니라 의도된 것이라고 한다. James B. Jordan, *Judges: God's War Against Humanism* (Tyler Texas: Geneva Ministries, 1985), 200.
27) 31절의 *hayyōṣē*는 문맥상 whatever 보다는 whoever로 보는 것이 타당하다. 동물이나 사물이 집에서 그를 맞으러 나올 수 없기 때문이다.

능력으로 임하여서(삼상 11:6) 군사를 모집하고 암몬을 물리치는 것은 앞 단락에서 사사들에게 임한 성령의 사역과 동일한 것으로 이해할 수 있을 것이다. 그런데 칼빈은 여기서 오직 사울의 직무와 관련된 사무엘의 예언만 언급하고 있다: "네게는 여호와의 신이 크게 임하리니 너도 그들과 함께 예언을 하고 변하여 새사람이 되리라"(삼상 10:6). 여기서 한글번역(개역, 개역개정)이 '새사람'이라고 번역한 것은 사울의 거듭난 사람이 될 것 같은 해석상 오해의 여지를 준다. 그러나 이것은 번역이 잘못되었다. '새'라고 번역된 단어('aḥēr)는 '다른'으로 번역하는 것이 맞다. 칼빈도 그 표현을 '다른 사람'(un autre homme)이라고 올바로 번역했다.[28] 사울에게 여호와의 신이 임할 것이라는 것도 그의 직분과 관련된다. 즉 사울이 범인으로 살아왔으나 성령이 임함으로써 이스라엘의 왕으로서 직분을 수행하게 될 것이라는 뜻이다. 실제로 그는 블레셋의 지배로 절망에 빠진 이스라엘을 구하고 백성에 희망을 안겨주었다. 그러나 하나님의 신이 그로부터 떠날 때는 국정운영 능력을 상실하게 된다(삼상 16:14).

칼빈은 사울에게 성령이 임한 것이 나중에 다윗에게도 적용된다고 한다: "여호와의 신이 그때로부터 그에게 임하니라"(삼상 16:13). 칼빈은 이 시대의 사람들에게 임하는 성령은 직분에 따른 특별한 임무를 수행하는 재능을 부여하는 사역이라고 본다.

④ 시편에 나타난 성령임재

시편기자는 하나님의 광대하심을 찬양할 것을 권하면서 모든 피조물이 하나님의 은혜로운 능력에 달려있음을 고백한다(시 104). 여기서 성령께서 만물을 창조하시고 새롭게 하신다고 한다: "당신의 영을

---

28) Calvin, *L'institution de la religion Chrétienne II*, 39.

보내어 만물이 창조될 것이고,[29] 지면을 새롭게 하시나이다"(시 104:30). 만물이 하나님에 의해서 유지되지만 하나님이 소중히 여기지 않으시는 것은 타락하게 된다. 그런데 세상은 하나님이 성령을 보내시기 때문에 날마다 새로워진다. 칼빈은 이 본문을 주석하면서 "생물이 번성할 때 우리는 끊임없이 세상의 재창조를 본다. … 하나님께서 그와 함께 거하시는 성령을 보내시자마자 만물은 창조된다"고 한다.[30] 그러면서 마니교가 사람의 영혼이 성령의 작은 부분이라고 주장하는 잘못된 교리를 신랄하게 비판한다.[31] 그는 "세상이 날마다 쇠퇴하고 새로워지는 것을 볼 때 생명을 부여하는 하나님의 능력이 마치 거울을 보듯이 우리에게 반사된다. 생명체에 일어나는 모든 죽음이 우리가 아무것도 아니라는 것을 보여준다. … 분명한 결론은 세상은 오직 하나님에게서 온 비밀스런 덕에 의해서만 존속할 수 있다"고 한다.[32]

이와 같이 칼빈은 이 시편에서 언급한 성령의 임재를 자연계의 보존과 관련된 것으로 이해했다.

⑤ 이사야서에 나타난 성령의 임재

a. 메시야에게 임할 성령

이사야서에 나타난 성령임재는 먼저 메시아적 예언의 형태로 주어졌다: "그의 위에 여호와의 영 곧 지혜와 총명의 영이요 모략과 재능의 영이요 지식과 여호와를 경외하는 영이 강림하시리니"(사 11:2).

---

29) 칼빈은 이 동사를 수동으로 잘 번역했다. 원문은 *yibbārēʾūn* (ni. ipf. 3. m. pl. *bārā*, to create)이다.

30) John Calvin, *Commentaries on the Book of Psalms IV* (Grand Rapids: Baker Book House, 1993), 168.

31) Calvin, *Commentaries on the Book of Psalms IV*, 168.

32) Calvin, *Commentaries on the Book of Psalms IV*, 168.

칼빈에 의하면 이 예언의 배경은 유다의 배교로 말미암아 임하게 될 하나님의 심판에 대한 은유적 표현과 관련되었다: "보라 주 만군의 여호와께서 혁혁한 위력으로 그 가지를 꺾으시리니 그 장대한 자가 찍힐 것이요 그 높은 자가 낮아질 것이며 쇠로 그 **빽빽한** 숲을 베시리니 레바논이 권능 있는 자에게 베임을 당하리라"(사 10:33, 34).[33] 이렇게 다 베어버리고 아무 것도 남아 있지 않는 황폐한 상태에서 하나님께서 그 나라를 새로 일으키시려고 하신다. 그래서 선지자는 다시 은유로써 메시아 왕국의 회복을 예언했다: "이새의 줄기[34]에서 한 싹이 나며 그 뿌리에서 한 가지가 나서 결실할 것이요"(사 11:1). 칼빈은

---

33) 이 본문은 주석적으로 논쟁이 되는 것이다. 즉 이 심판이 앗수르를 향한 것인지 혹은 유다를 향한 것인지에 대해서 학자들의 견해가 다르다는 것이다. 여기서 칼빈은 이 본문이 이사야가 유다에 대한 심판을 선언하는 것으로 본다. John Calvin, *Commentaries on the Prophet Isaiah I* (Grand Rapids: Baker Book House, 1993), 369~70. 물론 그의 견해는 새로운 것은 아니다. 일찍이 가이사랴의 유세비우스는 본문의 레바논을 예루살렘으로 보면서 이미 같은 입장을 취하고 있었다; cf. Steven A. McKinion, Ancient *Christian Commentary on Scripture X, Isaiah 1–39*, Downers Grove (Illinois: IVP, 2004), 91. 본문의 심판이 유다에 대한 것으로 보는 현대 학자는 적은데 오토 카이져(Otto Kaiser)가 이 입장을 따른다: Otto Kaiser, *Isaiah 1–12, Old Testament Library* (London: SCM Press LTD, 1983), 251. 그러나 대부분의 학자들은 앗수르에 대한 심판으로 본다: Willem A.M. Beuken, *Jesaia 1–12*, Herders Theologischer Kommentar zum Alten Testamen, Freiburg (Basel: Herder, 2003); Joseph Blenkinsopp, *Isaiah 1–39*, The Anchor Bible (New York: Doubleday, 2000); Brevard S. Childs, *Isaiah*, The Old Testament Library (lousville: Westminster John Knox Press, 2001), 97; Grey Smith, *Isaiah 1–39*, New American Commentary 15A (Nashville: Broadman & Holman Publishers, 2007), 266; John D.W. Watt, *Isaiah 1–33*, Word Biblical Commentary (Nashville: Thomas Nelson, Inc. 2005), 203; Hans Wildberger, *Isaiah 1–12* (Minneapolis: Fortress Press, 1991), 458. 비교적 최근 트랜트 C. 버틀러(Trent C. Butler)는 예루살렘과 앗수르 양쪽을 향한 예언으로 주석했다: Trent C. Butler, *Isaiah*, Holman Old Testament Commentary (Nashville: Broadman & Holman Publishers, 2002), 82, 83. 이 본문에 대한 주석문제를 해결하는 것이 이 논문의 목적이 아니기 때문에 여기서는 이 문제를 더 이상 다룰 필요가 없다. 다만 칼빈의 입장을 따라가면서 논문의 주제를 다룰 뿐이다.

34) 이것은 그루터기를 말하는데 칼빈은 이 단어(gēzá)를 '마른 줄기'로 주석했다. Calvin, *Commentaries on the Prophet Isaiah I*, 372.

이 예언이 그리스도의 인성을 가리킨다고 한다. 왜냐하면 그가 오기까지는 아무도 그런 가지로 나지 않았기 때문이다. 히스기야, 요시야도 아니고 오직 그리스도만 황폐하게 버려진 유대인들의 위로와 희망이 되며 다윗의 위를 계승해서 나라를 일으킬 수 있는 메시야가 되신다는 것이다. 그리고 이것은 그리스도 자신에게도 그대로 적용되어 지극히 초라하고 치욕적인 죽음을 통해서 왕국을 시작해야 했지만 작고 연약한 씨에서 큰 나무로 자라듯이 결국은 측량할 수 없는 높은 지위를 차지한 것과 같다.[35]

그에게 여호와의 신이 임한다는 것이다. 이 예언은 성령의 여섯 가지 은사와 관련된 영을 여호와의 영과 동격으로 표현하고 있다. 그래서 이 은사들은 성령의 사역을 부분적으로 보여주고 있다. 칼빈은 이 성령임재가 이스라엘의 재난과 가지에서 나온 회복을 강조하면서 그 구속의 성격과 그리스도와 그 왕국의 조건이 무엇인가를 명백하게 보여준다고 한다.[36] 이사야가 성령이 그 가지에 임한다는 것은 성령이 그리스도의 인성을 가리키며 육신으로 오신 그리스도에게 임할 것을 예언한다. 물론 그리스도는 부족함이 없는 분이지만 그가 육신으로 우리 가운데 오셨기 때문에 성령으로 풍성해져야 한다는 것이다. 그것은 우리에게 성령의 은사를 나누어주어서 우리를 풍요롭게 하기 위함이라고 설명한다.[37]

히브리어 본문에서 여호와의 영과 동격으로 나란히 기술된 여섯 개의 성령의 은사들은 두 개가 한 단위가 되어 세 부분으로 나누어진다. 이것은 둘을 연결하는 접속사가 세 번 쓰였기 때문이다(지혜와 총명,

---

35) Calvin, *Commentaries on the Prophet Isaiah I*, 372, 373.
36) Calvin, *Commentaries on the Prophet Isaiah I*, 373.
37) Calvin, *Commentaries on the Prophet Isaiah I*, 374.

모략과 재능, 지식[38]과 여호와 경외). 칼빈은 이 단어 하나하나에 주목할 필요는 없다고 하면서도 그 차이점을 설명하고 있다. 지혜는 삶의 규칙과 관련된 모든 것을 포함하는 것이고, 총명은 그것을 설명하기 위해서 첨가되는 것이다. 모략은 우리의 복잡한 문제를 해결할 수 있는 판단력을 의미하고, 권능은 이미 잘 알려져 있다고 한다. 지식은 총명과 별 다를 바가 없지만 아는 것을 행하는 것과 좀 더 관련되고, 여호와를 경외하는 것은 하나님을 경배하고자 하는 진지한 열망을 의미한다고 한다.[39] 칼빈은 성령의 은사가 아주 다양하지만 여기서 선지자가 모두를 열거하지 않은 것은 그렇게 할 필요가 없고 단지 그 은사로써 우리를 풍성하게 하실 그리스도께서 빈손으로 오지 않는다는 것을 간략하게 보여주기 위함이라고 한다. 그는 만일 이런 것이 부가되지 않았다면 우리는 유대인들이 흔히 생각하듯이 이 나라의 회복은 육신적이고 그리스도의 복은 빈약하고 빈곤한 것이라고 생각할 것이라고 한다.[40] "그래서 선지자는 성령의 은사가 일반적으로 임한 다음, 특별하게 그에게 임한다는 것과 우리가 무엇이든지 원하는 것을 얻을 수 있도록 그에게 나아갈 수 있다는 것을 보여준다. 그는 지혜와 총명의 빛으로 우리를 밝힐 것이고 곤경 가운데서 우리에게 모략을 주고, 전쟁에서 우리를 강하고 담대하게 할 것이고, 우리에게 하나님에 대한 참된 경외, 즉 경건을 주고, 요컨대 우리의 삶과 구원에 필요한 모든 것을 우리에게 전해줄 것이다."[41]

---

38) 히브리어 *gᵉbōrā* 는 '힘'이나 '능력'을 말한다. 그래서 한글번역의 '재능'은 적절하지 않다. Cf. *HAL*, 173.

39) Calvin, *Commentaries on the Prophet Isaiah I*, 374, 375.

40) Calvin, *Commentaries on the Prophet Isaiah I*, 375.

41) Calvin, *Commentaries on the Prophet Isaiah I*, 375. 칼빈은 여기서 로마 가톨릭교회가 임의로 하나의 은사를 더 첨가해서 마치 은사가 일곱 개인 것처럼 가르치는 것을 비웃는다.

칼빈은 여기서 처음으로 성령의 사역에서 구원을 언급하고 있다.[42] 그렇지만 이것은 옛 언약 시대가 아닌 새 언약 시대에 일어날 일을 예언하고 있는 것이다. 비록 이스라엘은 자신의 죄로 인하여 하나님의 심판을 받겠지만 하나님은 남은 자를 통해서 다윗의 언약을 이루시고 새로운 나라를 세우는데 성령께서 행하실 역할의 중요성을 언급하고 있다. 그래서 옛 언약의 백성이 메시아가 통치하는 나라의 특성이 바로 성령의 사역에 있음을 미리 알도록 한 것이다. 이것이 본문에 나타난 성령의 임재에 대해서 칼빈이 이해한 것이다.

이사야가 메시아에 임한 성령에 대해서 언급한 또 다른 본문은 이사야 61:1이다: "주 여호와의 영이 내게 내리셨으니(임하셨으니, 개역) 이는 여호와께서 내게 기름을 부으사 가난한 자에게 아름다운 소식을 전하게 하려 하심이라 나를 보내사 마음이 상한 자를 고치며 포로된 자에게 자유를, 갇힌 자에게 놓임을 선포하며." 칼빈은 여기서도 똑같은 설명을 하고 있다. 즉 '여호와의 영이 내게 임하셨다' 는 것은 성령이 그리스도에게 임하신 것이다(눅 4:18). 그러나 성령의 역사에 대해서는 별로 언급하지 않는다. 그 이유는 내용상 그리스도의 사역은 성령의 능력으로 이루어지는 것으로 이해할 수 있기 때문일 것이다. 그 사역은 고난당하는 자에게 복음을 전하고, 마음의 상처를 치유하고, 죄에 매여 있는 우리를 해방시키는 것이다.[43] 이 모든 것은 그리스도 안에서 성취되었다. 칼빈은 이 본문을 지금까지 그리스도의 교회를 회복하는 것에 대한 앞의 예언들을 확정하는 것이라고 했다.

---

42) 칼빈은 이사야 42:1도 성령이 메시아에게 임하는 것으로 보고 이 부분을 따로 설명하지 않고 성령의 사역을 통해서만 새사람이 될 수 있다는 것을 강조한다. John Calvin, *Commentaries on the Prophet Isaiah III*, 283-85.
43) John Calvin, *Commentaries on the Prophet Isaiah IV*, 303-305.

b. 공동체에 부어질 성령

이사야는 아하스 시대에 하나님의 백성이 그들의 어리석음으로 인하여 재난을 당하겠지만 결국 미래에 열매 있는 삶을 살게 될 것이라는 희망을 선포했다: “마침내 위에서부터 영을 우리에게[44] 부어 주시리니 광야가 아름다운 밭이[45] 되며 아름다운 밭을 숲으로 여기게 되리라”(사 32:15). 칼빈의 설명에 의하면, 하나님께서 유대인 가운데서 교회를 세우시기로 하셨는데 그들이 큰 환란가운데서도 약해지지 않도록 하기 위해서 구원에 대한 희망을 남겨놓을 필요가 있었다고 한다.[46] 하나님께서 성령을 부으셔서 밭의 소산을 풍성하게 하는 것은 시편 104:30과 같은 내용으로 성령의 새롭게 하는 사역과 연결된다. 칼빈은 이것을 단순한 물질적 풍요로 보지 않고 교회의 회복을 선언하는 증거가 되고, 광야가 갈멜과 같이 비옥하고, 풍요롭게 된다는 것은 성령의 역사가 효력이 있으며 하나님이 그 백성과 화목하게 된다는 것을 증명하는 것이라고 한다.[47] 그리고 이 회복이 단순히 히스기야 시대의 개혁으로 이루어지는 것으로 그치지 않고 그리스도의 왕국과 관련된 것이라고 하며 그리스도께서 성령을 하늘에서 보내 주실 때 광야와 같이 메마른 상태에 있던 우리가 새로워져서 풍성한 열매를 맺게 될 것이라고 한다.[48]

---

44) 칼빈은 본문에서는 이 성령이 부어지는 대상을 ‘우리에게’(nos)라고 바르게 번역했지만 설명에서는 ‘너희’라고 번역했다.

45) 칼빈은 히브리어 *lakkarmẹr* 을 고유명사로(in Chermal) 번역한 라틴어 역 벌게이트(Vulgata)와는 달리 ‘경작된 밭으로’(in cultum agrum)으로 번역했다. 이것은 대부분의 영어성경(*KJV, NASB, NIV, ESV*)과 같은 번역이다(‘풍요로운 밭’). 그러나 칼빈은 이것을 설명할 때는 고유명사인 ‘갈멜’로 이해했다. 어느 쪽이든 풍요로운 미래를 의미하는 것이기 때문에 의미는 같다고 볼 수 있다. HAL, 499.

46) Calvin, *Commentaries on the Prophet Isaiah II*, 419.

47) Calvin, *Commentaries on the Prophet Isaiah II*, 420, 421.

48) Calvin, *Commentaries on the Prophet Isaiah II*, 421.

여기서 칼빈은 이사야의 성령 임재에 대한 예언을 이중적으로 보고 있다. 그것은 히스기야 시대의 개혁을 통한 회복과 오순절 성령임재 이후의 회복을 동시에 언급하고 있다. 또 그 대상은 집합적인 것으로 하나님의 백성 전체에 대한 것으로 이해한다. 그의 설명은 하나님의 백성이 하나님과의 관계를 회복하는데 성령께서 역사하신다는 것이다. 특히 선지자는 물질적인 것을 통해서 영적인 것을 표현했다고 본다. 이것은 계시의 전진을 고려한 칼빈의 전형적인 사상이다.

c. 이사야에게 임한 성령

하나님께서 이스라엘을 부르실 때 이사야를 통해서 말씀을 전하셨다. 이때 하나님께서 이사야와 함께 성령을 보내셨다: "너희는 내게 가까이 나아와 이것을 들으라 내가 처음부터 비밀히 말하지 아니하였나니 그것이 있을 때부터 내가 거기에 있었노라 하셨느니라 이제는 주 여호와께서 나와 그의 영을 보내셨느니라"(사 48:16). 칼빈은 '그의 영'을 근본적으로 하나님과 동등한 세 삼위이신 성령으로 본다.[49] 바로 하나님이신 성령께서 모든 선지자들의 교사와 지시자가 되시기 때문에 성령에 의해서 권위 있게 파송 받고 성령의 지시를 받아서 말하는 것이 당연하다는 것이다. 아울러 성령의 지시를 받지 않은 자들은 즉 교황의 이리 떼와 같은 자들은 거절되어야 한다고 한다.[50]

칼빈은 이 본문을 해석하면서 별로 어려움 없이 성령의 사역을 예언사역과 관련짓고 있다. 말씀과 성령의 관계는 이사야 59:21에도 나

---

49) Calvin, *Commentaries on the Prophet Isaiah III*, 484. Baltzer는 '나'를 모세로 본다: "모세는 특별한 방법으로 하나님의 영을 지닌 자다." Klaus Baltzer, *Deutero-Isaiah, A Commentary on Isaiah 40-55*, Hermenia (Minneapolis: Fortress Press, 2001), 295.
50) Calvin, *Commentaries on the Prophet Isaiah III*, 484.

타난다.[51] 칼빈은 '네 위에 있는 나의 영'과 '네 입에 둔 나의 말'이 효력이 있다고 하고 말씀과 성령이 교회의 가장 소중한 보배라고 한다.[52]

⑥ 에스겔서에 나타난 성령임재

a. 에스겔에게 임한 성령

에스겔서는 세 군데의 본문에서 에스겔 선지자에게 성령이 임하는 사건을 언급하고 있다(2:2, bō; 3:24, *bō*; 11:5, *nāfal*). 그런데 이 세 본문이 모두 하나님의 말씀과 관련되어있다. 칼빈은 에스겔 2:2을 설명하면서 "이 성령의 사역이 하나님 말씀과 결부되어있다. 그러나 중요한 것은 외적인 말씀은 성령의 역사가 아니고 그 자체로서는 아무 소용이 없다는 것을 아는 것이다"라고 하며 말씀의 능력에 성령의 사역이 필수적임을 강조한다.[53] 물론 여기서는 말씀을 전하는 선지자의 기능보다는 말씀을 듣는 입장에서 그 효력을 설명하고 있다. 그래서 에스겔 선지자의 경우도 "성령이 그에게 힘을 주어서 일어서도록 하기까지는 하나님의 말씀이 아무런 효력이 없었다"고 한다.[54]

그는 에스겔 3:24을 주석하면서 성령은 육신과 달리 생명을 주는 역할을 한다고 일반적인 설명을 하고는 "정말 에스겔은 특별한 방식으로 하나님의 영으로 충만하게 되어서 선지자의 직분을 맡기에 합당하게 되었지만 이것은 영적인 삶을 위한 신자들에게는 공통된 것이

---

51) "여호와께서 또 이르시되 내가 그들과 세운 나의 언약이 이러하니 곧 네 위에 있는 나의 영과 네 입에 둔 나의 말이 이제부터 영원하도록 네 입에서와 네 후손의 입에서와 네 후손의 입에서 떠나지 아니하리라 하시니라 여호와의 말씀이니라."

52) Calvin, *Commentaries on the Prophet Isaiah IV*, 270, 271.

53) Calvin, *Commentaries on the Prophet Ezekiel I*, 108.

54) Calvin, *Commentaries on the Prophet Ezekiel I*, 109.

다"라고 했다.[55]

칼빈은 에스겔 11:5을 주석하면서 "성령이 그에게 임한 것은 그가 자신의 예언을 청취하기 위함이다. ... 말하는 자는 하나님의 말씀을 말하고 성령의 기관이 되어야 하기 때문이다"라고 한다.[56]

이 세 절에서 칼빈이 강조하는 것은 성령의 임재가 선지자의 직분을 수행하도록 하기 위한 것과 선포된 말씀이 효력이 있도록 하기 위함이라는 것이다.

b. 이스라엘 백성의 마음에 임할 성령

에스겔은 세 차례에 걸쳐서 하나님이 이스라엘 백성에게 그들 속에 하나님의 영이 주어질 것이라고 했다(겔 11:19; 36:27; 37:14). 그러나 칼빈의 에스겔 주석은 20장으로 끝나기 때문에 이 단락에서는 첫째 구절만 다룰 수밖에 없다: "내가 그들에게 일치한 마음을 주고 그 속에 새 신을 주며 그 몸에서 굳은 마음을 제하고 부드러운 마음을 주어서"(11:19). 이 본문은 이스라엘의 남은 자들이 새로워지는 것을 다루고 있다. 칼빈은 "하나님은 이스라엘 사람들이 새로워지고 성령으로 거듭나기까지는 자신의 죄를 포기할 수 없었다는 것을 보여주신다"고 한다.[57] 이 말은 이 절의 전후 문맥에서 말하는 이상적인 신앙행동, 즉 가증한 물건들을 제하고(18절) 율법을 지키면서 하나님의 언약을 신실하게 지키는 것(21절)은 자신의 능력으로 할 수 없다는 것이다: "그들이 자기 자신의 능력과 자기 마음의 충동으로 그것을 했다고 자랑하지 않도록 하나님은 지금 전의 주장을 수정하고 하나님이 성령으

---

55) Calvin, *Commentaries on the Prophet Ezekiel I*, 165.
56) Calvin, *Commentaries on the Prophet Ezekiel I*, 352.
57) Calvin, *Commentaries on the Prophet Ezekiel I*, 370.

로 말미암아 그들을 거듭나게 한 후에 경건에 대한 그런 추구가 이스라엘 가운데 있을 것이라는 것을 보여주신다."[58] 칼빈은 신자의 신앙의 행위가 철저하게 성령의 역사로 인한 것임을 거듭 강조하고 있다: "우리는 선지자가 두 가지를 한데 묶는 것을 볼 수 있는데 그것은 하나님의 신실한 택자가 자신의 임무를 열정적으로 수행하는 것과 하나님의 영광을 높이는 일이다. … 그러나 그들 스스로는 아무 것도 아니다. 그래서 즉각 '내가 그들에게 일치한 마음을 주고 그 속에 새 신을 주며'란 말이 덧붙었다."[59]

칼빈은 이 본문을 주석하면서 인간의 전적인 무능함을 인정하고 성령의 능력을 통해서만 하나님과의 바른 관계를 설정하고 그분을 합당하게 설길 수 있다고 강조한다. 이 성령의 사역은 믿음을 새롭게 하는 사역이다. 이것은 새 언약시대로 넘어가는 과도기적인 시기인 것을 염두에 두고 한 설명으로 보인다.

⑦ 요엘서에 나타난 성령임재

요엘서에 나타난 백성의 죄에 대한 심판은 경제적, 정치적인 것이었다. 그러나 그 백성이 돌이킬 때 하나님은 적군을 물러가게 하시고 경제를 회복시켜 주실 것을 약속하셨다(욜 2:19-27). 하나님의 회복은 거기서 끝나지 않고 종교적인 영역까지 회복시키셨다. 여기서 성령임재에 대한 요엘의 예언이 나온다: "그 후에 내가 내 신을 만민에게 부어 주리니 너희 자녀들이 장래 일을 말할 것이며 너희 늙은이는 꿈을 꾸며 너희 젊은이는 이상을 볼 것이며"(욜 2:28, 히브리어 3:1).

---

58) Calvin, *Commentaries on the Prophet Ezekiel I*, 371.
59) Calvin, *Commentaries on the Prophet Ezekiel I*, 371.

칼빈은 이 문맥에서 영적인 내용을 담은 본문이 다른 물질적인 복 다음에 오는 것은 영적인 복에 대한 사람들의 인식이 너무나 느리기 때문에 뒤에 왔다고 하고, 이 말로써 선지자는 하나님의 자녀가 땅의 것으로 만족하는 동물과는 달리 영적인 삶을 추구한다는 것을 상기시 킨다고 한다.[60] 그것은 어린 아이를 가르치듯이 낮은 차원의 물질적이 고 일시적인 것에서 시작하여 높은 차원의 영적인 삶을 가르치기 위 한 의도라는 말이다. 그는 동사 *šāfak*(붓다)에 주목하면서 선지자의 예언에 나타난 성령임재는 이전에 율법아래서 경험한 것과는 달리 훨 씬 더 풍성한 것이라고 한다.[61] 전에는 몇몇 사람에게 한정되었던 성 령의 은사가 앞으로 모든 육체에 풍부하게 주어지고 하나님은 그들과 친밀한 교제를 갖게 될 것이라고 한다.[62] 이 예언은 오순절의 성령강 림을 가리키는 것이다(행 2장). 성령이 임한 결과로 자녀들이 예언을 하는데 그것은 꿈과 이상으로 나타난다. 여기서 칼빈은 모든 사람이 예언을 하는 것은 아니라고 하면서 선지자의 표현은 과장법을 쓴 상 대적인 표현으로서 율법 아래 있던 예언자보다 복음 아래 있는 예언 자가 훨씬 많다는 점을 지적한다. 그것은 특별한 공식적인 직분에 한 정된 것은 아니고 성령의 조명을 받은 남녀노소에 모두에게 해당되는 것이라고 한다. 그래서 하나님에 대한 예배는 모든 민족 가운데서 보 편적으로 이루어진다고 한다.[63]

칼빈은 여기서 성령의 임재 이후 받는 예언의 은사가 일반화되는 것을 거듭 언급하지만 그것이 무엇인지 명확하게 말하지 않는다. 그

---

60) Calvin, *Commentaries on the Prophet Ezekiel I*, 91.
61) Calvin, *Commentaries on the Prophet Ezekiel I*, 92.
62) 칼빈은 여기서 성령이 풍부하게 부어짐을 강조하면 헬라어 번역을 반대한다. 왜냐하면 '내 가 성령으로부터 부어줄 것이다' 라는 표현은 성령의 일부를 약속하는 것으로 그 풍성함을 축소시키기 때문이라는 것이다. Calvin, *Commentaries on the Prophet Ezekiel I*, 92.
63) Calvin, *Commentaries on the Prophet Ezekiel I*, 93-96.

러나 요엘 선지자가 예언한 성령의 임재는 율법시대와는 다른 새로운 시대를 연다고 하는 점을 분명하게 말해준다.

3. 결론

칼빈은 구약에 나타난 성령충만을 다루면서도 성령충만이란 용어조차 쓰지 않았다. 그는 성령충만과 성령임재를 따로 분리하지 않고 성령의 사역이란 큰 범주 속에서 이해했다. 그가 교의학에서 강조하던 성령의 인침, 성령의 내주, 약속의 성령으로 인한 구원, 성령 안에서 누리는 기쁨, 등의 주제를 구약의 성령충만과 임재에 대한 설명에서는 찾아볼 수 없다. 이것은 그가 구약에서 신약으로 이어지는 계시의 점진 개념을 자신의 주석에 잘 적용시켰다는 것을 가리킨다.

칼빈이 이해한 구약의 성령충만은 브살렐과 여호수아와 같이 직분을 맡은 자들이 하나님의 뜻대로 맡은 직무를 잘 수행할 수 있는 능력을 부여하기 위한 것이었다.

또한 그가 이해한 구약의 성령임재도 기본적으로 신약의 성령의 내주와는 다르다. 발람을 포함한 선지자들, 사사들, 왕들에게 성령이 임하여 하나님의 뜻을 알리고, 백성을 구하고 인도하는 특별한 임무를 수행하도록 하기 위함이었다. 그리고 선포된 말씀을 효력 있게 하는 것도 성령이었다. 그렇다고 성령의 능력이 제한된 것은 아니었다. 그는 교회의 회복은 물론 개인과 만물을 새롭게 하는 것도 성령의 역사로만 가능하다고 보았다.

구원과 관련된 것은 메시아에게 임할 성령과 새 언약시대에 이루어질 성령사역이다. 성령께서 그리스도에게 임하셔서 그분의 구원사역을 효력 있게 하는 것이다. 그리고 새 시대에는 성령의 역사가 보편적으로 적용될 것으로 보았다. 칼빈은 구약시대의 사람들도 성령의 임재를 경험했지만 그것은 특정한 사람들에게 한정된 것이고 새 언약시대에는 훨씬 더 풍부한 영적인 복을 누릴 것이라고 했다.

칼빈은 구약의 성령충만과 임재와 같은 주제로 별도의 글을 쓴 적이 없지만 그는 이 주제에 대한 그의 주석에서 소중한 해석원리를 제공하고 있다. 그것은 계시의 전진 개념을 명확하게 적용해서 이 주제를 다룬 점이다. 즉 '그 때'는 '지금'이 아니라는 것이다.

신약의 자기 부인의 영성과 칼빈의 이해

채 영 삼 교수 (백석대학교)

1. 자기 부인, 영성, 그리고 통상적 오해들

예수께서 말씀하신 '자기 부인'(self-denial, 마 16:24; 막 8:34, 22:23)은 자주 강조되지만 흔히 오해되는 신약 영성의 특색 중 하나이다. 예수께서 "아무든지 나를 따라오려거든 자기를 부인하고 자기 십자가를 지고 나를 좇을 것이니라"(마 16:24)고 하셨을 때 '자기를 부인하다' 는 것은 무슨 뜻이며 어떻게 행해져야 하는가?

이 질문에 대한 답은 단지 성경 본문의 해석에 그치는 것이 아니라, 교회의 영성을 형성하는데 매우 중요한 관건이 된다.[1] 오늘날처럼 자아에 대한 관심, 특별히 자존감(self-respect)이나 자아의 치유, 혹은 자아의 실현(self-actualization)이 강조되는 시대에 있어서 신약의 자아 부인의 영성은 흔히 오해되거나 외면당하는 것처럼 여겨진다. 커트 레믈(Kurt Remele)는 '치유적 기독교'(therapuetic Christianity)를 주창하는 이들이 자아 부인의 영성을 두고 '자학적인 자기 부인의 기독교'(Christianity of masochistic self-denial)라고 비난하는 것을 거론하면서 개인주의가 극단에 치닫는 서구 기독교 문명 속에서 '그리스도를 본받는 영성'(imitation of Christ)은 상당한 부분 '자기 실현의 복음'(gospel of self-fulfillment)에 의해 대체되고 있다고 지적한다.[2]

예수께서 말씀하신 자기 부인이란 무엇인가? 그것은 '치유적 기독교'를 주창하는 자들이 비난하는 것처럼, 희노애락의 감정을 떠난 무감각과 무욕(無慾)의 경지에 이르라는 가르침인가? 혹은 교회가 제시하는 어떤 정형(定型)에 자신을 맞추기 위해, 자신의 고유한 성향이나 그의 개성에 속한 것을 부인하는 것인가? 사실 '자기 부인'의 영성은 집단주의가 강한 한국 사회나 교회에서 그 집단의 지도자의 권위에 따라 성도 자신의 개성이나, 개인의 양심, 혹은 그의 신앙적 판단과 결단을 무력화시키는 방식으로 잘못 사용되기도 한다.[3]

---

1) 이 논문에서 '영성'이라는 용어의 정의를 자세히 다룰 생각은 없다. 다만 필자의 이해를 밝힐 필요는 있다고 본다. 후기현대주의의 경향을 고려해서 말한다면, 영성이란 실증주의적 (positivistic) 방식으로는 다른 무엇으로 환원되지 않는, 그리고 지성적 활동만으로는 다 파악되거나 실현될 수 없는 '영(spirit)으로서의 전인적인 성향(-uality), 성품 그리고 그런 식의 성숙을 향한 노력'이라 할 수 있을 것이다. 더 좁은 의미로서 신자들에게 있어서 영성 (spirituality)이란, 성령(the Spirit)께서 그 신자 안에 내주하시면서, 그리고 그 임재에 대한 전인적인 응답의 과정을 통해 형성되어가는 영적이고 전인적인 성품, 성향, 혹은 그 성향의 계발을 의미한다고 생각한다. Cf. 이와 유사하게 루시엔 J. 리차드(Lucien J. Richard)는 *The Spirituality of John Calvin* (Atlanta: John Knox Press, 1974)에서, 영성이란 "한 신자의 구체적인 삶 가운데 일어나는 거룩의 형태들이며 ... 이는 그가 그 거룩성에 있어서 진보할 가능성, 그리고 그 온전함에 이르도록 애쓸 필요가 있다는 사실, 또한 그러한 온전함에 이르는 수단과 방법들이 있음을 전제한다"고 정의한다. '경건'과 '영성'의 개념 차이를 보려면, 윤종한, "칼빈의 영성신학 수립의 가능성과 목적에 대한 소고," 『칼빈과 개혁 신학』, 고광필, 정명자, 양회정 공편, 『칼빈과 개혁신학』(광주 : 광신대학교 출판부, 1999), 218-19를 보라.

2) Kurt Remele, "Self-denial or Self-actualization? Therapeutic Culture and Christian Ethics," *Theology* 99/793 (1997):19, 22. 그 제목만으로도 자아의 '치유'와 '자아실현'이 강조되는 시대에 '자아 부인'의 영성이 극한 대조를 이루고 있음을 잘 보여준다. 레믈은 이런 '치유적 기독교'를 보편화시킨 사람들로, 로버트 슐러(Robert Schuller) 나 노만 빈센트 필(Norman Vincent Peale) 등을 예로 든다.

자기 부인에 관한 이러한 통상적인 오해들을 지적하고, 성경적인 자기 부인을 명확하게 제시하려는 노력들이 적지 않다. 찰스 스웨지 (Charles M. Swezey)는 자기 부인이 무엇을 의미하든지 간에 그것은 결코 인간의 육체적 삶을 경멸하는 것이 될 수 없고, 또한 자기 부인이 하나님의 앞에서 의를 얻는 개인적인 공로의 수단이 될 수 없다고 못 박는다.[4] 도날드 H. 로드스(Donald H. Rhoades)는 '자기 부인'이 '어떤 고상한 선택을 위해 균형 잡힌 자기 훈련을 통한' 것이든, 아니면 '인간의 근본적인 충동과 갈망들을 혹독히 정죄하는 형태'이든 대체로 삶에 대해 '의도적으로 금욕주의적'(deliberately ascetic)인 태도만큼은 분명한 특징으로 자리 잡아 왔다고 말한다.[5]

신약학자인 크랜필드(C. E. B. Cranfield)는 매우 근본적인 도전처럼 들리는 이 말씀이, 우선 크고 작은 자기의 무엇을 부인함으로써 자신을 훈련하라는 식의 도덕적 교훈이 아니며, 한 인격으로서의 자기 자신이나 자신만의 개성을 짓밟으라는 명령도 아니고, 더 나아가 자신을 무가치한 존재로 여기라든지, 자신의 인간적인 존엄함을 포기하라는 말이나 그 개인에게 주어진 은사라든지 능력을 거부하라는 것은 더더욱 아니라고 강조한다.[6] 특별히 매튜 L. 스키너(Matthew L. Skinner)는 예수께서 말씀하신 자기 부인이 "하나님께서 우리가 두

---

3) Charles M. Swezey, "Christian Self-Denial," *Journal for Preachers* 9/2 (1986), 15, 그는 '자기 부인'이 '착취'를 위한 도덕으로 전락하는 것을 우려한다. 인간의 필요를 채우는 것과 착취는 구분되어야 하는데, '자기 부인'의 윤리는 이런 구분에 약하다는 것이다; 한국 사회와 교회의 집단주의적 경향에 대해서는, 필자의 졸고, "개인과 집단, 그리고 공동체에 대한 성경적 시각: 에베소서 4:4-6:9를 중심으로," 『허광재 목사 칠순 기념 논문집』(2009 출간예정)을 참고하라.

4) Swezey, "Christian Self-Denial", 14.

5) Donald H. Rhoades, "Does Psychotherapy Deny Self-Denial?," *Pastoral Psychology* 7/61(1956), 27.

6) C. E. B. Cranfield, "Self-denial," *The Expository Times* 104/5(1993), 143.

가지 선택 중에 항상 덜 쾌락을 주는 쪽을 택하기를 원하시고, 우리가 자기가 원하는 갈망을 따라 택했을 때 항상 죄책감을 갖기 원하신다는 뜻도 아니라"고 말하면서, Living Bible이 "자기를 부인하라"는 명령을 "너는 너 자신의 즐거움들을 제쳐 두어야 한다"라고 번역한 것이나 New Century Version이 "그들 자신이 원하는 것을 포기해야만 한다"고 옮겨 놓은 것은 오역에 가깝다고 말한다. 이런 식의 자기 부인은 도리어 자신을 강화(self-assertive)하는 결과를 가져온다는 것이다.[7]

이런 식으로, 예수의 자기 부인에 대한 명령을 금욕주의적 틀 안에서 극단적으로 밀고 간 교회의 전통들도 있다. 스웨지는 '죄 죽임'의 교리나 '자기 부인'을 잘못 이해한 결정적인 예로, 토마스 아 켐피스(Thomas a Kempis)를 든다. 스웨지는 15세기의 영성가였던 켐피스의 주장, 즉 사람이 '영적'이 되려면 감각의 즐거움들을 부인해야 한다거나, 사람의 내적 평안은 육적인 열정들을 거부할 때 찾아온다는 것, 그리고 결국 "당신이 당신 자신을 더욱 더 학대할수록(the more violence you do to yourself), 당신은 은혜 안에서 더욱 더 성장할 것"이라는 생각은 전적으로 잘못되었다는 것이다. 우선 육체와 영혼을 이런 식의 이원론(dualism)으로 나누는 것이 잘못이고 또 그 자학적인 태도(masochism) 역시 잘못된 것이라고 말한다.[8]

이런 맥락에서, 스테픈 R. 문쩌(Stephen R. Munzer)는 가톨릭과 칼빈주의에서 자주 강조되는 '자기 포기'(self-abandonment)나 '자기 부인'(self-denial)의 극단적 형태에 대한 흥미로운 논문을 썼다.

---

7) Matthew L. Skinner, "Denying Self, Bearing a Cross, and Following Jesus: Unpacking the Imperatives of Mark 8:34," *Word & World* 23/3 (2003), 326.
8) Swezey, "Christian Self-Denial", 14.

그는 '정적주의'(quietism)를 주창하는 자들이나 사무엘 홉킨스
(Samuel Hopkins)와 같은 이들이 말하는 '자기 소멸'(self-
annihilation)의 경우처럼, "'자기 포기'나 '자기 부인'을 실행하는
사람이 그것이 만일 하나님의 뜻일 경우 자기 자신을 영원한 형벌에
처하는 저주(self-damnation)까지도 받아들여야 하는지"에 관한 질
문에 관한 것이다. 물론 문쩌는 이것이 하나님과 영원토록 함께 하기
를 원하는 신자들의 깊은 갈망에 배치되기 때문에, 지옥에 대한 왜곡
되고 비합리적인 사고방식에서 비롯된 논리라고 말한다. 그러나 문쩌
가 '제한 없는(unqualified) 자기 포기/부인'라고 부르는 이런 예들은
'자기 부인'의 가르침이 어떻게 잘못된 방향으로, 그리고 극단적인
방향으로 나아갈 수 있는 지를 보여주는 좋은 예이다.[9]

이렇듯 예수께서 명하신 자기 부인의 명령은 쉽사리 금욕주의적 틀
에 갇히거나, 바로 그렇게 됨으로써 도리어 심리적인 자존감을 중요
시하고 자아의 실현이 유행처럼 되어버린 오늘 날의 시대에 아무나
따를 수 없는 명령으로 여겨지거나,[10] 혹은 그 반대로 사순절 기간 동
안 초콜릿을 먹지 않기로 하는 것과 같은 매우 사소한 절제를 위한 사
소한 명령에 대한 이해로 제한되기도 한다.[11]

그러나 자기 부인의 의미가 이렇게 통상적으로 오해되고 있다면,
이런 오해들을 지적한 학자들은 자기 부인의 의미에 대해 무어라고

---

9) Stephen R. Munzer, "SELF ABANDONMENT AND SELF-DENIAL: Quietism,
 Calvinism, and the Prospect of Hell," *Journal of Religious Ethics* 33/4 (2005):
 747-77; 신약학자인 매튜 L. 스키너(Matthew L. Skinner)는 "Denying Self," 325에서
 자기 부인을 인격으로서의 자신의 가치 자체를 소멸시키는 자기 멸절(self-annihilation)
 혹은 자기 제거(self-extirpation)와 동일시하려는 기독교 전통의 한 부분을 지적하고, 성
 경본문이 이를 지지하지 않음을 논증한다.
10) 스키너, "Imperatives of Mark 8:34", 325. 기독교의 일각에서 이 명령을, 특별한 시대
 에 특별한 인물들, 예컨대 마더 테레사나 본 훼퍼 같은 이들에게만 적용되는 것으로 생각
 한다고 지적한다.

말하는가? 이에 대한 대답도 그리 명확한 것은 아니다. 스웨지는 자기 부인을 운동선수나 부모, 학생, 혹은 의사의 경우처럼 어떤 정체성이나 목적을 위해 일련의 관심사들을 선택적으로 희생하는 당연한 경우로 이해해야 한다고 말한다.[12] 로드스는 '심리역학'(psychodynamics)에서 유용되는 개념인 '거짓된 자아'와 '참된 자아'의 구분을 통해 설명하는데, 자아 부인이란 참된 자아를 얻기 위해 '자아에 대한 거짓된 이미지들의 체계'(system of false image of the self)인 자아가 쓰고 있는 마스크와 같은 진정하지 않은 자아(persona)를 부인하는 것이라고 말한다.[13] 또한 크랜필드는 자기 부인의 수직적 차원을 강조하며, 우선적으로 '우상으로서의 자아'를 부인하는 것이라고 말하며 스스로를 하나님의 자리에 놓는 자아의 자기 주권을 부인하라는 의미로 해석한다.[14]

이런 해석들 가운데 어떤 해석이 맞는가? 혹은 이런 의미들이 신약의 본문의 의미에 포함되는가? 포함된다면 어떤 측면에서 그러한가? 이런 질문들에 대해 답을 위해, 우리는 우선 해당 본문을 보다 면밀히 분석하고, 이어서 자기 부인에 대한 칼빈의 이해를 살펴본 후 잠정적인 결론에 이르고자 한다.

---

11) 스웨지, "Christian Self-Denial", 17-18. 현대의 많은 사람들이 '자기 부인'의 필요를 느끼지 못하는 이유는, 극단적인 개인주의 때문이라고 말한다. 자아 부인에 관련된 개인주의적 문화에 대한 분석은 신약학자인 Bruce J. Malina, "Let Him Deny Himself(Mark 8:34 & Par): A Social Psychological Model of Self-Denial," *Biblical Theological Bulletin* 24/3(1994), 106-19 (특히 109-13)에 잘 드러나 있다.

12) Swezey, "Christian Self-Denial", 16.

13) Rhoades, "Deny Self-Denial?", 29-34.

14) Cranfield, "Self-denial", 144.

2. 마태복음 16:24와 병행구절들에 대한 해석

예수께서 명하신 '자기 부인'의 대표적인 본문은 마태복음 16:24, 마가복음 8:34, 그리고 누가복음 9:23의 병행구절들에서 찾을 수 있다.[15] 공관복음의 이 세 구절들은 서로 큰 차이가 없고, 다만 예수의 말씀이 마태복음에서는 주로 제자들에게 말씀하신 것으로 되어 있으나 마가와 누가는 각기 '무리들'($\tau\grave{o}\nu\,\acute{o}\chi\lambda o\nu$)과 '모든 이들'($\pi\acute{a}\nu\tau\alpha\varsigma$)에게 말씀하신 것으로 기록한다. 또한 누가만 유일하게 십자가 지는 일을 '날마다'($\kappa\alpha\theta'\,\acute{\eta}\mu\acute{\epsilon}\rho\alpha\nu$)해야 하는 것으로 강조하고 있다.[16]

사실, 예수께서 명하신 '자기를 부인하라'($\acute{a}\pi\alpha\rho\nu\eta o\acute{a}\sigma\theta\omega\,\acute{\epsilon}\alpha\upsilon\tau\grave{o}\nu$)는 말씀을 문자적으로 해석하는 것만으로는 충분치 않다. 위에 말한 여러 가지 다른 방식들로 오해될 소지가 많기 때문이다. 이 말씀의 의미를 밝히기 위해서는 우선적으로 본문이 처한 문맥 속에서 살펴볼 필요가 있다. 16:24의 이 말씀은 16:21~28에 이르는 전체 문맥 안에 놓여 있는데 그 큰 틀은 서두에서 예수께서 예루살렘에 올라가 고난을 당하고 죽으신 후 삼일 만에 부활하실 것이라는 사실(21절)과 마지막 부분에서 "인자가 아버지의 영광으로 그 천사들과 함께 오리니"(27절)라고 말씀하신 종말론의 틀이다.

즉 24절에서 주어진 '자기를 부인하라'는 말씀은 예수의 고난과 죽으심, 부활과 영광스런 재림이라는 기독론적인 틀 안에 주어져 있다.

---

15) '자기를 부인하고'라는 구절은 없으나, '십자가를 지고'라든지 '나를 따르라'는 등의 명령들은 다른 곳에서도 등장한다. 예컨대, 마태복음 10:34-38과 누가복음 14:25-27을 들 수 있다.

16) Darrell L. Bock, *Luke 1:1-9:50*, vol.1, Baker Exegetical Commentary on the New Testament (Grand Rapids: Baker Books, 1994), 853-54, 누가 역시 많은 청중을 전제하고 있는 것이며, 특별히 예수께 대한 헌신의 지속성을 강조하고 있다고 말한다.

그리고 24절 안에서 '자기를 부인' 하는 것은 "아무든지 나를 따라 오려거든"이라는 목적에 합당한 방식으로 "십자가를 지고"라는 명령과 함께 주어져 있다. 따라서 문맥 상, 예수를 따른다는 것은 그가 거치고 도달하는 전 과정을 따르는 것이기 때문에, 예수를 따르는 방식으로서 '자기를 부인' 하는 것은, 이를테면 그를 따라 고난과 부활을 거쳐 재림에 이르는 전 과정에 동참하는 길이 되는 셈이다.

이런 점에서 예수께서, 십자가를 지고 자기를 부인하는 길은 곧 "나(예수)를 위하여 제 목숨을 잃으면" 다시 "찾는" 길이라고 말씀하신 것이다(25절). 그리고 이것은 매우 지혜로운 일인데, 왜냐하면 인자가 종말에 "아버지의 영광으로 오셔서" 그 행한 대로 갚아주실 것이기 때문이다(27절).

이렇게 보면, 문맥상 제자들이 '자기를 부인' 하는 것은, 그들이 따르는 예수의 부활과 재림의 영광이라는 길에 도달하는 과정으로서 예수의 고난의 단계에 해당한다. 즉 '자기 부인' 은 문맥 속에서 기독론적으로 매우 긍정적인 전망 속에서 주어지는 명령이라는 것이다. 자기를 부인하는 이 길이 곧 자기를 진정으로 살리는 길이 된다는 강한 논조가 문맥 속에 드러난다.

사실, '자기 부인' 을 해석하면서 몇 가지 두드러진 해석의 강조점들이 있는데, 그 중에 하나가 '자기 부인' 의 긍정적인 전망을 강조하는 해석이다. 이 외에도 '자기 부인' 의 문맥상의 좁은 의미 혹은 특수성이 강조된 해석이 있고, 마지막으로 '자기 부인' 을 다소 보편적으로 적용하면서 금욕주의적 경향에 열려 있는 해석을 찾아 볼 수 있다. 아래에서는 이를 차례로 소개하려 한다.

1) 긍정적 전망을 강조하는 해석

위에서 잠시 언급했듯이, ‘자기 부인’ 은 마태복음 16:21–28의 문맥 속에서(그리고 공관복음서의 병행구절들에서), 기독론적인 패턴 안에서 예수를 따르는 방식으로 주어진 명령이기 때문에, 부활과 재림의 영광이 그 종착점이고, 그런 전망 속에서 이해되도록 주어져 있다. 또한 예수께서 이런 강조점을 ‘자기 부인’ 의 명령 바로 뒤이어 나오는 말씀, 즉 25절에서 ‘나(예수)를 위하여 제 목숨을 잃으면 찾으리라’ 는 약속의 말씀으로 다시 확증하고 있다.

‘자기 부인’ 의 명령이 주는 통상적인 인상 곧 금욕주의적 색채보다 이런 식으로 ‘자기 부인’ 의 명령이 주어진 그 긍정적인 틀을 강조한 경우로서 데럴 L. 벅(Darrell L. Bock)의 해석을 들 수 있다. 그는 마태복음 16:24의 병행구인 누가복음 9:23의 주석에서 다소 독특한 관점에서 ‘자기 부인’ 을 바라본다. 즉 자기 부인이란 “하나님을 신뢰함으로써 구원을 얻는 핵심”(the essence of saving trust in God)이라고 말하면서, “제자들이 스스로를 구원할 수 없기 때문에 그(예수)가 구원하셔야 함을 인정함으로써, 자기의 생명을 하나님의 돌보심과 보호에 내어 맡기는 것”이라고 해석한다.[17] 즉 예수를 따름에 있어서 그들이 직면하는 모든 핍박과 환난 속에서 그들은 스스로를 보호하지 않고, 하나님께 자신의 모든 것, 생명까지도 맡김으로써 궁극적으로 생명을 얻는 길이라는 것이다. 벅은 여기서 더 나아가 복음서의 ‘자기 부인’ 의 길은 바울이 ‘오직 믿음으로 구원 얻는다’ 고 한 교리와 본질적으로 다르지 않다고 역설한다.[18]

---

17) Bock, *Luke 1:1–9:50*, 852.
18) Bock, *Luke 1:1–9:50*, 852–53.

벅의 이런 해석은 자기 부인을 그 행위 안에서만 바라볼 때 받게 되는 부정적인 인상을 극복하는데 도움을 준다. 자기 부인은 위에서 문맥을 살펴 볼 때 드러난 것처럼, 그리스도를 따름으로써 궁극적으로 그의 부활과 재림의 영광에 참여하는 길, 자신의 목숨을 잃음으로써 다시 영원토록 찾는 길이라는 전체적으로 매우 긍정적인 전망 속에서 주어진 명령이다. 그러나 보다 구체적으로 '자기를 부인' 하는 것은 어떤 행위인가? 벅이 말한 대로 그것은 하나님께 자신의 생명을 내어 맡기는 믿음의 행위인데, 바울이 이신칭의(justification by faith)의 복음을 전했을 때, 그것을 듣고 믿는 사람도 '자기를 부인' 하는 사람이라 하면, 그렇게 넓게 해석해도 되는가? 더 좁은 의미에서 '자기를 부인' 한다는 것이 예수께서 말씀하신 그 문맥에서는 어떤 의미인가?

2) 특수성을 고려한 해석

예수께서 말씀하신 '자기 부인' 의 명령은, 구체적으로 예수께서 예루살렘에 올라가 고난을 받으신 경우처럼(21절), 그리고 이 명령과 함께 주어지는 '십자가를 지라' 는 명령의 의미처럼(24절), 구체적으로 '십자가를 지는 것' 과 관련되어 있음을 알 수 있다.

① 공적인(public) 성격

우선적으로, 1세기 팔레스타인에서 한 사람이 '십자가' 를 진다는 것은 매우 공개적(public)이고 치욕적인 사건이다.[19] 그리고 이는 사

---

19) Craig S. Keener, A *Commentary on the Gospel of Matthew* (Grand Rapids: Eerdmans,1999), 434. 로마의 기준에 의하면, 십자가형은 매우 악질의 범죄자들이나 노예들에게나 해당하는 죽음이었다.

형이나 순교처럼 매우 극단적인 경우를 가리킨다. 또한 누가복음의 병행구절인 9:26에서 드러나는 것처럼 – "누구든지 나와 내 말을 부끄러워하면" – 예수를 공개적으로 인정하거나 부인하는 것과 관련되어 있다. 즉 예수의 '자기를 부인' 하라는 말씀은, 단순히 어떤 금욕적인 자세를 배우라는 것이 아니라 공개적으로 예수를 인정하고 고백함으로써 당하는 불이익이나 핍박의 결과 역시 공개적으로 받아들이라는 명령이다. 문자적으로 하면, 예수께서 말씀하신 '자기 부인' 은 순교할 수 있음을 전제한 것이다.[20]

② 집단주의적(collective) 성격

흥미롭게도, 여기서 '부인하다' 라는 말은 $\dot{\alpha}\pi\alpha\rho\nu\acute{\epsilon}o\mu\alpha\iota$ 인데, 이 단어는 베드로가 예수를 부인하는 장면에서도 사용되었고(26:34f), 비슷한 용어($\dot{\alpha}\rho\nu\acute{\epsilon}o\mu\alpha\iota$)가 마태복음 10:33, 26:70ff에도 사용되었다. 이런 본문들을 통해서 보면, 이 단어는 '어떤 사람을 버리는 것' 혹은 '어떤 사람과 어떠한 연관성도 거부하는 것' 을 의미한다. 제자도의 조건은 그러므로 사람이 그 자신과 연결한 그 어떤 연관성도 끊어버리는 것' 이 된다.[21]

스키너는 특별히, 마가복음에서 예수께서 명하신 '부인하라' ($\dot{\alpha}\pi\alpha\rho\nu\acute{\epsilon}o\mu\alpha\iota$)는 용어가 베드로가 예수를 '부인' 했을 때 사용되었던 $\dot{\alpha}\pi\alpha\rho\nu\acute{\epsilon}o\mu\alpha\iota$(막 14:30, 31, 72)와 같다는 것에 주목하여 그 의미는 관계의 결정적인 해체(finality of the complete separation)를 뜻한

---

20) 양용의, 『마태복음 어떻게 읽을 것인가』(서울: 성서유니온선교회, 2005), 294. 본 문맥에서 예수의 이러한 요구가 실제로 육체적 목숨까지도 잃을 수 있는 가능성을 내포하는 것이 분명하다고 보고, '자기를 부인하라' 라는 예수의 요구 역시 단순한 금욕주의적인 의미보다는 생명 자체에 대한 자신의 권리를 포기하라는 의미로 이해한다.
21) W. D. Davies, Dale C. Allison Jr, *Matthew.* Vol. II (Edinburgh : T & T Clark, 1988), 670-71.

다고 주장한다. 베드로가 세 번이나 예수를 부인하면서, 그가 예수와 함께 있었다는 사실을 부인하고(막 10:67), 또 그 무리에 속했다는 것을 부인하고(막 10:69-70), 나중에는 예수를 모른다고 부인한 사실(막 10:71)에서 보는 것처럼, 자기 부인의 의미도 – 십자가를 지는 것이 세상과의 관계의 결정적인 해체를 의미하는 것처럼– 우선적으로 관계에 대한 부인이며, 궁극적으로는 마치 관계가 존재하지 않았던 것과 같은 완전한 해체를 뜻한다는 것이다.[22]

이런 맥락에서 브루스 J. 말리나(Bruce J. Malina)의 사회-심리학적 분석은 흥미롭다. 그는 "십자가를 지고 나를 따르라"는 말씀이 마태복음 10:34-38(누가복음 14:25~27)에 나오는 것과 그 문맥에서 '십자가를 지고 따르는' 구체적인 예가 가족을 부인하는 내용과 상관 있다는 사실에 주목한다: "아비나 어미를 나보다 더 사랑하는 자는 내게 합당치 아니하고 아들이나 딸을 나보다 더 사랑하는 자도 내게 합당치 아니하고 또 자기 십자가를 지고 나를 좇지 않는 자도 내게 합당치 아니하니라."[23] 그렇다면 공관복음서에서 어째서 자기 혈육을 저버리고 십자가를 지는 것과 '자기 부인'이 이렇게 병행구절로 놓이게 되는가?

말리나는 그 해답을 마태복음 16:24의 '자기 자신/자아'($\dot{\epsilon}\alpha \upsilon \tau \grave{o} \nu$)가 그 당시 지중해 문화권에서 어떻게 이해되었는가 하는 사회-심리

---

22) Skinner, "Imperatives of Mark 8:27-34", 325.
23) 개역한글은 28절의 $\kappa\alpha\iota$ 를 "또"로 번역함으로써 '가족을 부인하는 것'과 '십자가를 지는 일'이 서로 구별되는 별개의 일이라는 인상을 준다. 하지만, 여기서 $\kappa\alpha\iota$ 는 '이와 같이' '그래서'처럼 순차적인 의미로 해석할 수도 있다; 또한, 말리나는 "나(예수)를 따르라"는 명령이 누가복음 14:26-27(//마 11:28-30)에서 '멍에'를 메고 예수를 따르라는 명령과도 유사한 맥락에 놓여 있음을 지적한다(108). 말리나는 여기서 '멍에'란 유대인들의 전통에 익숙한 '율법'(토라, 물론, 예수에 의하여 재해석된 율법)을 의미하며, 비유대인들을 포함한 보다 광범위한 청중에게 '멍에'(율법)보다는 '십자가'가 훨씬 더 적용 가능한 이미지였으리라고 추정한다.

학적 분석에서 찾는다. 본문에서 말하는 '자아'에 포함된 함축적인 개념이 오늘날 개인주의가 발달한 미국이나 서양에서 말하는 그런 '자아'와 그 개념에 딸린 의미들과는 사뭇 다를 수 있다는 것이다. 한 사회의 가장 기본적인 단위를 집단이나 어떤 계급, 혹은 한 부족이나 한 도시가 아니라 한 '인격적 사람'(person)으로 본 것은 16세기 이후에 나타난 서구 근대주의에서 비롯된 것인데 아직도 많은 지역에서 그리고 1세기 지중해 문화권에 속한 신약 시대의 배경이 되는 문화권은 현저하게 '집단주의적'이고, 그 문화권 안에서 이해하는 '자아'의 개념과 그 자아가 추구하던 바들도 다분히 집단주의적 가치와 연관되었다는 것이다.[24]

이런 의미에서 '집단주의적 인격'은 자아를 정의할 때, 그 자신의 개인적 인격의 정체성보다는, 대체로 세대나 지역(generation and geography)에 의해 외부인들과 구별해서 정의하는데, 이를 테면, 태어난 곳이나 거주하는 지역에 따라 가족, 성별, 나이, 민족(혹은 국가)에 의해 자아를 정의한다. 그 집단 안에 있는 최고의 권위자는 그 집단 내의 규범들이 아무런 이의 없이 받아들여질 것과 모두가 그 규범과 태도, 그리고 가치들을 이의 없이 공유하는 것을 기대한다.

또한 집단주의자들은 사람들 사이의 차이보다는 조화를 중시하며, 자연 환경과도 대립적 관계보다는 조화롭게 유지하는 것을 선호한다. 따라서 타인들과의 조화를 파괴하지 않는 것이 다른 모든 것들에 앞서는 가치가 되고 어떤 일의 진리를 주장하는 것보다는 이런 조화를 유지하는 말을 하는 것이 훨씬 더 중요한 일로 간주된다. 그 결과로

---

24) Malina, "Self-Denial", 111. 말리나는 트리안디스(Triandis)와 같은 학자들은 인용하면서 개인주의적 자아이해의 원형은 고대 수렵 문화에서 그리고 집단주의적 자아의 이해의 원형은 고대 농경사회에서 찾을 수 있다고 말한다.

이런 집단주의적 사회에서는 '사적 자아'(private self)와 '공적 자아'(public self)가 명확히 구분되며 그것을 구분할 줄 아는 것을 성숙한 모습을 간주한다.[25] 흥미롭게도 이런 집단주의적 사회에서 이런 가치들을 위해 개인을 통제하는 주요한 수단은 개인의 양심과 가책이라기보다 집단 앞에서의 수치와 영예라는 기준이다.[26]

이런 사실들로 미루어볼 때, 말리나는 신약성경에서 언급되는 '자아' 개념은 다분히 '집단주의적 자아' 라는 시각에서 이해되어야 한다고 주장한다.[27] 따라서 예수께서 '자기'를 부인하라고 하셨을 때, 그것을 실행한다는 것은 곧 '집단주의적 자아'를 부인하는 것이다. 또한 '집단주의적 자아'의 가장 핵심적인 가치와 관심은 '가족'과 그에 부속하는 가치들에 있으며, 공관복음서에서 예수의 자기 부인(self-denial)의 명령이 '가족 부인'(family-denial; 마 10:34-38; 눅 14:25-27)의 명령과 병렬되어 나오는 것은 이런 점에서 우연이 아니라고 보는 것이다.[28]

---

25) Malina, "Self-Denial", 112-13. 반면 개인주의적 문화 속에서 '공적 자아' 와 '사적 자아' 는 서로 일치할 것을 요구받는다. 그래서 한 인격의 일관성을 기초로 투명성(integrity)이 가장 중요한 덕목으로 강조된다. 무지한 것에 대해서도 '정직'(honest)할 것과, 심하더라도 '솔직'(frank)할 것, 그리고 어리석게 보이더라도 '진지'(sincere)할 것을 요구받는다(113).

26) 최근 서구의 신약연구에서도 신약 문서의 이러한 집단주의적인 문화적 배경에 주목하여 shame-honor의 역할을 보다 심도 있게 다루는 시도들이 있어왔다. Cf. Barth L. Campbell, *Honor, shame, and the rhetoric of 1 Peter* (Atlanta: Scholars Press, 1998); Timothy S. Laniak, *Shame and Honor in the Book of Esther* (Atlanta: Scholars Press, 1998); David de Silva, *Despising shame : Honor Discourse and Community Maintenance in the Epistle to the Hebrews* (Atlanta: Scholars Press, 1995).

27) Malina, "Self-Denial", 111, 113.

28) Malinak, "Self-Denial", 118: 이런 식으로 예수의 자기 부인의 명령을 문자적으로 실행한 가장 대표적인 예는 부요한 아버지를 떠나 수도사가 되었던 성 프란시스(St. Francis) 였다는 것이다.

집단주의 사회에서 기초가 되는 가족에서 해체 분리되는 것은 여성에게는 결혼 때에만 일어나는 일이고 남성에게 있어서는 사회적 불명예와 죽음과도 같은 것이었다. 예수께서 자기 부인을 명하셨을 때 우선적으로 의도하신 것은 그가 새롭게 창조하는 하나님 나라의 공동체 곧 하나님의 뜻대로 하는 자들이 서로에게 형제요 자매가 되는 새로운 가족에 속하기 위해서는 자기 부인 곧 자신의 가족을 상대화하는 것이 우선이었다는 것이다(마 12:46-50; 막 3:31-35; 눅 8:19-21; cf. 막 10:29-30). 말리나에 의하면, 1세기 팔레스타인과 같은 집단주의 사회에서 이런 식으로 자아를 부인하는 것은 그 사회 속에서 예수에 의해 새롭게 형성되는 '회개하는 이스라엘(repentant Israel)을 드러내는 결정적인 방식이 된다.[29]

③ 기독론적(Christological) 성격

자기 부인이 언급된 누가복음의 문맥을 보면, 누가는 "누구든지 나와 내 말을 부끄러워하면"(9:26)이라는 구절을 포함시킨다. 즉 예수를 증거하고 고백하는 것이 곧 핍박이고 죽음이 되는 상황을 염두에 둔 것이다. 이처럼 예수께서 '자기 부인'을 명하시는 것은 일반적이고 보편적인 고난을 감수하라는 것이 아니라,[30] 특히 예수 자신을 고백하는 것과 관련된 자기 부인이다.

---

29) Malina, "Self-Denial", 116-17.
30) Joanna Dewey, "Let Them Renounce Themselves and Take up Their Cross: A Feminist Reading of Mark 8.34 in Mark's Social and Narrative World," in *A Feminist Companion to Mark*, ed. Amy-Jill Levine (Sheffield: Sheffield Academic, 2001), 30-32, 복음서는 모든 고통들을 뭉뚱그려서 말하지 않는다. 복음서는 예수께서 하나님 나라의 도래와 더불어 그의 치유 사역을 통해 회복시키거나 완화시키는 일반적인 인간적 고통과, 이 악한 세대가 계속되는 동안 하나님의 길을 따르는 자들이 감수하여야 하는 몫의 핍박을 날카롭게 구분한다.

즉 예수께서 '자기 부인'을 말씀하신 문맥은, 베드로가 부인했던 대상이 예수 자신이었던 것처럼 마가복음 8:27-38에서도 우선적으로 예수 자신의 정체성과 운명에 관련된 '자기 부인'이다. 즉 예수께서 명하신 '자기 부인'은 그 직접적이고 궁극적인 목적이 예수 자신과 관련된 요구라는 것이다.[31] 따라서 자기 부인은 어떤 다른 개인적 영성 향상 같은 이유에서가 아니라 예수 그리스도와 복음을 받아들이고 증거하는 맥락에서 요청되는 명령이라고 보는 것이다.

3) 포괄적 해석

위에서 언급한 해석들이 '자기 부인'의 복음서 문맥에 충실한 해석들이었다면, 이보다는 보다 포괄적이고 금욕주의적, 개인적인 경건으로 이해되기에 용이한 해석들이 있다. 사실 마태복음 16:21-28의 문맥 속에서 이런 포괄적인 해석을 가능하게 하는 부분은 23절에 있는 '하나님의 일($\varphi\rho o\nu\epsilon\hat{\iota}\varsigma$ $\tau\grave{\alpha}$ $\tau o\hat{\upsilon}$ $\theta\epsilon o\upsilon$)을 생각' 하는 것이다. 베드로는 하나님의 일을 생각지 않았고, 이어서 예수께서 베드로를 포함한 제자들에게 '자기를 부인' 하라고 말씀하셨기 때문이다.

이런 맥락에서, 하워드 마샬(Howard Marshall)은 '자기 부인'이란 이 세상의 삶을 이미 끝난 것이나 다름없게 여기는 것이라고 보며[32] 헨드릭슨(Hendrickson)은 갈라디아서 2:20의 의미를 적용하면서 자기를 부인한다는 것은 자신의 옛 자아, 즉 하나님의 중생케 하시는 은

---

31) 따라서, '자기를 부인' 하는 방식은 결국, '나(예수)를 좇는' 목적을 위한 것이다. 마가복음 본문 안에서도, "예수를" 좇기 위한 전제로서 요청됨을 알 수 있다. Skinner, "Imperatives of Mark 8:34", 324, 330.

32) I. H. Marshall, *The Gospel of Luke: A Commentary on the Greek Text*, NIGTC (Grand Rapids: Eerdmans, 1978), 373-74.

혜와 분리되어 있는 옛 자아를 버린다는 것이고 더 나아가 그 자신을 부인하는 사람은 자연인으로서의 본성에 대한 의존을 모두 포기하는 것이며 … 더 이상 그 자신의 현격히 이기적인 유익을 증진하려 하지 않고, 자신과 날마다의 일상 속에서 하나님의 영광을 증진시키는 데에 열중하는 것이라고 해석을 확대한다.[33]

하지만 이런 점에서 존 칼빈은 매우 두드러진 방식으로 자기 부인의 의미를 확대 적용하는 것을 볼 수 있는데, 그는 마태복음 16:24에 관한 주석에서, "이 '자기 부인'은 아주 광범위하며 우리가 우리의 자연스런(거듭나지 않은) 성향들을 포기해야 함을 의미한다. 그리고 육(flesh)의 모든 열망들과 결별함으로써 하나님께서 우리 안에서 사시고 다스리시도록, 그래서 이러한 열망들이 아무것도 아닌 것이 되도록 우리의 동의(our consent)를 드려야 한다"고 가르친다.[34] 이러한 포괄적인 해석은 예수께서 말씀하신 '자기 부인'이 그 문맥에서 갖는 의미라기보다는, 오히려 신약 안에서 이 '자기 부인'이 어떤 영성을 형성하게 되는가에 관한 것일 수 있다. 이제 칼빈에게서 예수의 '자기 부인'의 명령은 보다 폭넓은 시각으로 '죄 죽임'(mortification of sin)의 교리와 더불어 보다 복잡하게 이해되기 시작한다. 우리는 아래에서 먼저, 칼빈의 '자기 부인'의 이해를 살펴보고, 그 후에 마태복음 16:24와 병행구의 본문에서 드러난 의미를 종합하여 어떤 결론에 이르고자 한다.

---

33) W. Hendrickson, *Exposition of the Gospel According to Matthew* (Grand Rapids: Baker, 1973), 656-57.
34) John Calvin, *Commentary on a Harmony of the Evangelists: Matthew, Mark, and Luke*, vol. 1 (Grand Rapids: Baker, 1992), 304.

3. 칼빈의 자기 부인 이해

앞서 인용한 칼빈의 마태복음 16:24의 주석에서 보듯이, 그에게 있어서 예수의 자기 부인의 가르침은, "육(flesh)의 모든 열망들과 결별"하는 것을 포함한다. 칼빈은 우선 로마서 12:1-2; 에베소서 4:22-24; 갈라디아서 2:20; 디도서 2:11-14 등의 말씀을 인용하며 크리스천의 삶의 요체인 자기 부인은, 우리 자신에게 속한 것을 버리고 하나님의 뜻을 따라 순종하며 예배하는 것임을 가르치는데(『기독교 강요』 3.7.1-3), 신자가 맞서야 할 가장 큰 적은 마귀나 세상이 아니라 자기 자신이다. 특히 우리가 '죽여야' 할 표적으로서 '자아'(self)는 성령에 의해 새로워지고 있는 크리스천 자아가 아니라, 중생 후에도 여전히 내주하는 죄(indwelling sin)의 영향력 아래 있는 우리의 '육신'(flesh)을 가리킨다.[35] 그러나 문제는 부인되어야하는 '육신'이 어떤 의미로 어떻게 사용되고 있는가이다.

스키너는 복음서에서 예수께서 말씀하신 '자기 부인'을 금욕적이고 개인적인 경건(austere personal piety)로 보는 것은 주석상의 명료함을 놓치는 해석이라고 말한 바 있다.[36] 칼빈의 자기 부인에 대한 이해는 이런 지적에서 자유로울까? 문제는 우선적으로 칼빈의 말한 '육(flesh)'의 의미이다. 최근 장해경은 "칼빈의 죄 죽임(mortification)의 교리에 관한 주석적 고찰"이라는 논문에서 칼빈의 주석들을 살피면서 몇 가지 문제점들을 제기했다. 그는 여기서 신자가 '죽여야 하는' 그 대상이 정확히 무엇인지에 대하여 세분화되고 명료한 설명을 찾기 어렵다고 토로했다.

---

35) 장해경, "칼빈의 죄죽임(mortification)의 교리에 관한 주석적 고찰", 『신약연구』 8/2 (2009), 268.
36) Skinner, "Imperatives of Mark 8:34", 356.

"그(칼빈)는 『기독교 강요』에서도 신자가 '죽여야' 하는 대상을 '옛 사람' 또는 '육신'(flesh)이라고 지칭하며, 그와 함께 '타고난 기질'(inborn disposition), '공통의 본성'(common nature), '본성의 부패함'(corruption of original nature) 등의 표현을 교대로 병용한다(*Inst.* 3.3.5, 8, 9). 특별히 칼빈이 '육신'(flesh)을 아담의 범죄의 직접적 결과로 도덕적 부패 상태에 놓인 '인간의 본성 전체'(totality of man's nature)라고 규정하는 것(*Inst.* 2.3.1)을 볼 때, 그는 사실상, '옛 사람'과 '육신'을 차별화하지 않고 동일시하고 있다. 이 점은 신자가 거부하며 죽여야 할 '자기'를 다름 아닌 '육신'(flesh)이라고 부르는(*Inst.* 3.7.1–2) 사실에서도 확인된다. 그런가 하면, 칼빈은 로마서 13:14의 주석에서는 '육신'을 '몸'($\sigma\hat{\omega}\mu\alpha$)과 똑같은 의미로 해석하고 적용한다. 요컨대 칼빈은 '죄 죽임'의 교리와 관련하여 '옛 사람'(the old man), '육신'($\sigma\alpha\rho\xi$, flesh), '자신'(self), '몸'(body), '지체'($\mu\acute{\epsilon}\lambda o_S$, member) 등의 인간론적인 용어들을 대체로 '부패한 인간성 전체'(totality of man's corrupt nature)의 범주에 포함시켜 엄밀히 세분화하지 않은 채 사용하고 있다."[37]

장해경은 더 나아가, 최근의 바울연구에 있어서 로마서 8장과 갈라디아서 5장에 등장하는 육신-성령(사륵스-프뉴마)의 대립구조(antithesis)를 '인간 내적인 본성'의 대립개념으로 보는 전통적 관점을 거부하고, 구속사적 관점에서 '인간 외적인 두 시대'의 대립개념으로 보려는 해석을 주목한다. 이런 해석에 따르면 신자들은 과거에 그리스도와 상관없이 '육신(사륵스) 안에' 있었던 것이지, 그들 자신 안에 '육신'을 가지고 있는 것이 아니다. 이러한 신약학적인 통찰에 비추어 볼 때 자주 크리스쳔의 '몸'(body)를 가리켜 '감옥'이라고 부

---

37) 장해경, "칼빈의 죄죽임(mortification)의 교리에 관한 주석적 고찰", 281.

르는(『기독교 강요』 3.3.20; 3.6.5; 3.9.4; 4.15.11; 참조 3.3.14) 칼빈의 해석은 자기 부인의 의미에 관한 금욕주의적 해석의 가능성들을 노출한다.[38]

그러나 자기 부인에 대한 칼빈의 전반적인 이해를 살펴보면, 그가 예수께서 말씀하신 자기 부인의 의미를 그리스도인의 생활 전반으로 확대해석하면서도, 성경이 강조하는 바의 여러 건강한 특징들을 면밀히 따르고 있음을 볼 수 있다.[39] 이런 점에서 자기 부인을 설명하고 요청하는 방식은 매우 흥미롭다.

1) 긍정적 전망

칼빈은 먼저 그의 『기독교 강요』 3.7.1부터 자기 부인에 대해서 설명하는데,[40] 그는 이를 금욕적인 방식으로 이해하고 이를 설명하는 방식을 택하지 않고 매우 긍정적인 전망 아래에서 논지를 전개한다. 칼빈은 자기 부인이란 우선적으로 우리 자신이 하나님의 것임을 인정

---

38) 장해경, "칼빈의 죄죽임(mortification)의 교리에 관한 주석적 고찰", 264, 283, 각주 58; 그렇다면 신약의 본문들 속에서 죄 죽임의 대상은 과연 무엇인가? 그리고 그 특징들은 과연 무엇인가? 이런 질문들은 또 하나의 논문을 요구한다. 신약 안에서 '죄 죽임'에 관한 교리의 직접적인 전거가 되는 구절들은 주로 바울 서신들 가운데서 발견되는데(특히 롬 6:1-14; 7:7-25; 8:1-14; 13:14; 갈 5:16-25; 골 3:1-10[비교 엡 2:1-10; 4:17-24] 벧전 2:11; 4:1-3 등), 사실, 이 본문들 속에서 죄 죽임의 교리는 상당히 긍정적인 전망 속에서 행해지도록 되어 있고, 또 죽임의 대상에 관하여도 금욕주의적인 올무와 덫에서 벗어남을 볼 수 있다.

39) Randal C. Zachman, "Theologian in the Service of Piety: A New Portrait of Calvin," *Christian Century* 114/14 (1997), 413-14. 성경 강해자로서 성경의 '단순하고, 진정성 있는 자연스런 의미'에 충실하려 했던 칼빈의 모습이 그의 영성과 관련하여 새롭게 주목받고 있음을 보여준다.

40) 이후로 나오는 『기독교 강요』에 대한 인용이나 언급은, J. Calvin, *Institutes of the Christian Religion*, ed. by J. T. McNeill, trans. by F. L. Battles, 2 vols. (Philadelphia: Westminster Press, 1959-68)를 사용한다.

함으로써 하나님의 권세와 뜻에 자신과 자신에 속한 모든 것을 맡기는 태도라는 데에서 시작한다(롬 12:1; 고전 6:91). 마태복음 16:24에 대한 칼빈의 이해는 이런 관점에서 해석된다:

> "그러므로, 그리스도인들은 분명히 그의 생각과 태도에 있어서, 그 자신 안에서 항상 그가 그의 삶을 통해 하나님과 관계하고 있다는 사실에 기울어져 있어야 한다. 이렇게 함으로써 그는 그가 갖고 있는 모든 것을 하나님의 결정과 판단 아래에 맡기게 되고 그의 생각의 모든 의향들을 철저하게(scrupulously) 그에게 묻게 된다. 왜냐하면 그가 해야 하는 모든 일에서 하나님을 바라보는 것을 배운 사람은, 동시에 모든 헛된 생각들을 피하게 되기 때문이다. 따라서 이것이 그리스도께서 제자들이 그들의 사역을 시작할 때에 그처럼 강렬하게 요구하셨던 자기 부인의 내용이다(참고. 마 16:24)"(Inst. 3.7.1).

'하나님의 결정과 판단 아래 맡기는' 것은 자기 포기가 아니라 자기 의탁에 가깝다. 칼빈은 이렇게 하나님만을 의지하고 그에게 자신을 드림으로써 얻는 복락 곧 자기 부인의 유익을 강조한다. 즉 칼빈은 자기 부인의 시작은 주께 자신의 인생을 맡기고, 그에게서 오는 복락을 기다리는 것이라고 말하면서, 역설적으로 자신을 하나님께 맡기지 못한 사람의 불안함과 불행에 대해 말한다. 즉 자기 부인이 없는 경우이다:

> "이 세상에서 사는 동안 어떤 편의나 평정을 구함에 있어, 성경은 우리가 우리 자신을 부인하고 우리의 모든 소유를 주의 뜻에 맡기며, 우리 마음의 갈망들도 그에게 드려 거기서 길들여지고 순복하게 되기를 요청한다. 부나 명예를 추구하거나, 권력을 구하려 탐하고, 부를 쌓고, 무언가 위대하거나 우쭐하게 보이게 만드는 모든 어리석은 것들을 탐하면서, 우리의 탐심은 미쳐가

고, 우리의 갈망은 끝을 모른다. 반면, 우리는 가난이나, 천한 출생, 척박한 삶의 조건을 얼마나 무서워하며, 얼마나 혐오하는가! 우리는 모든 수단을 다 해 이런 것들을 우리에게서 제하려 한다. 바로 그렇기 때문에, 우리는 자신의 삶을 자신의 뜻에 따라 만들어가려하는 사람들의 마음이 얼마나 곤고한지 잘 알 수 있다"(*Inst.* 3.7.8)

이렇게 보면, 칼빈이 말하는 자기 부인은 우선적으로 하나님께 자신의 안녕과 운명, 현재와 미래 모든 것을 전적으로 의탁하는 자세이다. 이런 점에서, 자기를 부인한 한 모델로서 칼빈이 제시한 구약의 예는 매우 흥미롭다. 그것은 다윗이 자신의 안녕과 행복을 주께 맡기고 그의 인도하심에 의지한 결과 마치 젖뗀 아이가 어미의 품에서 잠잠함과 같은 것이라고 칼빈은 말한다. 칼빈은 다윗의 경우처럼 그가 그의 만족과 소원을 주께 그리고 주께서 주시는 것들에 온전히 의지할 때, 그는 육신의 소욕에서 벗어날 수 있다는 것이다: "내가 큰 일과 미치지 못할 기이한 일을 힘쓰지 아니하리이다"(시 131:1; *Inst.* 3.7.8). 즉 칼빈에 의하면 자신을 부인하는 우선적인 방법은 자아가 원하는 복의 실체가 실제로는 오직 하나님께로부터 온다는 것을 믿고 하나님을 바라는 것이다.

2) 자기 부인의 목적

그 다음 칼빈은 이런 식의 자기 부인이 왜 중요한지를 설명한다. 자기 부인은 그것 자체가 공로가 되거나 목적이 아니다. 칼빈에 의하면, 그것은 우리가 이런 식으로 자신을 부인할 때, 즉 하나님의 권세와 뜻에 자신을 온전히 맡기고 드릴 때, 비로소 이웃을 진정으로 사랑할 수 있는 경건의 길이 열리기 때문에 중요하다고 역설한다. 자신을 온전

히 하나님께 드리지 않은 사람이 온전히 이웃을 사랑할 수 있는 자유
로운 마음을 얻을 길이 없기 때문이다.

> "육의 (온갖) 변명들과 작별하고 나서야 그리고 우리의 욕망들의 고삐를 쥐어
> 틀고서야, 마침내 이런 것들을 치워버려야, 우리는 비로소 우리 자신을 하나
> 님과 형제들에게 드릴 수 있다(*Inst.* 3.7.3); 우리가 가진 모든 것들은 하나님께
> 로부터 왔고, 이웃의 유익을 위해 주어진 것이다(참고. 벧전 4:10; *Inst.* 3.7.5)."

칼빈은 오히려 자신을 온전히 하나님께 드린 사람만이 온전히 이웃
을 사랑할 수 있다고 역설한다. 이런 의미에서 칼빈은 '자기 사랑'
('your blind love of self', *Inst.* 3.8.3)을 부인해야 하는 대상으로
보는데, 이것에 붙잡히면 하나님과 이웃을 사랑할 수 없기 때문이다.
그러나 칼빈이 여기서 말하는 '자기 사랑'은 원초적으로 자기 의(義)
에 대한 집착(boast of oneself)이며, 여기서 나오는 교만이며 종종
'스스로 완전하다고 믿는 지적 교만'(a superiority-conscious and
self-sufficient intellectualism)을 뜻한다(*Inst.* 3.7.4).
　이렇듯 칼빈이 강조하는 자기 부인은 하나님의 주권을 인정하고 그
에게 자신과 자신에게 속한 모든 것이 속해 있음을 인정하며, 그를 전
적으로 의지함으로써 자기 사랑의 왜곡 상태에서 벗어나는 것이고,
이로써 하나님을 사랑하고 이웃을 사랑하는 관용과 겸손을 통한 사랑
의 자유에로 나아가는 방식이다.

3) 금욕주의와의 차이

칼빈이 자기 부인을 말하면서 자아의 자아 됨의 본질(identity)을
부인하는 것이 아니라는 의미는 그가 이웃 사랑을 말할 때, 그들 속에

있는 하나님의 형상을 언급하는 데에서도 잘 드러난다. 하나님의 형상인 자신 자체를 부인하고 파괴한다는 것은 칼빈에게 있어서는 생각할 수 없는 일이다.

> "우리는 사람들이 그들 자신 때문에 가치가 있다고 생각해서는 안 된다. 도리어 우리는 모든 사람들 안에서 하나님의 형상을 찾아야 한다. 이로 인해, 그들은 우리의 모든 공경과 사랑을 받을 자격이 있다; 당신은 그 사람이 당신의 그 어떤 노력도 받을만한 가치가 없다고 말할지 모른다. 하지만 그가 당신에게 호소력이 있는 이유는 그가 하나님의 형상으로서 당신이 당신 자신과 당신에게 속한 모든 것을 바칠 가치가 있다는 사실이다(*Inst.* 3.7.6)."

또한 더욱 중요하게 칼빈은 자기 부인의 방식으로서 '십자가를 지는 것'을 설명하면서 고난의 여러 유익에 대해 논한다. 하지만 칼빈은 자기 부인의 결과로서 감내해야 할 고난은, 당대의 금욕주의적 철학이었던 스토아 학파들이 가르치는 고난과 인내와는 큰 차이가 있음을 강조한다. 칼빈은 고린도후서 4:8-9 이하의 예를 들면서 과연 십자가를 지고 순순히 따른다는 것이 어떻게 금욕주의와 다른지 명확히 가르친다:

> "묵묵히 십자가를 진다는 것은 그 사람이 전적으로 무감각하고 모든 고통의 느낌을 느끼지 않는 상태가 된다는 뜻이 아니다."

칼빈은 더 나아가, 자기 부인이나 십가가를 지는 것은, 스토익 학파에서 말하는대로, '위대한 영혼의 소유자', 즉 그의 모든 인간성의 자질들을 내버리고 역경이나 번영이나 슬플 때나 기쁠 때나 똑같이 영향을 받는 그런 존재, 즉 돌과 같이 희노애락에 흔들리지 않는 그런 사람이 됨을 뜻하는 것이 아니라고 못 박는다. 사실 칼빈은 고대 스토아 학파에게서 많은 것을 배우지만, 그들의 가르침들 가운데 기독교 신앙과 공존할 수 없는 부분에 대해서는 과감하게 비판한다. 그 중 하나가, '아파떼이아'(apatheia) 곧 '감정/느낌의 부인'(rejection of feeling / 무감각)이다(*Inst*. 3.8.9; cf. *Inst*. 1.14.8; 3.4.28; 3.7.15; 겔 1:4; 17:10 주석, 마 10:29 주석).

칼빈이 이런 식의 금욕주의적 '인내'를 비난하는 이유는 더욱 흥미롭다. 즉 칼빈은 이런 고상한 지혜가 결국 무슨 이익을 주었냐고 물으면서, 그들(스토아학파)은 인간들 가운데 한 번도 실행된 적이 없는 인내 비슷한 것을 만들어서 아무도 못 지킬 것을 요구한 것이라고 말한다. 그들은 너무 정확하고 확실한 인내를 소유하기를 원하다가, 결국 그 인내의 효력을 인간의 삶에서 박탈해버린 셈이라고 비판한다(*Inst*. 3.8.9).

따라서 칼빈은 십자가를 지고 묵묵히 따르는 인내의 삶을 스토아 철학파들처럼 오해하는 그리스도인들을 비난한다. 그들은 십자가를 지고 인내한다는 것이 신음하고 비탄에 빠지는 것이나 슬퍼하거나 염려에 휩싸이는 것과 같은 감정도 없어지는 상태라고 말하는데, 칼빈은 이런 모순된 가르침이 나오는 이유는 이런 가르침을 말하는 사람 자신이 이를 행해보지 않고 이론적인 추측에 의존했기 때문이라고 비난한다. 자기 부인에 대한 칼빈의 이해는 그것이 현실적으로 실천될 수 있고 유익해야 한다는 것인데, 그의 이런 기준에 비추어 볼 때, 스토아 학파의 금욕주의적 접근이 거부되는 이유는 그것이 매우 비현실적이기 때문이라는 것이다.

칼빈에 의하면, 그리스도는 자신의 십자가를 지면서 신음하고 비탄에 빠졌으며, 제자들을 향해서도 '세상은 기뻐할 것이나 너희는 곡하고 애통하리라'고 하셨음을 말한다(요 16:20). 자기 부인의 '인내'(patience)는 '무감각'(insensibility)이 아니다. 칼빈이 이 점을 강조하는 이유는 경건한 마음의 소유자들이 절망하기 때문이다. 즉 저들이 십자가를 지고 따르는 인내의 삶을 살려고 하는데, 그들이 슬픔의 자연스런 감정을 떨쳐버릴 수 없다는 이유로 인내의 삶을 포기하게 되기 때문이다. 칼빈은 자기 부인의 인내가 자신의 감정을 부인하는 것이 아님을 말함으로써 이들을 구해내고 싶어 한다.

따라서 십자가를 지고 인내한다는 것은, 고통에 대한 아무런 감정도 갖지 않는 것을 의미하지 않는다. 도리어 성경은 신자들이 고난을 당하나 아주 넘어지지 않고 비통함을 느끼나 또한 영적 기쁨에 차오르고 염려에 짓눌리나 또한 하나님의 위로로 새롭게 살아남을 가르친다. 칼빈은 신자의 마음이 여기서 자기 모순적인 것을 겪는다고 말한다. 한편으로 고난에 대한 자연스런 감정을 그대로 느끼면서도 하나님께 대한 순종의 의지를 느끼는 것이다. 즉 그러한 역경들은 그것들 나름대로의 비통함으로 우리의 마음을 짓눌러 우리로 슬프게 하고 울게 하고 더 나은 상태를 열망하게 하지만, 신자의 마음은 그 중에서도 주의 뜻을 행하고자 하는 것이다(*Inst.* 3.9.10).

더 나아가 칼빈은 철학적인(스토아학파적인, 따라서 금욕적인) 인내와 그리스도인의 인내가 서로 다르다고 말하면서 스토아학파와 같은 이들은 이것이 왜 그러해야 하는지도 모르는 채 단지 그래야 하기 때문에 그렇게 하는데, 그것은 마치 하나님을 거부하는 것이 소용없는 일이기 때문에, 그래야 한다고 말하는 것과도 같다고까지 말한다. 칼빈은 그리스도인이 받는 고난은 하나님의 뜻이나 섭리 밖에서 일어나는 일은 없으며 이 모든 일들을 '질서를 갖춘 공의'(well-ordered justice)에 따라 이루어지는 것이다. 따라서 그리스도인이 자기 부인으로 인한 십자가 짊의 고난을 받아들이는 것은 그것이 '운명'(it is necessary)이기 때문이 아니다: "그러므로 이런 고난들을 묵묵히 받아들임으로서 우리는 어쩔 수 없는 운명에 항복하는 것이 아니라 우리 자신의 유익을 도모하는 일에 동의하는 것이다"(*Inst.* 3.9.11).

결론적으로 칼빈의 자기 부인에 대한 가르침에 금욕주의적인 요소들이 없는 것은 아니다. 그것은 앞서 지적했듯이 우선적으로 그의 용어 선택에 있어서(그리고 어쩌면 실제로도) 부인해야 하는 대상이 그리 명확하지 않았다는 점과 이로 인한 혼선이다.[41]

또한, 이보다 더욱 중요한 것은 칼빈이 창조 세계 전반에 대해 어떤 시각을 가졌는가 하는 점이다. 그는 창조 세계를 완전히 타락하여 피해야할 부정적인 것을 보았는가 아니면 타락에도 불구하고 개혁될 수 있는 긍정적인 것으로 보았는가? 이 질문에 대한 대답은, 자기 부인에 대한 칼빈의 입장이 금욕주의적이었는지 아닌지를 판단하는데 도움이 된다.

예컨대 부스마(William J. Bouwsma)는 칼빈이 인문주의적 영성을 형성한 르네상스 인문주의의 기초를 이루는 인간학적 그리고 인식론적 가설들을 공유하였다고 말하면서, 다른 인문주의자들과 마찬가지로 그 역시, 인간의 신체를 만든 그 솜씨와 언약궤 앞에서의 다윗의 춤(삼하 6:16)을 경탄한다고 설명한다. 육체의 고행은 칼빈의 영성에서 별로 자리를 차지하지 못했으며, 육체의 쾌락에 대한 그의 태도도 온화하였다. 예를 들면 그는 음식의 '합법적 사용'은 음식물 이상의 의미를 포함한다고 주장하였고 독신주의에 고상한 가치를 부여하지도 않았다. 칼빈은 서구의 영성 전통에서 나타나는 금욕적 요소에 대해 별로 공감하지 않았다고 주장한다."[42]

---

41) 앞의 인용한 장해경의 분석을 참조하라; 예컨대, 그의 이런 표현들, "to put off our own nature and to deny whatever our reason and will dictate"(*Inst.* 3.7.2) 등은 오해의 소지를 남긴다. 인간에게 남아 있는 모든 것이 부정되어야하는 것처럼 들리기 때문이다.
42) William J. Bouwsma, "존 칼빈의 영성", 김재성 역, 『신학사상』 99, (1997), 139.

하지만, 그렇다고 자기 부인을 설명하면서 칼빈이 창조세계에 대해 전반적으로 긍정적인 시각을 견지했다고 말하기도 어렵다. 본 논고에서도 밝혔지만, 칼빈의 자기 부인의 기초와 시작은 모두 하나님과 그의 나라, 곧 천국에 대한 강렬한 소망으로부터 시작하고 격려 받는다. 갬블(Richard C. Gamble)이 잘 지적한대로, 칼빈이 '세상 부정적(world-denying)' 혹은 '세상 탈피적'(world-flight) 영성을 가졌다고 보는 것이 그가 '세상 긍정적'(world-affirming) 영성을 가졌다고 논증하는 것보다 훨씬 쉽고 자연스럽게 보인다. 그것은 갬블이 말한대로 칼빈 당대의 문화적 정황 곧 '근대적 경건'(*Devotio moderna*)에 있었던 강한 세상 부정적 경향을 반영하는 것인지도 모른다.[43]

하지만 칼빈의 세상에 대한 부정적 시각에도 불구하고 그의 자기 부인에 대한 이해를 단순히 금욕주의적인 것으로 오해할 근거는 희박하다. 칼빈은 어쩌면 신약 성경이 드러내는 세상 부정적 시각을 충실히 반영하고 있다고 말할 수 있을 것이다. 실제로 자기 부인에 대한 신약의 가르침들도 창조 세계에 대해 그리스도 안에서 종말론적인 긍정성을 유지하지만, 아직도 죄와 사망이 영향력을 행사하는 현 세상에 대해서는 부정적인 거리를 유지한다. 그럼에도 불구하고 자기 부인에 대한 신약 본문들은 부인해야 할 대상에 대하여 말할 때 그리스도 안에서 매우 긍정적인 시각을 기초로 하면서도 '자기 소멸'과 같은 함정을 세심하게 피해간다.

예를 들어 칼빈이 인용하는 로마서 12:1-2에서 자기 부인은 성령의 새롭게 하심으로 갖게 되는 '하나님의 기뻐하시고 온전하신 뜻'에 대

---

43) Richard C. Gamble, "Calvin and Sixteenth-Century Spirituality: Comparison with the Anabaptists," *Calvin Theological Journal* 31 (1996), 355-56.

한 분별력을 기초로 한다. 매우 긍정적이다. 에베소서 4:22-24에서는 옛 사람을 '죽이라'는 표현으로 되어 있지 않다는 것에 주의해야 한다. 가장 절정에 해당하는 명령은 '새사람을 입으라'이다. 입기 위해서 벗는 것이다. 갈라디아서 2:20에서도, 매우 사소한 것 같지만 '나를 죽인다'는 표현은 없다. "내가 산 것이 아니요"라는 표현은 그리스도의 죽으심에 참여함 때문에 그 결과로 생긴 내용이다. 그리스도께서 이미 그의 안에 살고 계신다. 여기서 '이미 죽은 나'는 '나를 사랑하신 이의 사랑'을 믿는 적극적이고 긍정적인 믿음의 태도로 살도록 되어 있다.

디도서 2:11-14에서도 마찬가지이다. 여기서도 직접적으로 '자기를 부인한다'거나 '죽인다'는 표현은 없고, 도리어 하나님은 우리를 불법에서 구속하셨으며(14절), 구속받은 자들에게 요구되는 것은 '경건치 않은 것과 이 세상 정욕을' 다 '버리는($\dot{\alpha}\rho\nu\eta\sigma\dot{\alpha}\mu\varepsilon\nu o\iota$)' 것이다. 그것도 이렇게 버리는 것은, '근신함과 의로움과 경건함으로 이 세상에 살기' 위함이다(12절). 흥미롭게도 '버리고'($\dot{\alpha}\rho\nu\eta\sigma\dot{\alpha}\mu\varepsilon\nu o\iota$)에 해당하는 용어는, 자기를 '부인한다'고 할 때 사용되는 그 단어, $\dot{\alpha}\rho\nu\dot{\varepsilon}o\mu\alpha\iota$이다. 그러나 여기서도 '부인해야 할' 대상이 '육'이나 '몸'이나 '자아'가 아니라 '세상을 따라가는 정욕'($\tau\dot{\alpha}\ \zeta\kappa o\sigma\mu\iota\kappa\dot{\alpha}\varsigma\ \dot{\varepsilon}\pi\iota\theta\upsilon\mu\dot{\iota}\alpha\varsigma\ \sigma\omega\varphi\rho\dot{o}\nu\omega\varsigma$)임을 주목해야 한다.

칼빈의 자기 부인에 대한 이해는 신약 성경이 그러한 것처럼, 현재의 창조 세계에 대해 전반적으로 부정적이고 내세 중심의 경향 속에서 설명된다. 그럼에도 불구하고 칼빈은 자기 부인을 결국 자기 소멸, 혹은 역설적으로 더욱 자기를 강화하는 자리에로 이르게 하는 금욕주의적 경향을 세심하게 비켜간다. 칼빈이 자기 부인을 금욕주의적으로 이해하는 것을 거부하는 이유는 실제로 이 자기 부인을 가능하게 하기 위해서라는 현실적인 이유 때문이다. 자기 부인을 금욕주의적으로 이해하면 그것은 결국 행할 수 없는 것이 되기 때문이다. 칼빈의 자기 부인의 이해는 하나님을 전적으로 의뢰함으로써 하나님과 이웃을 사랑할 자유를 얻기 위한 자기 부인이며 십자가를 지는 고난 속에서 인간적인 감정들을 모두 인정하는 현실성을 지니고 있다.

4. 몇 가지 결론들

신약의 결론도, 칼빈의 이해도, 자기 부인이 단지 금욕적인 훈련을 뜻한다고 가르치지 않는다. 그것은 자아의 감정이나 개인성이나 정체성의 소멸을 의미하지도 않는다. 예수께서 자기를 부인하라고 하신 복음서의 문맥은 우선적으로 자기 부인의 공개적, 고백적, 그리고 집단주의적 문화 속에서 특별히 혈연이나 친족의 연대까지도 끊는 종교적, 사회적 죽음을 각오하는 결단을 의미한다. 칼빈에게 있어서 자기 부인은 '죄 죽임'의 교리의 한 부분으로서 확대 해석되는데, 그럼에도 불구하고, 그의 이해는 신약의 관련된 본문들에서 발견되는 긍정적이고 실현가능한 현실적 이해를 반영한다. 이제 자아 부인의 실제적 실천을 염두에 두면서 몇 가지 결론들을 정리해보기로 한다.

첫째, 자아 부인은 개인성의 부인이 아니다. 이것은 우리나라와 같은 집단주의적 사회, 그리고 그런 집단주의적 사회 속에 처한 교회에게 있어서 매우 중요한 부분이다. 한국 사회에서 한 개인의 자아는 성경의 요구 때문이 아니라 집단주의적 사회와 문화라는 환경 때문에 자연스럽게 부인되고 억압된다. 이런 문화적 배경 속에서 성경이 말하는 자아 부인을 제대로 이해하는 것은 매우 중요하다.

예수께서 말씀하신 자아 부인은 개인의 감정, 개인의 특성, 개인의 양심, 개인의 인격성 자체를 부인하는 것이 아니다. 자아를 부인한다고 해서, 희노애락을 느끼지 않는 돌부처 같은 사람, 여리고로 가는 길목에서 강도 만나 쓰러진 자를 보고도 그런 이웃을 향한 긍휼에 의해 전혀 마음이 움직여지지 않는 그런 '스스로 완벽한 도덕적 종교인'이 되라는 것도 아니다. 자아를 부인하는 것은 어떤 교단이나 교회가 정형화해서 요구하는 틀에 맞추기 위해 자신의 은사나 특질을 묻어버리고, 오직 그런 모습으로 정형화되기 위해 자기를 내려놓는 일도 아니다. 또한 자아를 부인하는 것이 집단주의적 문화 속에서 그리고 잘못된 유교적 권위주의적 문화 속에서 한 사람의 지도자에 의해 똑같은 것을 강요받고 자기의 양심과 신앙의 색깔을 지워버리는 획일화의 도구로 사용되어서도 안 된다.

요컨대 자아 부인은 하나님께서 그 사람에게 주신 개인성과 개인의 양심, 신앙의 색깔과 나름대로의 소리를 부인하라는 것이 아니다. 정해진 몇 가지의 종교적 규칙을 지킴으로 자기의 의를 완성하고 – 그 좁은 틀 속에서 – 그 외의 것들을 '부인하며' 대가로 도리어 그 자신의 의를 완성하는 그런 식의 자기 부인도 성경이 의미하는 바가 결코 아니다.

이를 뒤집어 말하면 예수께서 말씀하신 자아 부인을 통해 그 사람은 가장 그 사람다운 개성 있는 그리스도인으로 거듭나고 성장하게 하는 지침이다. 예수께서 말씀하신 자아 부인을 했다면, 그는 하나님을 하나님으로 대접하고, 이웃을 자기와 같은 하나님의 형상으로 사랑하고 느끼고 섬기는, 하나님과 이웃을 실제로 그렇게 느끼고 섬길 자유에 이른 사람, 무엇보다 그리스도의 생명 곧 성령의 뜻 가운데 살아있는 그래서 가장 회복된 인간의 모습일 것이다.

둘째, 성경이 말하는 자아 부인은 우선적으로 새로운 자아를 덧입는 것이다. 자아 부인은 하나님께서 그리스도 예수 안에서 우리에게 주신 새로운 자아, 그 하나님의 사랑으로 말미암아 예수 그리스도의 사랑 안에서 태어났고 존재하고 활동하는 그 새로운 자아를 매 순간 덧입음으로써 진행된다. 입을 것이 없이는 벗지 않는 것이 사람이다. 새롭게 입을 것이 없이 벗는 일이 금욕주의이고, 그것은 강한 영성인 것처럼 보이지만 도리어 빈약한 자아를 더욱 날카롭게만 깍아 내는 가난하고 빈약한 영성이다. 성경이 요구하는 자아 부인이 추구하는 영성은 부요하다. 예수 그리스도의 형상, 새로운 사람, 하나님께서 의와 거룩과 긍휼, 은혜와 진리로 충만하게 만드신 새로운 하나님의 형상을 더욱더 덧입기 위해 옛 사람을 벗는 일이다. 입는 일, 받는 일, 그리고 은혜와 진리 안에서, 성령의 역사와 도우심 안에서 새롭게 되는 일이 논리적으로 그리고 시간적으로도 항상 우선된다. 옛 자아의 부인은 새 자아를 덧입는 은혜의 결과로서 요구된다.

셋째, 예수께서 말씀하신 자아 부인은 우선적으로 초월적 차원을 갖는다. 즉 내 자아가 하나님의 주권, 그리스도의 주권, 나를 그의 피로 값 주고 사신 그분과 그분의 뜻에 대항하여 맞서는 자아의 주권을 의미할 때, 그 자아는 그가 주장하는 자아의 주권과 함께 부인되어야 한다. 그러나 이것은 하나님과 그리스도 앞에서 신자가 자신을 책임지지 않고 모든 것을 그의 손에 의탁하는 믿음과 신뢰의 행위이다. 하나님께 모든 주권이 있다는 것은, 모든 상황이 척박하고 험난했던 칼빈에게는 큰 위로의 말씀이었다. 그만이 우리의 영원한 안전과 생명을 보장하실 수 있기 때문에 자신을 의지하는 모든 경향을 버리고 그의 손에 자신과 자신의 삶을 맡김으로써 그를 향한 사랑이 가장 우선을 차지하는 심령으로 되는 것이다.

이는 또한 이미 그리스도의 십자가에 세례를 통해 연합하여 실행한 그 자아의 죽음을 의미한다. 그리스도와 함께 죽었음을 다시 믿음 안에서 고백하고, 자신의 자아의 대한 주권이 하나님과 그리스도에게 있음을 인정하는 실제적 행위이다. 이것이 자아 부인의 종교적, 혹은 수직적 차원이라고 할 수 있다. 하나님과 그의 뜻을 대적하여 스스로를 스스로의 것이라고 주장하는 주권, 그 주권을 쥐고 놓지 않는 자아를 부인하는 것이다. 그것은 그리스도와 함께 십자가에 못 박힌 자아를 다시 믿음 안에서 재현하는 과정이요 훈련이다. 이것이 자아 부인의 영적인 측면이다.

넷째, 자아 부인에는 공적이고 사회적인, 공동체적인 차원이 포함되어야 한다.

많은 경우, 개인적이고 영적인 자아 부인은 금욕적인 형태의 자아 부인의 내용들과 크게 다르지 않다. 죄라는 것이 인류의 문화와 시대 상황을 너머서서 보편적인 측면이 있는 만큼, 성경이 지적하는 거의 보편적인 죄악들을 멀리하고 그것을 주장하는 자아를 부인하는 것은 마땅하다. 하지만 자아 부인의 수평적인 차원 곧 한 신자의 자아 부인이 드러나는 수평적 차원에서 우리는 종교, 사회, 정치, 경제와 문화의 총체적 문맥을 고려하지 않을 수 없을 것이다. 우리 시대, 우리 사회, 우리 문화 속에서 예수를 따라 새사람을 입고 옛 자아를 부인하고 버린다는 것은 과연 어떻게 드러나게 될 것인가? 어떻게 드러나야 하는가?

이 질문에 대한 답은 죄와 악이 우리의 시대의 사상과 사회 구조와 문화 속에 어떻게 구조화되고 그것이 어떻게 우리 개인들의 삶을 옥조이고 있는가에 대한 분석을 요구할 것이다. 왜냐하면 하나님 앞에서 자아를 부인한 그 결과로 나온 자아 부인의 삶 곧 예수를 따르는 삶이 실제로 드러날 때, 그 부인한 내용의 편협함과 자기 정당화, 그리고 삶의 행보 전체를 볼 때 드러나는 모순들을 함께 보기 때문이다. 이를 테면, 자아 부인의 결과로 교회가 정한 개인적이고 영적인 규칙들을 지키는 신자가 사회 속에서 아무런 거리낌 없이 불의한 일을 조장하거나 악한 법을 만들어 시행하거나 약자에 대해 냉혹한 집단적 행동에 아무런 신앙의 갈등 없이 동참하는 경우가 허다하기 때문이다. 그렇게 하고도 여전히 자아 부인의 요구에 스스로 만족스럽게 답했다고 믿을 수 있기 때문이다.

말리나의 분석대로 집단주의 사회 속에서 자아가 그 집단의 가치관과 그 집단의 목표를 내재화한 자아라면, 만일 예수께서 요청하신 자아 부인을 실천할 경우, 그것은 곧 집단의 변혁을 초래할 수도 있을 것이다. 그가 부인한 것은 자아이지만, 그는 그 자아 부인을 통해 하나님께서 새로 덧입히신 새로운 인간에 걸맞지 않는 옛 사람의 방식, 곧 그 집단의 옛 질서, 혹은 죄악된 구조를 부인한 것일 것이기 때문이다. 즉 말리나가 지적한대로 신약 시대의 배경이 집단주의적이었다는 것을 고려하면, 마태복음 16:24에서 예수께서 명하신 '자기 부인'이란, 마찬가지로 집단주의적 문화를 배경으로 하는 구약에서 하나님께서 그의 나라를 이 땅에 재건하시기 위해 이스라엘의 첫 조상 아브람에게 명하신 그 내용과 유사하지 않을까?: "여호와께서 아브람에게 이르시되 너는 너의 본토 친척 아비 집을 떠나 내가 네게 지시할 땅으로 가라"(창 12:1).

이런 시각에서 보면, 칼빈이 예수의 자기 부인의 명령을 해석한 틀은 많은 부분 개인주의적이고 내세 지향적이었다는 점을 생각해볼 수 있다. 하나님 나라의 전망 속에서 한 개인이 자신 속에만이 아니라, 그가 속한 집단 속에 구조화된 죄악의 틀을 거부하는 수단으로서의 성경적인 '자기 부인'의 보다 '전체적 모습'은 칼빈의 자아 부인에 대한 그의 해석에서보다는, 그 자신의 파란 많았던 삶의 궤적 자체에서 찾아야 할지 모른다.

마지막으로, 칼빈의 자아 부인 이해와 그의 창조세계에 대한 관점의 관계이다.

칼빈은 성경이 제시하는 강조점, 즉 자아 부인은 늘 하나님께서 성령 안에서 새롭게 살리시고, 새 자아를 입히시는 역사를 전제와 배경으로 한다는 점을 잘 알고 있었으며, 칼빈의 자아 부인은 그의 신학의 주요한 부분으로서, 그 강조점은 결코 어둡지만은 않고 그의 주장은 단순한 금욕주의와는 확연히 구별된다. 이런 맥락에서 칼빈이 강조한 자아 부인이 미래의 천국에 대한 소망과 긴밀하게 연결되어 있다는 것은 주목할 사실이다.

그러나 칼빈의 자아 부인 이해에 있어서, 그가 강조한 이 미래의 천국에 대한 소망과 타락했지만 여전히 개혁되어야 할 필요가 있는 창조세계가 어떤 관계가 있는지에 대해서는 아직도 불분명하다. 칼빈에게 있어서 이 세상은 자아 부인을 통해 외면하고 지나가야 하는 세상, 미래의 천국을 바라보며 힘겹게 지나가야하는 세상인가 아니면 예수께서 말씀하신 자아 부인을 통해 이 세상은 여전히 개혁되며, 여전히 함께 새롭게 되는 재창조의 역사의 무대인가? 자아 부인과 창조 세계에 대한 칼빈의 시선은 후대의 개혁주의가 창조세계에 대해 가졌던 개혁적이고 다소 낙관적인 전망과는 다소 달라 보인다. 이 문제는 성경적인 자아 부인의 영성, 그리고 그 영성을 추구하고 있는 개혁교회의 영성이 과연 어떤 방향과 색조를 띄게 될 것인지에 연관되어 있으며 더 연구해 볼 과제가 되기에 충분해 보인다.

칼빈의 영성과 성경해석

안 명 준 교수 (평택대학교)

영성에 대한 관심이 홍수를 이룬 시점에서 칼빈의 영성을 성경해석과 연결시켜 살펴보는 것은 아주 의미 있는 일이다. 그러나 오늘날의 시점에서 종교개혁 시대의 칼빈의 영성을 파악하는 것은 쉽지 않다. 이미 몇몇 신학자들에 의해 칼빈의 영성개념이 다양하게 정의가 내려지고 있지만, 이 논문에서는 영성이란 용어와 가장 근접한 단어를 경건으로 보고[1] 칼빈에 있어서 경건과 성경해석의 관계를 살피고 경건한 해석자를 위한 몇 가지 제안하는 것을 목적으로 한다.

칼빈은 참으로 경건한 삶을 살았다. 그는 수도원적이며 주관적인 신비적인 경건에 사로잡히지 않고, 평생 성경을 충실하게 지속적으로 연구하고, 해석하고, 가르치고, 봉사하면서 성경대로 경건한 순례자의 삶을 살았다.[2] 그의 삶은 성경을 품어 안고, 읽고, 해석하고, 가르치는 성경의 삶이었다. 이것이 그의 성경적 경건의 삶이었다. 그의 경

---

1) 이수영, 김영한, 그리고 이승구와 같은 학자들이 있다.
2) 헤르만 셀더르하위스,『칼빈』, 조승희 역 (서울: 코리아닷컴, 2009). 저자는 칼빈을 순례하는 인간으로 보고 그가 하나님 앞에서 실제적인 경건한 삶의 모습을 그리고 있다.

건의 강조와 성경해석이 조화롭게 나타난 칼빈의 작품이 바로 『기독교 강요』이다. 그의 삶 속에서 성경연구의 중요성은 회심에서 시작하여 마지막 고별사에서도 분명하게 나타난다. 루이 구마(Louis Goumaz)에 따르면 성경은 칼빈의 회심을 위한 도구(the instrument for Calvin's conversion)였다고 한다.[3] 그는 인문주의자를 포기하고 회심 후에 성경을 열정적으로 탐구하는 사역으로 발길을 옮긴다. 그가 그토록 공들였던 『기독교 강요』 역시 로마서의 확장이라고 보는 관점에서 그의 삶의 목적은 하나님의 말씀을 진실되게 해석하고 거룩하고 경건한 삶을 사는 것이었다. 그의 사역에 충성하는 것이 그에게는 경건한 삶 그 자체였다. 말씀에 다가가는 것이 칼빈에게는 참다운 경건이었다. 칼빈은 생을 마감하기 한 달 전 제네바 목사들에게 성경을 충성스럽게 해석하라는 충고를 한다.

> 나는 교리에 관하여 신실하게 가르쳤고, 하나님께서는 나에게 은혜를 주셔서 나의 힘이 닿는 대로 신실하게 글을 쓸 수 있었다. 나는 성경의 단 한 절도 왜곡시키지 않았으며, 비록 난해한 의미를 만나서 그 미묘한 것을 연구하였으나 나의 발 아래에다 그것에 대한 유혹을 던지고, 항상 단순성을 목표로 두었다.[4]

그의 삶에서 성경이 없다는 것은 상상할 수 없는 일이며, 성경을 바르게 해석하는 것은 그의 삶의 존재의 의미를 주는 것이다. 칼빈의 고

---

3) Ford Lewis Battles, "Introduction," *Institutes of the Christian Religion* (1536) (Grand Rapids: Eerdmans, 1975), xxviii. 이후로 *Inst.*로 표기한다.
4) "Calvin's Farewell to the Ministers of Geneva," (1564. 4. 28) in *Selected Works of John Calvin: Tracts and Letters*, eds., Henry Beveridge and Jules Bonnet (Grand Rapids: Baker, 1983), 375.

백은 자신의 삶의 고백이며, 성경을 다루는 학자들에게 경건한 삶을 성경에 따르도록 명령하는 것이다. 칼빈은 오늘날처럼 영성을 위하여 뭔가를 만들려고 시도하지 않았다. 그가 보여준 경건이란 그의 삶에 충실한 사명을 거룩하게 감당하여 하나님께 영광을 돌리는 것이었다. 진정으로 하나님을 예배하는 것이 참된 경건이었다.[5]

1. 『기독교 강요』에서의 경건과 성경해석

칼빈의 대부분의 작품들은 이론과 실제에 있어서 한쪽으로 치우치지 않고 균형 잡힌 모습을 제시한다. 대표적인 그의 명저인 『기독교 강요』[6] 역시 이런 조화를 보여준다. 다른 말로 표현하면 칼빈은 이 책

---

5) 셀더르하위스는 참된 신학이란 참된 경건이라고 하면서 칼빈의 시편 97:7을 인용한다. "경건이란 참되신 하나님을 진정으로 숭배하며 그분만이 유일하게 모든 것 위에 우뚝 솟아 계심을 믿는 마음, 즉 어떤 피조물도 그분의 신적 위엄을 가릴 수 없음을 믿는 마음이다." 헤르만 셀더르하위스, 『중심에 계신 하나님: 칼빈의 시편 신학』, 장호광 역 (서울: 대한기독교서회, 2009), 62.

6) '강요'라는 단어 자체는 경건을 훈련하는 것과 관련된 단어이다. 이 말은 법학의 용어로서 가이우스(Gaius)가 '법학강요'(*Institutiones*)를 사용했다. 후에 교부 락탄티우스(Lactantius)와 암부르시우스(Ambrosius)는 신학논문의 제목에 이 말을 사용한다. 심지어 클레어보의 버나드(Bernard of Clairvaux)도 사용하였고, 카씨아누스(Cassianus)의 경우 인스티투티오라는 제목이 신앙생활의 규율과 구체적인 계율, 그리고 개인의 훈련을 의미했다. 따라서 법학도였던 칼빈은 이 용어를 잘 알고 하나님의 말씀의 핵심을 요약적으로 설명하는 것으로 사용한다. 에라스무스(Erasmus, *Institutio principis christiani*, 1516)와 부데(Bude)는 이상적 군주를 양육하는 문제에 관심이 많았고, 인스티투티오의 개념은 그런 인물을 키워낼 교육과 훈련을 가리켰다. 이 사실에서 칼빈도 이 말의 사용을 통하여 기독교로 하여금 사회 안에서 발전하도록 돕는 교육과 훈련하는 암시가 있다고 본다. 칼빈이 당시 프랑스 왕 프란시스 1세에게 강요를 헌사한 점에서 유사하게 나타난다. 루터(LC의 서문, 1529)나 멜랑히톤(*Theologica institutio in Epistolam Pauli ad Romanus*, 1519)도 이 용어를 사용하였다. 참고로 필립 홀트롭, 『기독교 강요 연구핸드북』 (서울: 크리스챤다이제스트, 1997), 29.

에서 신학도들로 하여금 성경을 바르게 해석하는데 도움을 주려는 목
적을 말하면서도 동시에 초판의 부제와 프란시스 1세에게 보낸 헌사
에서 기독교인들의 경건을 강조하였다. 따라서 성경해석과 경건은 필
연적인 연관성을 가지고 있으며 경건 없는 해석, 해석 없는 경건은 칼
빈에게 있어서 있을 수 없는 것이다. 이에서 벗어나면 성경을 왜곡하
는 것이며, 이단으로 빠지는 것으로 칼빈은 보았다.

칼빈은 『기독교 강요』 초판의 부제에서 "경건의 개요와 구원의 교
리에서 알 필요가 있는 거의 모든 것이 포함되어 있는"이라고 소개하
는데, 이 의미는 경건이 칼빈 신학의 전체의 방향과 목적을 보여 준
다.[7] 칼빈에게 있어서 경건의 중요성이 표지부터 시작됨을 알 수 있
다. 소르본느의 신학자들이 교회의 권위에 종속된 영광의 영성을 추
구한 반면, 칼빈은 철저하게 말씀에 의한, 말씀에 따른, 말씀에 지배
된 경건을 말하였다.

칼빈이 이 작품을 쓰게 된 첫 번째 근본적인 동기는 1535년 초 자신
의 고국에서 일어났던 피의 박해로 인한 큰 아픔에 대한 진정한 변호
가 담겨져 있다. 이 저작은 표면적으로 당시 문제가 되었던 많은 신학
적인 주제들에 대한 그의 변증적—신학적 해석 이었지만, 모든 신학적
주제들을 다루는 내면의 모습은 자신의 고국에서 일어났던 사건의 현
장에서 생과 사를 좌우하는 치열한 대립과 기독교를 부패시킨 헛된
교리를 새로운 패러다임으로 변화시키려는 칼빈의 울부짖음이 강렬
하게 내포되어 있다.

1536년 출판된 『기독교 강요』를 저작한 목적에 대하여 칼빈은 프랑
소와 1세에게 드리는 헌사에서 자신의 의도는 다만 종교에 조금이라

---

7) 이수영, 『칼빈 2: 칼빈, 그 후 500년』 (서울: 두란노아카데미, 2009), 20.

도 관심이 있는 사람들이 참으로 경건한 삶을 살아가는데 도움이 될 수 있는 기본지침을 제공하자는 것이라고 한다. 칼빈 자신은 특별히 자기의 동포 프랑스인들을 위하여 이 글을 저작했다고 한다. 칼빈은 많은 프랑스인들이 그리스도에 주리고 목말라 있다고 진단하였다. 그리고 그리스도를 조금이라도 제대로 알고 있는 사람들이 거의 없다고 판단하였다. 이런 영적 무지의 프랑스인들에게 칼빈은 예수 그리스도를 바르게 알리기 위하여 이 일을 시작하였다고 한다. 1545년(1560년 불어판) 불어판에서 구원의 교리를 배우고자 하는 모든 사람들을 돕기 위하여 이 책을 이미 라틴어 저술로 모든 사람들을 위하여 썼고, 이제 자기의 프랑스 국민을 위해 불어로 라틴어판을 번역하였다고 밝힌다.

두 번째 『기독교 강요』의 저작 목적은 신학을 공부하는 사람들로 하여금 성경을 잘 이해하기 위한 입문서로 제공하는 것이다. 성경을 올바르게 알려는 자들을 위한 경건 훈련 지침서이다.[8] 따라서 『기독교 강요』는 성경을 이해하는 방법을 직접 혹은 간접적으로 배울 수 있다. 칼빈의 『기독교 강요』는 로마서에 대한 해석학적 확장이라고 불릴 정도로 성경 해석에 대한 심도있는 방법들이 많이 나타난다.[9] 칼빈은 우리로 하여금 우리의 경건한 삶의 발전을 위하여 성경의 내용들을 지속적으로 탐구해야 할 것을 말한다.

성경에는 헛되거나 유익하지 못한 것은 아무 것도 들어 있지 않으며, 이러한 불변의 지혜의 기록들을 꾸준히 개인적으로 공부해 나가

---

8) John Calvin, "John Calvin to the Reader," *Inst* (1559).
9) 칼빈은 『기독교 강요』에서 교리에 대한 언급을 다루었기 때문에 앞으로 나올 성경 주석들은 간결성과 용이성(*brevitas et facilitas*)에 근거하여 저술하려고 한다. 이런 해석적 방법을 통하여 성경 안에서 어떤 것을 추구해야할 것인가를 결정하는데 도움을 줄 것이라고 한다.

면 우리의 경건하고 거룩한 생활의 발전에 기여할 것이다. 그러므로 성경의 내용을 열심히 공부하고, 그것이 하늘과 땅의 창조주와 섭리자께서 사람과 대화하시기 위해 주신 유일한 책이라는 것을 잊지 않도록 해야 한다. 그가 우리에게 사용되지 않는 어떤 지식을 가르쳤다고 상상하는 것은 성경의 진리에 대한 비난이 된다. 우리는 그의 훈계는 변함없이 우리의 경건성을 증진시키려 한다는 것을 영원히 기억하도록 해야 한다.[10] 칼빈은 성경의 진리를 바르게 해석하여 우리의 경건을 증진시키도록 강조한다.

2. 경건과 신학적 윤리

칼빈의 경건은 추상적인 개념이 아닌 그리스도인의 실제적인 삶과 연결되어 있다. 그리스도인의 삶이란 경건하며 거룩한 삶이다. 경건한 삶의 보편적인 가치와 기준으로서 칼빈의 윤리에 대하여 살펴봄으로써 우리의 궁극적인 목표를 발견하게 된다.

칼빈은 『기독교 강요』 3권 6장에서 자신의 윤리적인 규칙에 대하여 언급한다. 물론 자신은 이것을 신학적 윤리라는 말로 서술하지 않지만, 2권 6장의 제목에서 말한 것처럼 그 주제에 대한 설명에서 칼빈은 성경에 근거하여 그리스도인의 생활이 어떻게 규정되어야 할 것인지에 대하여 그 중요성을 시작한다. 좀 더 구체적으로 칼빈은 기독교인의 삶의 보편적인 규칙을(*regulam quandam universalem*

---

10) 사무엘 던, 『요한 칼빈의 신학진수』, 김득용 역 (서울: 성광문화사, 1992), 13.

breviter finiero)[11] 말한다.

칼빈은 자신의 보편적인 규칙을 철학적 방법과 전혀 다른 성령에 의한 순종과 그리스도와 함께 사는 삶을 설명한다. 윤리와 관련하여 칼빈이 철학에 대하여 갖는 태도는 부정적인 면이 많이 나타난다. 칼빈은 철학자들은 올바른 것과 존경할 만한 것들에 제한을 두고 개인의 의무와 많은 덕목을 이끌어 낸다고 한다.[12] 칼빈은 삶의 가르침에 관하여 철학적 윤리(*philsophiam moralem*)를 말할 때 한마디로 인간이 본성대로 살라는 것이라고 한다.[13] 즉 인본주의적인 윤리이다. 키케로는 인간의 자연적인 존엄성(*hominis naturalem dignitatem*)을 강조했지만, 칼빈은 이런 인간의 존엄성은 한계가 있기에 인간으로 하여금 완전한 변화를 주지 못하며 심령이 새로워지지 못함을 말한다.[14] 칼빈은 철학자들이 심령으로 새롭게 변화되어 생명으로 완전하게 들어가는 것을 알지 못한다고 하면서 그들은 이성만을 사람 안에 있는 지배 원리로 설정하고 이성의 소리만을 따르라고 한다고 한다. 그들은 인생행로를 오직 이성에게만 맡긴다고 보았다. 그러나 성경이 가르치는 윤리는 어떤 것을 꾸미는 것이 아니라 솔직하게 행동하는 것이라고 한다. 또 그것은 어떤 방법적으로 이성화된 이론을 정확하게 계속적으로 준수하는 것이 아니다(*non ita exacte nect perpetuo methodicam ratinem observavit*)[15]라고 한다. 이에 반하여 기독교 철학은 성령에게 양보하며 항복하며 복종하라고 이성에게

---

11) *CO* 2, 501.
12) *CO* 2, 502.
13) *CO* 2, 503.
14) *CO* 2, 504.
15) *CO* 2, 1.

명령한다고 한다.[16] 여기서 칼빈이 말한 기독교 철학은 기독교 윤리와 밀접하게 관련되었다고 볼 수 있다. 칼빈은 이어서 말하기를 이렇게 성령에 의해 순종하며 따르는 삶이란 더 이상 자신이 사는 것이 아니라 그리스도께서 자기 안에 살며 또 그가 지배하시는 것을 들으며 사는 것이라고 한다.[17] 칼빈에 따르면 윤리란 하나님의 영에 의해 인도함을 받은 것으로 볼 수 있다.

칼빈은 철학적 윤리와 달리 자신의 신학적인 윤리의 또 다른 기초로서 그리스도 안에서 우리가 하나님과 화해된 사건을 말한다. 이것은 신학적인 관점에서 볼 때 매우 중요하다. 이런 화해를 통하여 우리는 하나님의 형상을 회복하였기 때문에 철학자들이 도덕으로 사는 것보다도 우리는 올바른 윤리적인 삶을 살 수 있다고 한다. 이런 견해는 성경에서 그 교훈을 끌어 왔다고 한다. 따라서 우리는 하나님께 우리의 생명을 맡기며 그리스도의 모범을 우리의 경건한 삶에서 실현하도록 한다고 한다.[18]

칼빈은 자신의 신학적 윤리의 기초로서 주님의 법을 말한다. 칼빈은 인간 생활의 정리를 위하여 가장 잘 마련된 방법을 주님의 율법이 제공한다고 한다. 이어서 그는 말하기를 하늘 교사(하나님)께서는 자신의 백성이 그 율법에 제시된 준칙과 부합하도록 더욱 명백한 계획에 따라서 인도하는 것을 좋게 보셨다고 한다.[19] 여기서 칼빈은 주님의 법을 인간의 삶을 질서 있게 세우는 가장 아름답고 가장 배열된 방

---

16) *CO* 2, 506.
17) *CO* 2, 506.
18) *CO* 2, 503.
19) *Inst.* 3.7.1, 200. *CO* 2, 506. *"Etsi optimanm et aptissime dispositam constituendae vitae methodum havet lex Doimini, visum tamen est coelesti magistro, accuratiore etiamnum ratie ad ipsam, quam in lege praescripserat, regulam suos formare."*

법으로 말한다. 즉 그의 신학적 윤리학의 근거가 바로 하나님의 법이라고 말한다고 볼 수 있다. 또 이어서 칼빈은 그 법안에 그 규칙(*regulam*)을 만들었다고 한다.[20] 그리고 이런 규칙의 목적은 그리스도인으로 하여금 하나님의 영광을 위하여 살도록 하는 것이라 한다.[21]

칼빈은 그리스도인의 삶이 중생의 목적에서 시작되어야 함을 보여준다. 즉 중생의 목적은 그리스도인이 생활 속에서 하나님의 의와 그리스도인의 순종 사이에 조화와 일치를 보여주는 것으로 말한다. 이는 칼빈의 율법의 제3의 용법을 생각나게 한다. 즉 하나님의 뜻으로서 율법에 대하여 성령으로 거듭난 신자들은 순종하며, 성화의 삶을 살기 위해서 하나님의 계명에 가르침을 받아야 함을 보여준다. 칼빈은 여기서 하나님의 법이 우리 안에서 하나님의 형상을 회복시킬 수 있는 신선한 힘이 내포되었다고 한다. 그러나 칼빈은 우리가 우둔하여 많은 도움도 필요하고 또 잘못된 길에 들지 않기 위해서 다양한 성경본문들을 근거로 기독교인의 삶의 행동을 위한 패턴을 정립해야 한다(*proderit ex variis scripturae locis ratinem vitae formande colligere*)[22]고 말한다.

칼빈에 있어서 신학적 윤리의 동기는 하나님의 의를 생활 속에서 실천하는 것이다. 하나님은 거룩하시다. 거룩하신 분이 자신의 의를 우리에게 주입하셔서 우리를 의롭다 하시고 의에 대한 열의를 가지고 삶의 준칙을 정하라는 것이다. 그의 거룩한 부르심에 우리는 응답하는 것이 우리의 목표라고 한다.[23] 여기서 칼빈의 신학적 윤리는 하나님의 소명과 밀접한 관계가 있음을 보여준다. 그의 신학적 윤리의 동

---

20) *CO* 2, 506.
21) *CO* 2, 506.
22) *CO* 2, 501.
23) *CO* 2, 502.

기는 하나님이 먼저 죄인을 새롭게 하시며 거룩하게 하시는 하나님의
주도권을 보여준다. 여기서의 소명은 그리스도인의 직업에 대한 소명
이 아닌 그리스도인 각자의 삶의 거룩함 곧 성화의 삶에 대한 하나님
의 부르심을 칼빈이 말하고 있다.

3. 경건과 성경해석

우리의 경건한 삶의 최고의 권위로서 성경은 어떻게 해석되어야 하
는지는 매우 중요하다. 우리의 경건한 삶을 위하여 하나님의 뜻을 구
별하기 위하여 성경의 다양한 본문들을 어떻게 해석하는 가는 신학적
인 관점뿐만 아니라 경건한 삶의 실천의 관점에서도 결정적인 요소가
된다.[24]

칼빈에게 있어서 경건한 삶을 형성하는데 성경해석은 중요한 역할
을 하고 있다. 칼빈의 신학 역시 그의 해석학과 밀접한 관계를 맺고
있다. 그에게 있어서 그리스도인의 경건한 삶은 신학과 연결되고 신
학은 성경의 올바른 해석에서 나온다고 볼 수 있다. 최근 신학에 있어
서 해석학적인 역할이 학자들에 의해서 활발하게 연구되고 있는데 칼
빈은 루터와 더불어 신학에 있어서 해석학의 중요성과 그 자신의 해
석학적 방법을 『기독교 강요』와 주석들 특히 로마서 주석에서 분명하
게 보여 주었다.

칼빈은 잘못된 성경의 해석이 잘못된 교리를 만들고 잘못된 교리들

---

24) 성경본문의 해석과 윤리에 관한 국내 연구로 유승원, "본문을 어떻게 사용해야 할 것인
가? 규범적 제안들," 자료출처 http://dove.nazarene.ac.kr/~swyu/useoftext.html.

이 기독교인들의 경건한 삶을 올바르게 지도하지 못한다고 본다. 칼빈은 도나투스파 사람들이 잘못된 해석을 가지고 잘못된 확신을 가짐으로써 위정자와 말썽을 일으키며 자신들의 행동을 정당화시키는 것을 지적한다.[25] 칼빈은 로마가톨릭교회의 학자들이 주장하는 상과 공덕 사상에 대한 견해는 잘못된 해석에서 근거한 것으로 비판하고, 재세례파 사람들이 단어 하나를 물고 늘어지며, 또 문맥을 무시한다고 지적한다.[26] 이런 점들을 고려해 볼 때 칼빈은 성경을 바르게 해석하여 경건의 삶의 규칙을 적용하는데 있어서 매우 신중하게 접근하는 것을 볼 수 있으며 그의 예리한 해석학적 자세를 발견할 수 있다.

칼빈은 율법이 우리의 경건한 생활의 규칙이라고 보면서 우리는 율법이 사람 안에서 무엇을 할 수 있는가를 그 해석에 따라 고찰해야 함을 말한다.[27] 칼빈은 문자적 해석만으론 부족하다고 말한다. 특히 율법에 대한 해석에 있어서 율법의 외형적 문자적 적용을 말하는 바리새파를 비판하면서 성경저자의 의도를 알아야 한다고 한다.[28] 여기서 그는 율법은 사랑의 완성이라고 말한다. 특히 바리새파는 성경의 단순한 의미를 바르게 해석하지 못하고 숨겨진 의미를 알지 못하며 자신들의 의도에 따라 율법을 왜곡시키기 때문에 완전한 해석자들이 아니라고 한다.[29] 이와는 대조적으로 그리스도는 율법의 본질과 목적 그리고 목표를 가르치는 성실한 해석자(a faithful expounder)로 칼빈은 말한다.[30]

타락한 인간은 하나님의 법을 올바르게 해석할 수 없다. 오직 거듭

---

25) *Com. on Matt* 5:12.
26) *Com. on Matt.* 5:12.
27) *Inst.* 2.5.7.
28) *Com. on Matt.* 5:22. Cf. *Com. on Matt.* 5:40.
29) *Com. on Matt.* 5:21.
30) *Com. on Matt.* 5:21.

난 영혼이 성령의 도우심으로 성경 저자의 의도 곧 하나님의 의도를 참으로 이해 할 수 있다고 한다. 이것은 해석에 있어서 칼빈의 신학적 교리를 보여주는 것이다. 칼빈은 인간이 전적으로 타락되었음을 말한다.[31] 인간이 전적으로 타락했기 때문에 에베소서 5:8의 주석에서 칼빈은 타락한 인간을 자연인이요 어두움이라고 불렀다. "어두움은 중생하기 이전의 모든 자연인에게 주어진 이름이다. 왜냐하면 하나님이 비추지 않고, 오직 두려운 어둠만이 있기 때문이다."[32] 인간은 예수 그리스도에게 전향하기 전에 또 성령으로 거듭나지 아니하면 인간은 죄와 어두움 아래 있게 된다. 칼빈은 아담의 타락 이후에 인류는 전적으로 타락되었다고 주장한다. 그러므로 죄 아래 있는 자연인은 성령의 조명 없이는 하나님의 특별 계시인 성경의 영적 진리를 결코 이해할 수 없다. "육은 하나님의 영으로 조명되지 아니하면 하나님과 하나님께 속한 것을 결코 깨달을 수 없다."[33]

칼빈은 거듭나기 이전의 인간 이성은 성경을 분명하게 이해할 수 없다고 본다. 인간 이성의 빛은 어두움에 있기 때문이다. 우리의 본성의 타락이 인간 이성을 질식시킨다고 칼빈은 생각하였다.[34] 우리는 올바르게 생각할 자격이 없다. 우리의 이성적인 기능은 비참하게 타락하였다.[35] 우리에게 깨달음을 주는 하나님의 가르침을 가지지 못한다면 우리의 이성은 단지 헛된 것이 될 것이다.[36] 칼빈은 말하기를 복음을 깨닫는 것은 우리의 이성이나 우리의 명석함에 의해서가 아니

---

31) *Inst.* 2.1.11.
32) *Com. on Eph.* 5:8.
33) *Inst.* 2.2.19.
34) *Com. on Eph.* 4:17.
35) *Com. on Jn.* 1:5.
36) *Com. on Ex.* 25:32.

라, 오직 믿음이라는 것을 배워야 한다고 한다.[37] 칼빈은 지적하기를 심지어 그리스도까지도 우리의 이성을 의지하지 말 것을 명령했다고 한다.[38]

칼빈에게 있어서 경건은 믿음과 연결된다. 참된 경건은 참된 믿음을 동반한다. 경건한 사람은 믿음의 사람이며, 믿음의 사람이 성령의 조명으로 성경을 바르게 해석하게 된다. 칼빈은 믿음의 사람이 성경을 해석할 때, 성령은 해석의 인간적 과정을 지배한다고 말한다. 인간의 불안전 때문에 우리는 성경을 해석하기 위하여 하나님이 우리를 새롭게 하셔야 한다.[39] 칼빈은 성령은 우리의 정신으로 깨닫게 하고, 우리의 마음에 영향을 줄 수 있다[40]고 한다. "성령의 힘에 의하여 마음이 힘을 얻지 못한다면 그 마음은 성령에 의하여 조명을 받을 수 없다."[41] 하나님께서 성령의 빛을 우리에게 비추지 않는다면, 성경해석 시에 어떤 것도 얻을 수 없다. "주님께서 그의 영으로서 사람을 고치시고 새롭게 하지 않는다면, 그 어떤 사람도 자신의 이해를 가지고 성경을 이해할 수 없다."[42] 칼빈은 1545년 제네바 교회 교리 문답서에서 우리의 마음과 성령의 조명과의 관계성을 말한다. 칼빈은 말하기를 우리의 생각은 너무 오만하여 영적인 하나님의 지혜를 파악할 수 없고, 오직 믿음을 통하여 그것이 계시되고, 성령의 조명을 받는다면 우

---

37) *Com. on Col.* 2:2.
38) *Com. on Jn.* 20:29.
39) Kenneth Sealer Kantzer, "John Calvin's Theory of the Knowledge of God and the Word of God" (Ph.D. diss., Harvard University, 1950), 397-405. Cf. Kenneth S. Kantzer, "Calvin and the Holy Scripture," in *Inspiration and Interpretation*, ed. John F. Walvood (Grand Rapids: Eermands Publishing Co. 1957), 133.
40) *Com. on Ps.* 143:10.
41) *Inst.* 3.2.33.
42) *Com. on Is.* 53:3.

리가 이해하는 것 이상으로 성경을 깨닫게 된다고 말한다.[43] 이렇듯 믿음과 성령이 충만한 경건한 사람은 성령의 조명에 의하여 성경을 바르게 해석하게 된다.

4. 경건한 해석자를 위한 제안

경건과 해석을 동시적으로 필요로 하는 사람은 경건한 해석자이다. 경건한 삶을 통하여 하나님의 신실한 해석자를 위한 몇 가지를 제안하고자 한다.

1) 경건한 해석자가 되기 위하여서는 철저한 해석훈련이 요구된다. 여기에는 영적 훈련과 학문적인 훈련이 있다. 이 두 가지를 동시적으로 연마하지 못할 경우에는 이단자로 전락하기 쉽다. 10년 전 영생교회 신도들이 우종진목사와 더불어 자살을 통하여 고귀한 생명을 허망하게 버렸다. 도대체 우목사는 성경 해석을 어떻게 배웠기에 이런 사태를 만들었는지 안타깝다. 기독교의 모든 이단은 성경을 잘못 해석한 결과이다. 다시 한 번 해석의 중요성을 자각하게 된다.

창세기 2:19~23에서 아담은 하나님 앞에서 철저하게 영적이며 지적으로 해석하는 훈련을 받았다. 우리의 해석훈련은 학문적인 방법을 습득할 뿐만 아니라 하나님의 임재를 느끼면서 성스러운 경건한 해석자로서의 훈련을 받아야 한다. 영적 해석훈련은 해석자의 태도를 항

---

43) "The Catechism of the Church of Geneva," in *Calvin: Theological Treatises*, 105.

상 하나님의 말씀의 권위에 자신을 복종하며 자신을 말씀으로 경건하게 준비시키는 것이다. 이와 더불어 우리는 이런 훈련이 지나치게 신비주의적이며 영성 만능주의로 흐르지 않도록 학문적인 훈련도 게을리 해서는 안 된다. 칼빈이 당대의 인문주의의 훈련을 통하여 철학과 수사학을 소화하여 자신의 해석적인 작품 속에서 사용했듯이 우리 또한 세상의 학문과 새로운 이론 그리고 새로운 방법을 철저하게 연구해야 한다. 따라서 해석자는 영적인 면과 학문적인 기술을 잘 겸비하여 해석에 사용할 수 있는 자가 되어야 한다. 칼빈의 로마서 주석은 이 두 가지를 균형 있게 사용하고 있음을 보여주고 있다. 칼 바르트가 이 점을 잘 지적하고 있다. 그는 칼빈의 로마서 주석이 역사적이며 영적인 해석을 분명하게 결합시킨 점에서 기쁨을 얻었다고 하면서 칼빈의 로마서 주석은 자신의 로마서 주석(Der Römerbrief)의 연구에 외형적인 모델뿐만 아니라 로마서의 내용을 위한 확신한 기초를 제공해 주었다고 한다.[44]

경건으로 바르게 인도하는 말씀의 해석자가 되기 위하여 지적 학문의 준비를 갖추어야 한다. 원어에 대한 능숙한 사용은 물론 세상의 학문적인 방법들을 습득해야 한다. 정보에 익숙한 문화인으로서 그 정보를 분석하고 사용하여 자신의 해석능력을 발전시켜야 한다. 하루하루 지식과 정보가 발전하는 사회에 사는 우리는 정보와 지식을 처

---

44) Karl Barth, *Die Theologie Calvins* (Zürich: Theolgischer Verlag, 1922), 531. "Ich bin, so oft ich die Calvinkomentare zum eigenen Gebrauch zu Rate gezogen habe, immer froh gewesen über diese eigentümliche Verbindung von historischer und pneumatischer Exegese, auch dann, wenn ich mor nacher erlaubte, meine eigenen Wege zu gehen. Sie ist mir auch bei meiner eigenen Arbeit speziell am Römerbrief nicht nur äußerlich vorbildlich, sondern auch nach ihrem Gehalt der sichere Boden gewesen." 칼 바르트 역시 그가 케에르케고르를 비롯한 철학자들에 대한 이해와 자신이 목회를 통하여 체험한 영적 훈련을 통하여 자신의 로마서 강해를 균형있게 쓸 수 있었다.

리하는 능력을 배워야 오늘날의 바람직한 경건한 해석자로서 준비를 갖추게 된다. 이런 학문적인 습득과 영적인 훈련을 지속적으로 실행하여 하나님의 말씀을 하나님의 말씀으로 해석하는 종이 되어야 할 것이다.

2) 경건한 해석자는 성경에 근거하여 미래의 역사를 예리하게 미리 진단하는 능력을 갖추어야 한다. 경건한 해석자는 미래에 대한 예언자적인 역할을 수행해야 한다. 예언자적 역할은 소위 말하는 직통 계시를 주장하는 시한부 종말론과 전혀 다르다. 한국교회에 망령처럼 붙어 다니는 극단적 재림사상을 제거하기 위해서는 성경과 세상의 역사와 학문을 올바르게 사용할 줄 알아야 한다. 극단적인 종말론자들에게 있어서 영적인 신비와 황홀한 체험은 있지만 성경에 대한 바른 해석은 찾아볼 수 없다. 경건한 해석자는 일반계시를 바르게 이해하고 특별계시를 통하여 일반계시 영역의 모든 것들을 바르게 사용할 수 있는 능력을 가져야 한다. 따라서 철학과 과학 그리고 문화와 역사가 질문하는 것들에 대하여 하나님의 계시를 가지고 요셉과 다니엘처럼 성경적 해석을 주어야 한다. 이를 위하여 세계 역사에 대한 올바른 이해를 위하여 준비해야 한다. 인류의 문명과 변천 그리고 발전과 전망에 대한 해석자의 뛰어난 감각을 소유해야 한다. 문화와 역사 그리고 과학을 이해하고 분석하고 비판하는 능력을 갖추도록 한다. 신학교의 수업은 단지 신학자체에만 국한되지 않고 이런 모든 학문들에 대한 기본적인 지식의 중요성과 함께 어떻게 신학과 다른 학문들이 연관되어 있는지를 학생들에게 알려 주어야 한다. 경건한 해석자는 성경신학에 근거하여 미래의 세상역사를 종말론적으로 이해하는 능력을 갖추어야 한다.

3) 성령이 경건한 해석자에게 요구하는 것은 거룩성이다. 성경에 나타난 계시의 전달자와 해석자는 모두 성스러운 사람이다. 해석자 자신이 본질적으로 성스러워서가 아니라 성경의 진정한 저자이시며 해석의 주체가 되는 성령님은 거룩한 하나님의 영이시며, 하나님은 본질적으로 거룩한 분이기 때문이다. 경건한 해석자란 말씀에 대한 신성한 사역을 감당하는 자이다. 성경을 해석하는 일이란 일시적인 황홀 속에 지껄이는 신비한 계시도 아니며 자신의 무의식의 세계를 심리학적으로 조사하는 일도 아니라, 하나님과 그의 백성을 위한 자신의 거룩한 삶을 통한 신성한 봉사의 사역이다. 따라서 해석자는 자신이 거룩하고 성스런 일에 참여하고 있음을 항상 인식하여야 한다. 참된 경건을 유지하고 자신의 삶을 거룩하게 유지할 때 참된 해석자로서 하나님의 능력을 가지고 성경의 해석을 바르게 할 수 있다. 요셉과 다니엘의 경우에서 그들의 삶은 유대인 종교의 언어적인 놀이터가 아니었다. 자신들의 존재의 외침도 아니었다. 경건한 삶을 통하여 그들이 해석 시에 사용한 언어는 참된 하나님의 계시의 진정성을 보여주었다. 바로 이런 해석이 권위를 가지고 있었던 근거는 그들의 거룩한 삶이었다. 말씀의 해석자는 거룩함을 보여야 한다. 비록 세상에 살고 있지만 세상과 죄악에 물들지 않고 성결한 삶을 살아야 한다. 세속에 자신이 더렵혀질 때 하나님이 주시는 신성한 해석적인 능력에 치명적인 손상을 받게 된다. 삼손이 하나님의 말씀을 거룩하게 품고 있을 때에는 강한 힘을 발휘하였으나, 유혹에 빠져 이방 여인의 품에 있을 때에는 그의 힘은 아무 쓸모없는 지푸라기와 같은 것이었다. 칼빈에 따르면 경건한 삶은 하나님에 대한 순종이다.[45]

---

45) *Com. on Rom.* 12:1.

　우리 사회가 목회자들을 무시하는 이유는 바로 너무나 세속적이고 또 깨끗한 모습이 없기 때문이다. 지금 시대는 강한 윤리의식을 가지고 성결한 삶을 사는 경건한 해석자가 되어야 하나님과 사람들로부터 힘과 권위를 얻을 수 있고 성경을 바르게 해석할 수 있다. 에벨링(Ebeling)은 오직성경(*sola Scriptura*)의 원리는 오직 경험(*sola experientia*)의 원리를 통해 해명되고 완성될 수 있다고 주장한다. 루터는 오직 경험이 신학을 만든다(*sola experientia facit theologum*)라고 말한다.[46] 따라서 경험을 어떻게 하는지는 신학과 해석을 위하여 매우 중요하다. 기독교인으로 거룩한 삶의 체험은 올바른 신학의 형성과 성경 해석을 위하여 필수적임을 알 수 있다. 성화가 칼빈 신학의 중요한 요소임을 감안할 때 경건한 해석자의 거룩한 삶은 성경 해석의 결정적인 요인이 된다.

　로마서 12:2은 우리가 세상을 본받지 말고 마음을 새롭게 함으로 변화를 받으라는 수동태이며 명령형으로 되어 있다. 우리 스스로가 우리 자신을 능동적으로 변화시키고 거룩하게 만드는 힘을 갖고 있는 것이 아니다. 오직 성령에 의해서 날마다 새로운 사람으로 변화되어 거룩한 삶을 살 수 있다. 바울은 이어서 우리에게 말하기를 하나님의 선하시고 기뻐하시고 온전하신 뜻을 분별하도록 하라고 한다. 하나님의 뜻 곧 하나님의 계시, 하나님의 말씀을 올바르게 해석할 것을 말한다. 바울의 말을 종합하여 말한다면 우리가 성령의 도우심 안에서 성결한 삶을 살 때 우리는 하나님의 말씀을 바르게 해석하는 참된 해석자로 거듭나게 된다. 칼빈은 주석에서 인간적인 성격과 행동의 변화뿐만 아니라 심지어 철학자들이 주장하는 이성까지도 변화를 받아야

---

46) 심광섭, "게르하르트 에벨링의 해석학적 신학," 정기철 외, 『신학해석학』 (서울: 한들출판사, 1997), 169.

할 것을 말한다.[47]

　4) 경건한 해석자는 해석에 있어서 성령의 주권적인 역할을 강조한다. 현대의 급진적인 신학자들은 일반적으로 성령의 역사를 인정하지 않는다. 그러나 성령은 그리스도를 믿는 자에게 역사하신다. 성령과 말씀의 관계에 대하여 루터파는 성령이 말씀을 통하여서(*per verbum*)만 역사 한다고 하여 성령이 말씀 안에 제한되는 주장을 하지만 개혁파(Reformed)는 성령이 말씀과 함께(*cum verbo*) 주권적으로 역사하신다고 주장한다.[48] 따라서 해석자는 성경의 해석시에 자신 안에서 성령이 이렇게 주도적으로 역사하시도록 준비해야 한다. 우리는 성령에 대하여 예민하게 촉각을 세우고 그의 인도하심과 조명하심을 통하여 말씀을 해석 할 때 겸허하게 기도해야 할 것이다. 신학을 연구하는 자는 성령 충만해야 한다라고 강조하는 것은 반론의 여지가 없다. 인간이 자신의 지혜로 모든 학문을 통달했다고 해서 하나님의 계시를 바르게 해석할 수 있는 것은 결코 아니다. 깊은 산속이나 수도원에 들어가서 영적인 체험을 통해서도 하나님의 말씀을 바르게 해석할 수 없다. 오직 성경의 저자이신 성령의 도움이 항상 함께 해야 한다. 칼빈은 이해의 영이 하늘로부터 임하는 자가 적절하고 충성스런 하나님의 해석자가 될 수 있다고 했다.[49] 참된 해석자가 되기 위해서 성령의 충만함을 받기 위한 노력은 필수적이다. 김영한은 개혁신학적 사고의 원리는 오로지 성령에 입각한 사고라고 말한다.[50]

---

47) *Com. on Rom.* 12: 2.
48) 김준삼, 『웨스트민스터 신앙고백서 강해』 (서울: 도서출판총신, 1996), 30.
49) *Com. on Gen.* 41:10.
50) 김영한, 『현대신학과 개혁신학』 (서울: 성광문화사, 1996), 557.

5. 결론

칼빈에게 있어서 경건은 어떤 행위적 요소를 가지고 인간적인 것을 만드는 것이 아니라, 성경의 권위에 충실하며 올바른 성경 해석의 근거하여 형성되는 것이다. 경건은 내가 주도적으로 움직이는 것이 아니라, 성령님의 인도와 조명하심 속에서 하나님의 말씀에 다가갈 때 진정으로 찾아지는 것이다. 이런 참된 경건은 참된 신학이며, 하나님만을 참으로 경배하며 영광을 돌리는 것으로 참된 그리스도인의 모든 삶의 모습이다. 칼빈은 이처럼 경건하게 살았다.

하나님의 말씀에 붙잡히지 않는 경건, 소위 우리 시대의 로마가톨릭적 영성추구는 칼빈에게 헛된 허상이며 이단이었다. 칼빈은 철저하게 하나님의 말씀에 복종하며 그 말씀을 왜곡하지 않고 순수하고 바르게 해석된 하나님의 진리의 교훈들을 따라 평생 거룩하게 경건하게 자신의 삶을 살았다. 그것은 자신의 심장을 하나님 앞에 날마다 드리는 산 제사의 제물로서 거룩한 영성이었다. 그것은 우리 시대에 어디에서나 만들어지는 값싼 영성이 아니라, 하나님의 영광을 위하여 성경의 권위에 순종이며, 신실하게 그분의 말씀을 매순간 듣고 따르는 진실된 감사와 은혜의 영성이다. 칼빈의 경건은 말씀에서 말씀으로 가는 삶이요, 말씀 속에서 역사하시는 성령님의 음성을 듣기 위해 성령의 말씀 곧 하나님의 말씀을 순수하게 정직하게 해석하고 따르는 하나님의 영광을 위한 삶이었다.

칼빈의 경건
– 기원부터 적용까지 –

라 은 성 박사 (교회사 아카데미)

칼빈 연구에서 빼놓을 수 없는 연구주제는 '경건' 일 뿐만 아니라, 경건의 연구에서 빼놓을 수 없는 연구주제도 역시 칼빈이다. 이 두 가지를 만족할 수 있는 책은 『기독교 강요』(*Institutio Christianae Religionis*)이다. 그 이유는 그 작품 안에 그의 총체적인 신학, 목회, 설교 및 역사가 그대로 담겨 있을 뿐 아니라, 23년 이상 동안 쓰였기 때문이다. 두 번째 개정판 1539년 이후 그는 제목을 '*Institutio Christianae Religionis*' 로 표기했는데 이 제목에서 라틴어 '*religio*' 라는 단어가 '묶는다' 라는 뜻을 갖고 있기에 하나님과 인간을 연합시키는 유대라는 의미를 갖고 있다. 하지만 칼빈은 특별한 종교를 설명하기 위해 이 작품을 쓰지 않았고 참된 경배를 드리는 경건의 내적 의미를 밝히고자 하는 의도에서 썼다고 믿어진다. 또 '*Christianae*' 와 '*Religio*' 는 문법적으로 보아 소유격이므로 '기독교 경건' 으로 번역하는 것이 타당하다고 믿는다.[1] 더욱이 '*Institutio*' 라는 라틴어의 의

---

1) Wilfred C. Smith, The *Meaning and End of Religion* (Minneapolis : Fortress Press, 1962), 36.

미도 계획, 관습, 서론 또는 교육이란 뜻을 갖고 있어 '기초 원리'로 번역하는 것이 좋을 것이다. 그러면 무엇에 대한 기초 원리인지는 명료하게 드러난다. 바로 '경건'에 관한 것이다.

그것도 그럴 것이 "칼빈은 그의 책을 '신학대전'(*summa theologiae*)이라 명명하지 않고 '경건대전'(*summa pietatis*)라 부르기 때문이다. 칼빈의 정신적 힘의 비밀은 그의 경건에서 나오며 이것이 마침내 그가 말하고자 하는 '경건'이란 개념으로 묘사된다."[2] 이것을 증명이라도 하듯이 그가 1536년 3월 바젤에서 초판을 라틴어로 출판할 때 제목을 보면, '구원의 교리에 꼭 알아야 하는 것과 경건의 총체 또는 경건에 대한 가장 총체적인 것을 담고 있는 기독교의 요람: 최근에 출판된 이 작품은 경건을 사모하는 모든 사람들이 읽어야 할 것이다!'[3] 라고 했다. 그에게는 '경건'이란 교리와 불가분의 관계를 맺고 있고 경건의 모든 경험들은 사상에 도전을 주는 것이었다.[4]

그러면 칼빈이 강조하고 관심을 가진 '경건'이란 개념은 어디에서 나왔는지 궁금하지 않을 수 없다. 자신이 스스로 만들지는 않았을 것이고 그가 신학에서부터 목회에 이르기까지 그토록 강조했던 '경건'의 의미를 어디서부터 가지고 왔는지 1장에서 살펴보고자 한다. 철학적이며 역사적인 '경건'의 개념을 사용하지만 수정보완하면서 고대의 '경건'이란 말을 근거로 하여 올바르고 완전한 의미의 '경건'을

---

2) John Calvin, *Institutes of the Christian Religion*, ed. John T. McNeill, trans. Lewis Battles, Introduction (Philadeplphia: Westminster Press, 1960), section 8.

3) *totam fere pietatis summam, et quidquid est in doctrina salutis cognitu necessarium, complectens; amnibus pietatis studiosis lectu dignissimum opus, ac recens editum.* 하지만 1539년판부터 제목은 단순히 『기독교 강요』였다. 물론 '경건의 열망' 입장이 그의 작품의 목적임을 지속적으로 밝힌다. Richard A. Muller, *The Unaccommodated Calvin: Studies in the Fountain of A Theological Tradition* (New York: Oxford University Press, 2000), 106~107.

4) *Inst.* section 8.

칼빈은 이룩했다고 믿어진다. 이어서 2장에서는 그의 대표 작품인 『기독교 강요』, 주석들, 그리고 서신들을 통해 그가 어떤 의미로 '경건'이란 단어를 사용하며 적용했는지 살펴보도록 하겠다. 그동안 칼빈의 경건이라 주제를 갖고 연구한 수많은 작품들이 있는데,[5] 이 글이 그것들 가운데 하나로 세워져 칼빈의 경건 연구에 조금의 도움이 되었으면 한다.

---

5) 칼빈과 경건에 관련된 연구 자료 선집은 다음과 같다. Ford Lewis Battles, *The Piety of John Calvin* (Grand Rapids: Baker Books, 1978); John H. Leith, *John Calvin: The Christian Life* (San Francisco: Harper & Row, 1984); 경건에 대한 정의에 대해서는 William Bouwsma, "The Spirituality of John Calvin," *Christian Spirituality: High Middle Ages and Reformation*, ed. J. Raitt (New York: Crossroad, 1987), 318~33; Howard G. Hageman, "Reformed Spirituality," *Protestant Spiritual Tradition*, ed. Frank. C. Senn (Mahwah, N.J.: Paulist Press, 1986), 55~79. 이 작품은 경건의 정의를 가장 정확하게 분석하고 그리스도와의 연합으로 시작하여 예전적이고 성례적인 양상들을 특별히 다루고 있다; Thomas A. Lambert, *Preaching, Praying, and Policing the Reform in Sixteenth Century Geneva*, Ph.D. dissertation, University of Wisconsin-Madison, 1998; 그는 후기 중세적 경건이란 문맥 가운데 제네바 경건을 어떻게 개혁했는지를 잘 밝히고 있다. O. H. Old, "What Is Reformed Spirituality? Played Over Again Lightly," *Calvin Studies VII.*, ed. J. H. Leith (Davison : Davison College, 1994), 61~68; Lucien Richard, *The Spirituality of John Calvin* (Atlanta, Ga.: John Knox, 1974); Dennes Tamburello, *Union with Christ: John Calvin and the Mysticism of St. Bernard* (Louisville : Westminster, 1994), Ford L. Battles, "True Piety According to Calvin," *Interpreting John Calvin*, ed. R. Benedetto (Grand Rapids: Baker, 1996), 289~306, J. R. Beeke, "Calvin on Piety," *The Cambridge Companion to John Calvin*, ed. D. K. McKim (Cambridge: Cambridge University Press, 2004), 125~52 등이 대표적 글들이다. 가장 최근에 나온 칼빈의 '경건'에 관련된 책은 2009년에 출간된 *The Soul of Life*, ed. Joel Beeke (Grand Rapids: Reformation Heritage Books, 2009)이다. 이 책에서 비키는 칼빈의 '경건'에 대해 먼저 다루면서 '경건'의 정의와 중요성, 그 목적은 하나님의 영광임을 확연히 밝힌다. 그런 후 '경건'의 뿌리로 신비한 연합을, 그 이중적 유대로서 성령과 믿음을, 세 번째로 이중적 청결로서 칭의와 성화를 설명한다. 그런 후 '경건'을 교회와 관련시켜 기도, 회개, 순종 및 하늘적 소망을 갖는 것이 곧 '경건'임을 밝힌다. 이러한 내용이 1~54쪽에 이르고 그 후 211쪽까지 칼빈의 작품들에서 하나씩 밝혀 증명한다. 그 말하는 칼빈의 '경건'은 '자신에게서 떠나 부활하신 그리스도로 옮겨감'을 뜻한다.

1. 정의

1) 소크라테스

어원적으로 '덕'(*virtus* 또는 $\alpha\rho\varepsilon\tau\acute{\eta}$)[6]으로 이해되는 '경건'(*pietas*)[7]은 그리스 철학자 플라톤($\Pi\lambda\acute{a}\tau\omega\nu$, 또는 Plato 기원전 427/428~348/347년)이 그의 스승 소크라테스($\Sigma\omega\kappa\rho\acute{a}\tau\eta\varsigma$ 또는 Socrates, 기원전 약 469~399년)의 공판과 죽음에 관해 논할 때 사용되었다. 당시 소크라테스와 종교 전문가인 유투프론($E\upsilon\theta\acute{\upsilon}\varphi\rho\omega\nu$ 또는 Eythuphro)[8]은 '경건'에 대한 정의를 두 사람 간의 대화에서 엿볼 수 있다고 보았다.[9]

소크라테스 : … '경건'이 무엇인지 질문을 받으면, 너의 유일한 대답은 네가 행하는 것처럼 행하는 것으로 너의 부친을 살인자로 고소하는 것이라고 믿는다.

유투프론 : 내가 말한 것은 사실이다. 소크라테스!

---

6) 그리스 철학자 플라톤은 '덕'을 *Protagoras*와 *Meno*에서 '청렴하다' 또는 '신성하다'(holiness)라고 의미로 사용하였다. 아리스토텔레스는 *Nicomachean Ethics*에서 특성(trait)의 결핍과 과잉의 사이에 균형을 잡는 것이라 정의했다. 예를 들면, 용기는 비겁과 무모한 것의 중용이라 하고, 확신이란 자기 애원과 허망의 중용이라 한다. 세네카는 완전한 덕과 완전한 신중과는 불가분의 관계라 한다.
7) 라틴어 *pius*(헌신 또는 선)라는 형용사에서 나온 명사이다.
8) 그는 자신의 부친을 살해한다. 그 부친은 일꾼들 중 한 사람을 죽도록 했다. 그 일꾼은 낙소스(Naxos) 섬에 한 노예를 죽인다. 아무튼 소크라테스는 어떻게 부친을 죽일 수 있느냐고 놀라워하면서 공판에서 대화가 시작한다. 두 사람은 왕 아르혼(Archon)의 현관에서 만나 소크라테스는 멜레투스(Meletus)가 가져온 불경건의 혐의에 대해 변호하고 유투프로는 부친의 살인에 대해 공격한다. 소크라테스는 자신에게 내려진 불경건의 혐의를 변호하면서 경건을 우주적으로 진실한 것이라고 정의 한다. Plato, *Euthyphro* (Forgotten Books, 2008)을 참고하라.
9) Plato, *Euthyphro*, 8~9.

소크라테스 : 유투프론! 하지만 다른 모든 경건한 행위들이 있다는 것을 시인하는 것 외 아무 것도 아니지 않는가?

…

소크라테스 : 경건에 두 세 가지 실례들을 들어보라고 묻지 않았지만 모든 경건한 것들이 경건하도록 하는 우주적인 착상을 설명하라고 묻고 싶다. 불경건한 자가 불경건하게 되고 경건한 자가 경건하게 되는 하나의 착상이 있다는 것을 생각하지 못하는가?

…

소크라테스 : 이 착상의 성격이 무엇인지 말해보라! 그런 후 나는 내가 알고 있고, 너의 행위들이나 다른 사람들의 행위들인지 간에 행동들을 규정할 수 있는 기준을 가지려고 한다. 또 그런 후 나는 그렇고 그런 행동이 경건하다고 말하고 그렇고 그런 행동이 불경건하다고 말할 수 있을 것이다.

…

유투프론 : 경건이란 신들에게 사랑을 받는 것이고 불경건이란 신들에게 사랑을 받지 못하는 것이다.

소크라테스는 불경건과 경건이 동시에 있을 수 없다고 논박하고,[10] 유투프론은 이것에 대해 변명하면서 "모든 신들이 사랑하는 것이 경건하고 거룩하며 증오하는 것은 불경건하다"고 말하였다.[11] 그러자 소크라테스는 이것은 경건의 속성일 뿐 경건의 본질, 즉 경건에 대한 우주적 본질이 될 수 없다고 논박한다. 그런 후 소크라테스는 경건의 정의를 이렇게 제안한다: "순전한 '공의'의 한 종류"라고 밝힌다.[12]

---

10) Plato, *Euthyphro*, 11.
11) Plato, *Euthyphro*, 14.
12) Plato, *Euthyphro*, 20. $\mu\acute{o}\rho\iota o\nu\ \gamma\grave{a}\rho\ \tau o\tilde{u}\ \delta\iota\kappa\alpha\acute{\iota}o\upsilon\ \tau\grave{o}\ \acute{o}\ \sigma\iota o\nu$.

공의 또는 정의롭거나 도덕적으로 선하다는 행동들을 포함하는 것을 경건이라고 정의하기에는 아직 불충분함을 느낀 소크라테스는 경건은 희생과 기도의 예술이라고 하며 "희생은 신들에게 드리는 것이고 기도는 신들에게 부탁하는 것이다"고 덧붙인다.[13] 어떻게 보면, 경건이란 주고받는 것이기에 신들과 인간들이 서로 사업을 하는 것과 같다고 한다.[14] 하지만 이런 해석을 경고하면서 마지막으로 신들에게 열중하는 것으로 경건을 정의 내린다: "경건이란 신들을 기쁘게 하는 것이다."[15] 소크라테스의 글에서 경건은 인간들보다 신들과의 관계에 놓여 있다는 것을 알 수 있다.

2) 세네카

프랑스 몽테규에서 고등교육을 받은 후 칼빈은 18세에 파리를 떠나 당시의 여러 젊은이들처럼 고등학문을 터득하기 위해 오를레앙으로 옮겨 로마와 프랑스 사법을 연구하기 시작했다. 일 년 후 칼빈은 오를레앙 근처에 있는 부르쥬로 옮겨 그곳에서 당대에 최고의 인문주의자 이탈리아인 안드레아스 알치아티(Andreas Alciati, 1492~1550년)[16] 의 법학 강의를 들었다. 알치아티는 고전 수사학에 탁월한 이탈리아 인문주의자였다. 칼빈에게 로마법을 읽도록 권했고 기원적 수사학 구조를 파악하도록 하는 통찰력을 주었다. 여기서 고전 본문들을 분석

---

13) Plato, *Euthyphro*, 24.
14) Plato, *Euthyphro*, 25.
15) Plato, *Euthyphro*, 25.
16) 안드레아스 알치아티는 이태리 교회법학자며 저자로서 입법적 인문자들의 프랑스 학파를 창설한 자이다. 이태리 밀라노 근교에서 태어나 16세기 초 프랑스로 이주하였다. 법을 배우면서 명성을 얻기 시작했다. 그의 대표적 작품들로는 *Annotationes in tres libros Codicis* (1515), *Emblematum libellus*(1522), *Opera omnia* (Basel, 1546-49) 등이 있다.

하고 해석하는 새로운 접근 방법을 배운 칼빈은 키케로[17]와 퀸틸리아
누스[18]의 작품들을 철저하게 연구하기 시작했다. 거의 마칠 즈음에 지
역 어거스틴 수도원에서 수사학 강의를 맡아 가르치기도 했는데, 이
시기에 칼빈은 자신의 처녀작이라 할 수 있는 세네카[19]의 『관용론』
(*De Clementia*) 주석을 출판하기에 이른다.[20] 여기서 우리는 칼빈이
의도한 경건의 정의를 엿볼 수 있다.

어린 나이에 처녀작으로 출판한 책으로 크게 주목을 받지 못했지만
이 작품을 통해 칼빈은 참되고 유익한 지식의 자료들에 접근하고자
했다. 혹자들은 여기서부터 '경건'에 대한 이미지가 시작되었다고 주
장하지만 이보다 먼저 그는 어거스틴의 『하나님의 도성』(*De Civitate
Dei*)에서 경건에 대한 착상을 가지고 왔다고 보아야 할 것이다.[21] 아

---

17) 키케로(Marcus Tullius Cicero, 기원전 106~43년)는 로마 철학자, 정치가, 법률가, 정치
이론가 및 로마 법학자였다. 율리우스 카이사르에 의해 일어난 기원전 1세기 후반 때 공화
국을 지지했던 자였다. 로마가톨릭교회에 의해 '의로운 이교도' 라는 정죄를 받았지만 그
가 쓴 *De re publica*와 *De Legibus*를 로마인들은 즐겨 인용했다. 고대 법률과 관습을 연
구하기 위해 그의 글을 인용하기에 이른다.
18) 퀸틸리아누스(Marcus Fabius Quintilianus, 약 35~약 100년)는 로마 수사학자로서 중
세 수사학에서 즐겨 인용되는 인물이다. 시세로의 영향을 받은 자로 황제 네로 이후 갈바
가 통치하던 시기에 활동했다. 그의 학생들 가운데 Pliny the Younger와 Tacitus가 있
다. 황제 베스파시아누스는 그를 집정관으로 임명하기도 했다. 95년에 출판된 *Institutio
Oratoria*는 수사학의 이론과 실천만 아니라 연설가의 교육과 발전에도 큰 기여를 한다.
19) 세네카(Seneca the Younger, 기원전 4~기원후 65년)는 로마 스토아 철학자, 정치가, 드
라마작가, 그리고 유머 작가로서 라틴 문학의 은막시대를 연 자이다. 황제 네로의 조언자
로 살았지만 자살하고 만다. 그의 드라마는 르네상스 유럽의 대학가들에서, 셰익스피어와
같은 작가들로부터 사랑을 받고 있다. 초대 교회인들은 그의 작품들을 선호하였는데 교부
테르툴리아누스는 그를 '우리의 세네카' 라고 부를 정도였다(Moses Hadas, *The Stoic
Philosophy of Seneca*, [1958], 1). 중세 작가들은 바울에 의해 개종되었다고 할 정도로
선호했다. 특별히 단테는 지옥이나 림보에서 그를 보았다고 했는데 그 이유는 은혜로 칭의
를 받는데 부족했다고 보았기 때문이다.
20) Serene Jones, *Calvin and the Rhetoric of Piety* (Louisville : John Knox Press,
1995), 16.
21) John Calvin, *Calvin's Commentary on Seneca's De Clementia*, trans. Ford Lewis
Battles, André Malan Hugo (Leiden:E.J.Brill, 1969) 132, 각주 5.

무튼 인문주의자로서의 그가 '경건'에 대한 개념을 *De Clementia* 에서 어떻게 말하고 있는지 살펴보도록 하자.

세네카(Seneca)가 친구들에게 충실과 어린이들에게 경건에 대해 말한 것을 간과하지 말아야 합니다. 그것으로 그들의 책임들을 구별할 수 있다. 플리니 (Pliny)가 쓴 *Panegy*[42.2]는 충절이 친구들에게 회복되고, 경건이 자녀들에게 회복되고, 그리고 복종이 노예들에게 회복된다고 했다. 시세로는 자신의 책 *Pro Quintio*[6.26]에서 '우정은 진리로 유지되고 협력은 충절로 유지되고, 그리고 친척은 경건으로 유지된다. …'고 말했다. 어떤 장소에서 '진리'라고 여기지만 다른 장소에서 '충절'이라 여겨짐에 대해 당황하지 마라. 그 단어들은 거의 같은 의미를 갖고 있기에 그리스인들은 그것을 *chrē stotēs*라 부르기도 했다. 시세로는 *Pro Plancio*[33.80]에서 말하길 '누군가의 부모들에게 친절한 감사를 나타내지 않는다면 경건은 도대체 무엇이란 말인가?' 또 *Quintilian*[5.10.12]에서 '신들처럼 인류의 일반적 일치로 그런 것들을 인정하면 경건이란 부모에게 나타내는 것'이라 했다. 경건이 실제로 무엇인지 독자들을 이해시키기 위해 나는 *Topic*[23.90]에서 시세로의 단어들을 인용하고자 한다. '공평은 세 가지로 나뉠 수 있다. 하나는 하늘의 신들에게 속한 것이고, 다른 하나는 죽은 자들의 영들에게 속한 것이고, 그리고 또 다른 하나는 인간들에게 속한 것이다. 첫 번째 것을 우리는 "경건"이라 부르고, 두 번째 것을 "신성"이라 부르고, 그리고 세 번째 것을 "공의" 또는 "공평"이라 부른다.' 시세로는 계속하여 부모들이 우리들에게 신들의 위치에서 말하기 때문에 어거스틴의 글 『하나님의 도시』[10.1.3]에서 보다 더 큰 의미를 살펴보도록 하자. 일반적으로 말하면, '그리스인들이 eusebia라 부르는 경건은 하나님께 드리는 경배로 이해되고 이 *eusebia*는 부모들을 향한 책임이란 방법으로 실행된다'고 하지만, 우리는 이 단어를 강력한 사랑으로 표현하고자 할 때도 이 용어를 사용하기도 한다. 시세로의 글[*Ep. Fami.*,

1.9.1]에 의하면 '나는 당신의 서신으로 매우 기뻤다. 그 안에서 당신을 향한 나의 경건을 당신이 충분하게 감사하고 있음을 알 수 있었다. 가장 존엄하고 신성한 의미를 가진 "경건"이란 용어가 "나의 선한 뜻"으로 말할 수 있기 때문에 당신을 향한 나의 책임을 묘사하기에 충분하지 않을까?[22]

칼빈은 *De Clementia*의 주석에서 경건을 소크라테스의 정의처럼 공평 또는 공의의 한 종류처럼 세 가지 공평이 있는데 첫 번째가 신들에게 속한 공평이 곧 '경건'이라고 하며, 부모가 자녀들에게 신들의 위치에 있기 때문에 부모에게 효도하는 것이 곧 경건의 일종이라 본다. 하지만 이러한 의미를 가진 그리스어 *eusebia*라는 단어가 사랑을 표현할 때도 사용되기에 혼동의 여지가 있다고 여운을 남긴다.

3) 어거스틴

*De Clementia*에서 칼빈은 '경건'에 대한 정의를 소개하고 하면서 그것에서 말하는 신들에게 속한 경건이 혼동될 수 있기에 『하나님의 도성』(*De Civitate Dei*)에 나타난 어거스틴의 경건에 대한 개념을 통해 더욱 밝히고자 했다. 어거스틴은 이 작품에서 '경건'에 대해 다음과 같이 설명하고 있다.

'경건'(*pietas*)이란 단어는 하나님께만 경배를 드린다는 의미를 가졌다고 본다. 그래서 라틴어 번역자들은 이 단어를 θρησκεία를 의미하는 것으로 사용했지만 배우지 못한 자들에게는 이렇게 번역 되었겠지만 배운 자들에게는 이 단어는 '경건'(*pietatem*)으로 사용되었다. 이 단어는 인간의 유대들, 관계

---

22) Calvin, *Seneca's De Clementia*, 227–29.

들, 그리고 인척관계들을 표현할 때 사용하기에, 하나님께 드리는 경배를 논할 때 이 단어를 사용하는 것이 애매모호할 수 있다. 그래서 사회적 관계들을 준수하는데 있어 이 단어를 적용할 때 충분하게 사용되고 모순되지 않으면서 하나님께 드리는 경배라는 의미를 담고 있는 '경건'[또는 종교][23]이란 단어를 사용할 수 없다. 하지만 '경건'이란 단어는 그리스인들이 말하는 것처럼 $\varepsilon\dot{v}\sigma\acute{\varepsilon}\beta\varepsilon\iota\alpha$로 이해하여 하나님께 드리는 경배의 적절한 명칭이라 여긴다. 이 단어는 부모들에게 존경이란 의미로 사용하기도 한다. 일반인들은 이 단어를 자선행위라는 의미로 사용하여 하나님께서 그런 행위들을 명하신다는 의미로 이해할 수도 있다. 또 그분이 희생을 대신하는 행위를 기뻐하시거나 희생보다 행위를 선호하신다고 이해할 수도 있다. 그래서 $\varepsilon\dot{v}\sigma\acute{\varepsilon}\beta\varepsilon\iota\alpha$를 일반인들에 의해 자선행위라는 의미로 사용될 수 있겠지만 그리스인들이 사용하는 이런 의미로 사용하지 않는다는 의미에서 이 단어를 하나님께서 경건하다고 부르는 의미로 사용하기에 이른 것이다. 하지만 성경의 몇몇 구절들에서 일반인들은 보다 일반적인 단어인 $\varepsilon\dot{v}\sigma\acute{\varepsilon}\beta\varepsilon\iota\alpha$를 사용하지 않고 하나님께 드리는 경배라는 문자적 의미인 $\theta\varepsilon o\sigma\acute{\varepsilon}\beta\varepsilon\iota\alpha$를 사용하므로 구별 짓고 싶었다. 다시 말하면, 우리는 한 단어로 이런 착상들을 표현할 수 없다는 것이다. 경배라는 말은 그리스인들에게는 $\lambda\alpha\tau\rho\varepsilon\acute{\iota}\alpha$로 불리고[24] 라틴인들에게는 *servitus*[봉사]라는 말로 사용되지만 봉사[종 됨][25]란 하나님께만 해당되는 것이고, 그리스인들이 $\theta\rho\eta\sigma\kappa\varepsilon\acute{\iota}\alpha$라 부르는 것과 라틴인들이 *religio*라 부르는 경배는 오직 하나님께만 매여 있는 경건[종교]이라 이해된다. $\theta\varepsilon o\sigma\acute{\varepsilon}\beta\varepsilon\iota\alpha$라 부르지만 한 의미로 사용될 수 없는 경배라는 단어는 하나님께 드리는 경배로 이해해야 한다. 참된 하나님이시고 그분을 경배하는 자들을 신들이라 부

---

23) 어거스틴은 종교와 경건을 동의어로 사용한다. Augustine, *City of God*, II. vi.
24) Augustine, *City of God*, V. xv에서도 언급한다.
25) Augustine, *City of God*, VII. xxxii.

르는 하나님께만 속해 있다는 의미로 이해한다. 그래서 누구든 불멸적이고 칭송을 받는 하늘의 거하는 자가 되고 싶은 자들은 우리를 사랑하지 않지만 우리를 칭송받는 자로 만들고자 시도 한다면 우리는 그런 존재들을 결코 경배해서는 안됩니다. 그들이 우리를 사랑하고 우리의 행복을 원한다면 그들은 자신들이 즐겼던 수단들 외에 다른 것들을 사용하여 우리를 행복하게 만들 수 없다. 그들이 과연 하나의 근원에서 나오는 우리의 칭송이 나오는데 어떻게 다른 것에서 나오는 자신들의 것을 바랄 수 있을까?[26]

참으로 경건한 자들 가운데 참된 경건, 즉 참된 하나님께 드리는 참된 경배 없는 자가 참된 덕행을 가질 수 없고, 인간적 찬양의 종이 됨이 되므로 나타나는 참된 덕행도 없다는 것을 동의할 것이다.[27]

참된 경건이 없는 곳에 더없는 참된 행복이 있을 수 있을까? 그 이유는 경건은 참된 하나님께 드리는 순전한 경배이기 때문이고 거짓 신들처럼 수많은 귀신들에게 드리는 경배가 아니기 때문이다.[28]

참된 경건으로 하나님의 사람들은 경건을 반대하는 공중 권세 잡은 자들을 내어 쫓는다. 그것을 몰아내는 것이지 그것과 화해시키는 것이 아니다. 또 그들은 자신에게만 아니라 그를 대항하는 그들의 하나님에게 기도드림으로 적대심을 갖게 하는 모든 유혹들을 극복한다. 악마는 죄와 연합하는 자들 외에 다른 이들에게 승리하거나 굴복시키지 못하고 죄가 없으신 인간성을 가정하셔서 사제와 희생이 되신 그분의 이름으로 정복을 당할 뿐이다. 그분은

---

26) Augustine, *City of God*, X, i.
27) Augustine, *City of God*, V. 155.
28) Augustine, *City of God*, IV. 116.

죄들을 사명하셨는데, 다시 말하면 하나님과 사람들 사이에 중보자, 즉 인간 그리스도 예수님을 통해 하나님과 우리가 화해되었고 범죄한 죄로부터 깨끗함을 받았다.[29]

다른 곳에서 어거스틴은 '경건' 을 하나님께 예배드리는 것이라 정의 내리고,[30] 그 경건으로만 하나님을 향할 수 있고,[31] 참된 하나님을 찾을 수 있다고 한다.[32] 경건은 성실과 더불어 또 참된 경건과 성실은 하나님의 위대한 선물들로 참된 행복을 우리들에게 줄 뿐만 아니라 이생에서도 잘 살게 하며 영원한 생명까지 받도록 한다.[33] 참된 행복을 누리려면 참된 경건이 있어야 한다. 그 이유는 경건이 참된 하나님을 순전하게 경배 드리는 것이지 거짓 신들과 같은 귀신들을 경배하는 것과는 전혀 다르다.[34] 참된 경건으로 하나님의 사람들은 경건을 방해하는 공중 권세 잡은 적대자들을 물리칠 수 있다.[35] 다윗의 경우를 볼 때 위대한 경건으로 자신의 잘못들을 이기게 되었는데 곧 회개의 가장 겸손한 모습을 통해 그는 "허물에 사하심을 얻고 죄로 덮음을 받는 자는 복이 있도다"고 고백할 정도가 되었다.[36] 경건과 공의는 행복처럼 없어질 수 없는 것이다.[37]

---

29) Augustine, *City of God*, 293.
30) Augustine, *City of God*, I. xxxvi., V. xix., X. iii.
31) Augustine, *City of God*, V. xx.
32) Augustine, *City of God*, III. ix.
33) Augustine, *City of God*, IV. iv.
34) Augustine, *City of God*, IV. xxiii.
35) Augustine, *City of God*, X. xxiii. xxxii.
36) Augustine, *City of God*, XVII. xx.
37) Augustine, City of God, XX. xxx.

4) 토마스 아퀴나스(Thomas Aquinas)

로마가톨릭의 대표적 신학자며 경건에 대해 기본적으로 앞에서 언급한 어거스틴의 설명을 따르는 토마스 아퀴나스는 그의 대표작 『신학대전』(*Summa Theologica*)의 101과 121문에서 '경건'의 주제를 다루고 있는데, 서론격으로 공의의 잠재적인 부분으로 본다.[38] 공의와는 달리 경건은 마땅히 해야 할 것으로 표현될 수 없다. 그래서 창조하신 그분에게 우리는 어떻게 보답할까라는 질문을 던지면서 '경건'(piety)이 부모와 '종교'(religion)가 하나님과 관련을 맺고 있다고 한 후,[39] '선한 경배'라고 정의내리면서 종교와 같은 의미를 갖고 있다고 한다. 그래서 "하나님의 예배"(service)에 대한 과학이고, '거룩'(holiness)도 같은 뜻을 갖고 있다고 한다.[40] 경건은 외적이기보다 하나님을 향한 효성적인 애정과 관련된 어떤 것이라고 한다.[41] 그래서 자녀들인 우리는 하나님을 향해야 하기에 경건은 종교적이거나 애국적인 경건보다 '효성적인 경건'(filial piety)이라 정의 내린다.[42]

그는 로마의 철학자 키케로처럼 경건을 공의(정의)의 잠재적인 부분으로 타인을 향해 나아간다고 한다. 창조하신 하나님께 우리는 어떻게 보답할까? 우리를 낳으신 부모님들에게 어떻게 보답할까? 그래서 부모는 특별한 덕행인 공의에 효성스런 경건이 첨가된 존재의 천성적 원리와 일치한다. 종교적이거나 애국적 경건보다도 효성스런 경

---

38) Thomas *Aquinas, Summa Theologica,* Question 121. Article 1.
39) Aquinas, *Summa Theologica,* 272.
40) Aquinas, *Summa Theologica,* 273. 소크라테스는 아리스토텔레스의 *Ethic,* vi. 13에서 "모든 덕들은 과학이다"고 정의에서 빌려온 것처럼 보인다.
41) Aquinas, *Summa Theologica,* Question 121. Article 1.
42) Aquinas, *Summa Theologica,* 101. 3.

건을 의미한다.[43]

계속하여 은혜의 순서에서 경건은 공의와는 달리 성령의 선물이기에 "경건은 육체적으로 아버지에게 책임을 다하고 경배를 드리는 덕행이고, 하나님을 아버지로 보아 선물을 드리는 것으로 볼 수 있다"고 했다.[44] 또 십계명과 연관지어 "1-3계명은 종교적 행위들로서 공의의 주요한 부분이지만 네 번째 계명은 경건의 행위들로 공의의 두 번째 부분이라고 했다. 나머지 5-10계명은 동등한 자들 가운데 준수해야 할 공의에 대한 것이다."[45]

2. 칼빈

1) 『기독교 강요』

① 목적

칼빈이 1536-1559년 사이에 네 차례에 걸쳐 개정하며 완성한 『기독교 강요』의 핵심은 두말할 나위 없이 '경건'(*pietas*)이다. 이것을 증명이라 하듯이 그는 『기독교 강요』를 쓴 목적을 다음과 같이 밝히고 있다.

> 『기독교 강요』를 쓰게 된 목적이 여기에 있다. 첫째, 이러한 [순교하는 자들에 대한] 보고들이 거짓이고 중상모략임을 증명하려는 것이고 나의 형제들을

---

43) Thomas Aquinas, *Summa Theologica*, 101, 3.
44) Aquinas, *Summa Theologica*, 121, 1.
45) Aquinas, *Summa Theologica*, 122, 1.

변호하기 위함이다. 그들의 죽음은 주님 앞에서 정말 순결했다. 둘째, 동일한 잔악한 행위들이 불행한 수많은 사람들에게 곧 시행될 것이기에 외국 국가들은 그들에 대해 최소한 깊은 동정심이라도 가지고 그들에 대해 걱정이라도 했으면 하는 마음이다. 이 책이 출판되었을 때 지금처럼 그렇게 두께가 두껍지 않았다. 단지 기독교의 원리적 진리들을 요약하는 작은 책자였다. 이 소책자를 출판할 때 나에게는 극악무도하고 불신적이며 아첨만 하는 자들에 의해 사악하고 비열하게 취급받는 사람들이 소유했던 믿음이 무엇임을 사람들에게 알리기 위한 것 보다 더 큰 목적이 없었다.[46]

믿음이 무엇임을 알리고자 쓰인 『기독교 강요』는 '경건의 책' 이라 말하지 않을 수 없다. '경건' 이란 단어를 약 150차례나 사용하고 있는 것을 보아 더욱 잘 알 수 있을 것이다. 자연스럽게 이 점에 관해 연구하는 학자들이 많이 나올 수밖에 없다.[47] 롭스테인(Lobstein)은 *pietas* 에 대한 정의를 '아는 것' 으로 말하면서 특별히 사색적이거나 이론적인 지식 외에 '실천적인 앎' 으로 보고서 신자의 양심과 마음에 초점을 맞추고 있기 때문에 변화되는 성격이고 말한다.[48] 이와 유사하게 리차드 스타우퍼(Richard Stauffer) 역시 '경건' (*pietas*)을 도

---

46) John Calvin, *Preface to the Commentary on Psalms*, 59.

47) Jones, *Calvin and the Rhetoric of Piety*, 146. 칼빈이 사용한 *pietas* 에 대한 정의를 가장 잘 설명하고 있는 네 신학자들이 있는데 Paul Lobstein, Richard Stauffer, Edward Dowey, 그리고 T. H. L. Parker 등입니다. Paul Lobstein, *La Connaissance religieuse d'après Calvin* (Paris and Lausanne: Librarie Fischbacher and Georges Bridel, 1909), 53~110; Richard Stauffer, *Dieu, la création, et la proidence dans la prédication de Calvin* (Berne: Peter Lang, 1972); E. A. Dowey, *The Knowledge of God in Calvin's Theology* (New York: Columbia University Press, 1952); 그리고 T. H. L. Parker, *The Doctrine of the Knowledge of God* (Edinburgh & London: Oliver & Boyd, 1952) 등입니다. 다우이(Dowey)와 파커 (Parker)의 작품들은 『기독교 강요』의 기본 구조에 대해 상반된 견해를 갖고 있다.

48) Lobstein, *La Connaissance religieuse d'après Calvin*, 53~110.

덕성으로 본다. 이와는 조금 다르지만 '경건'을 신앙과 관련시키면서 에드워드 다우이(Edward Dowey)는 키에르케고르(Kierkegaard)와 더불어 칼빈의 신학과 연관성을 짓는다. 칼빈의 종교적 지식에 대한 개념은 실존적이라 불리는 사람들에게만 해당되는 것이다.[49] '실존적 지식'은 사색적이지 않고 청취자의 실존이 의존된 지식을 일컫는다.[50]

하나님이 어떤 분이신지 알아야 하는 목적에 관해서 칼빈은 지식의 대상이 곧 하나님임을 강조하면서 사람들이 모두 하나님 앞에 책임 있는 존재임을 부각시킨다. 『기독교 강요』의 1권 1장이 하나님을 향한 길을 놓는 과정이었다면 2장에서 무엇을 알아야 하며 어떻게 그 길의 끝에 이를 수 있는지를 설명한다. 2장에서 하나님에 대한 우리의 지식이 지닌 성격을 윤곽적으로 제시하면서 이 지식은 먼저 목적을 갖고 있기에 기능적이거나 실천적이라는 것이다. 이 목적에 따라 유익하고 신속하며 특별한 특성을 지니고 있을 뿐만 아니라 어거스틴처럼 종교(*religio*) 또는 경건(*pietas*)과 같은 성격을 지닌 것임을 명시한다.[51]

이런 '경건'은 하나님의 지식에서 비롯된다. 이 지식의 목적, 유용성 및 특성을 상술한 후, 칼빈이 '경건'이라 불리는 이 지식의 유일한 성격을 해설하기 위해 채택한 가장 독특한 측면은 스콜라주의자들이 채택한 용어들과 언어 간에 비교에 놓여있다. 단순히 '착상'(*concipere*)과 '인식'(*cognoscere*)보다는 지식의 형태를 '납득하다'(*tenere*)로 묘사하고 있다.[52] 본질적인 현상학이란 렌즈를 통해 '결정적인 지식'

---

49) Dowey, *The Knowledge of God in Calvin's Theology*, 26.
50) Dowey, *The Knowledge of God in Calvin's Theology*, 26.
51) *Inst.* 1.2.1-2.
52) *Inst.* 1.2.1.

(deciding knowledge) 또는 '실천적인 지식'을 갖고 있는 이 지식의 특성을 살피고 있다. 칼빈은 이 지식을 '신적 지식'과 관련짓는 독특한 방법으로 상술한다. 이 '신적 지식'은 결정적인 효과와 활동적인 형태를 지닌 지식으로 묘사하고 있다.[53]

'경건'과 하나님에 대한 지식은 불가분의 관계를 맺고 있음을 역설한 후 칼빈은 그 지식을 떠나서는 어떤 '경건'도 가질 수 없다고 강조한다.[54] 그 이유는 그 지식으로 얻게 된 '경건'이 주는 엄청난 혜택이 있는데 하나님은 "그분의 능력으로 우리를 후원하시고, 그분의 섭리로 우리를 지배하시고, 그분의 선하심으로 우리를 양육하시고, 그리고 모든 복들을 가지고 우리를 보살피신다"[55]고 하셨기 때문이다. 이보다도 더 위대한 혜택은 창조주 하나님과 피조물 인간이 화해될 수 있다는 것이다. 그 지식은 이런 모든 지식의 본체이신 그리스도에 대한 지식이기 때문이다. 그래서 하나님에 대한 지식은 두 가지 측면이 있다. 하나는 창조주 하나님에 대한 지식과 구속자 하나님에 대한 지식이다.[56]

② 정의

이어서 칼빈은 종교적 '경건'을 정의내리기 위해 하나님께 영광을 돌리고 공경하는 것(*colere et adorare*)이 그분의 섭리적 보호라는 어떤 의미에 기초되어 있음을 먼저 밝힌다. 그리고 참된 '경건'을 성격 짓는 명제들의 목록에 새로운 의미를 첨가한다. 실제적 확신

---

53) Cicero와 Petrarch의 메아리를 반사시키고 있는 것처럼 믿어진다.
54) *Inst.* 1.2.1. '정확하게 말하면'이란 표현을 써서 특별히 강조하고 있음을 볼 수 있다. Jones, *Calvin and the Rhetoric of Piety*, 128.
55) *Inst.* 1.2.1.
56) *Inst.* 1.2.1.

(persuasion)과 순종을 동일시한다는 것이다. 순종에 대한 새로운 강조는 경건의 중요한 측면이다. 칼빈은 이를 다음과 같이 정의 한다.

> 그분의 혜택에 대한 지식을 일으키는 하나님의 사랑과 존경(reverence)이 결합됨을 나는 경건이라 부른다. 모든 것이 하나님께 속했다는 것을, 그들이 그분의 부성애적 보호하심으로 양육을 받는다는 것을, 그분이 그들의 모든 선의 저자이심을, 그들이 그분을 떠나서는 어떤 것도 구하지 말아야 함을 깨닫게 될 때야 비로소 그들은 그분에게 자발적으로 봉사하게 될 것이다.[57]

다시금 경건에 대한 정의를 내리는데

> 여기에 순전하고 진정한 종교[경건]가 있는데 믿음은 하나님을 열정적으로 경외하는 것과 밀접한 관련을 맺고 있기에 이런 경외는 자발적인 존경을 수용하고 율법에 명시된 것과 같은 합법적인 예배를 드린다.[58]

이상에서 볼 때 칼빈은 '경건' 을 하나님에 대한 지식으로 말미암는 그분의 부성애적인 사랑으로 인해 그분을 섬기는 것, 즉 로마서 12:1 에 바울이 언급한 대로 '산 제사' 를 드리는 것이라 할 수 있다.

③ 적용

정의를 내린 칼빈은 계속하여 '경건' 을 기독교 신앙생활에 필수적인 요소로서 다양하게 그 의미를 적용시키고 있다.

---

57) *Inst.* 1.2.1.
58) *Inst.* 1.2.2.

첫째, 그분을 자발적으로 섬기도록 하는 헌신된 마음은 그분의 부성애적 사랑에서 나온다.

> 그분의 혜택에 대한 지식을 일으키는 하나님의 사랑과 존경(reverence)이 결합됨을 나는 경건이라 부릅니다. 모든 것이 하나님께 속했다는 것을, 그들이 그분의 부성애적 보호하심으로 양육을 받는다는 것을, 그분이 그들의 모든 선의 저자이심을, 그들이 그분을 떠나서는 어떤 것도 구하지 말아야 함을 깨닫게 될 때야 비로소 그들은 그분에게 자발적으로 봉사하게 될 것이다.[59]

그분의 부성애적 사랑을 갖게 하는 그분에 대한 지식에서 경건이 나온다.

> 그분에 대한 지식으로 인해 두려움과 존경을 먼저 배우게 되고[60] 그 지식이 우리의 안내와 교사로서 우리는 그분으로부터 선한 모든 것을 찾는 법을 배우며 그것을 수용하면서 그것이 그분으로 기인함을 알게 된다. … 그분이 모든 것을 다스리시고, 그분이 그것들의 안내며 보호자이심을 신뢰하여 그분을 전적으로 신뢰하게 될 때 그분을 인식한다고 말할 수 있다.[61]

---

59) *Inst.* 1.2.1.

60) "이러한 책임들은 율법의 두 번째 돌 판에 들어 있습니다. 경건이 자애(charity)의 뿌리이기 때문에 형제들과 더불어 바르게 살 때 우리는 하나님을 두려워하게 됩니다. … 하나님을 두려워하고 존경이 없다면 그의 마음에서 자신의 이웃을 사랑할 수 없다. 그래서 자선이 경건과 하나님을 두려워함에서 나오기 때문에 둘째 판에 새겨진 우리의 임무들을 볼 때마다 우리는 하나님의 경배에 대한 증거들임을 알아야 합니다. 그래서 에스겔 선지자는 첫 돌 판의 부분들을 더하고 있습니다." John Calvin, *Calvin's Bible Commentaries: Ezekiel*, Part II (Forgotten Books, 1847), 193-94.

61) *Inst.* I.2.2.

　그래서 경건을 향한 첫 걸음은 바로 하나님이 우리의 부친임을 아는 것이다. 부친의 속성은 보호하고 인도하는 것으로서 그분이 우리에게 부친과 같은 의미를 지닌 분임을 강조한다.

> 경건을 향한 첫 걸음이 하나님께서 자신의 나라의 영원한 후사에 이르도록 모을 때까지 우리를 보살피고, 지도하시고 양육하심을 인식하는 것임을 독자들은 먼저 인정해야 한다. 여기서 분명하게 밝혀지는 것은 그리스도를 떠나서 하나님에 대한 구원의 지식은 결코 얻을 수 없다는 것이다. 세상 시작부터 그분은 선택한 모든 자들이 그분을 바라보고 그분을 신뢰해야 함을 그들 앞에 제시하셨다.[62]

둘째, 칼빈은 참된 경건과 거짓 경건을 유의하라고 권한다.

> 그분의 의와 거리가 먼 자들도 하나님의 심판 좌석이 그분을 반대하여 범한 죄들을 처벌하실 준비가 되었음을 안다. … 적어도 그들은 하나님을 두려워하는 체 하면서 자신의 죄들 속에 뒹굴고 자아자찬하고 또 성령의 재갈로 육체적 방종을 억제하기보다 즐기면서 살아간다.
>
> 이런 삶은 어두움이라 불릴 가치도 없는 종교의 헛되고 거짓된 그림자일 뿐이다. 이것을 보아 하나님에 대한 혼동된 지식이 신자들의 가슴에만 스며있는 종교의 근원이 되는 경건과 얼마나 다른지를 쉽게 이해할 수 있다. 외식하는 자들은 도망쳐 나온 하나님께 다가가는 것처럼 왜곡된 길들을 밟고 있다. 그들은 일상에서 순종을 지속적으로 나타내면서 모든 행동들에서 그분에게 뻔뻔스럽게 항거하며 무가치하고 적은 희생들을 내세우며 안식을 누리려

고 한다. 고결한 마음과 성결한 삶으로 그분을 봉사해야 하지만 그들은 그분의 호의를 얻기 위해 너무나도 하찮고 무가치한 것들 지키면서 뽐낸다.[63]

셋째, '경건'을 추구하며 살아가는 신앙생활이 곧 성화이다.[64] 칼빈은 성화에 대해 자세히 설명하지 않지만 '경건'을 추구하며, 즉 하나님의 소명을 따라 살아가는 것이 곧 성화이며 '경건'에서 비롯된다고 강조한다. 경건한 자의 삶의 실천은 곧 기독교인의 삶이다.[65]

넷째, 하나님의 말씀을 지키고 계명을 지키는 것은 그분을 사랑하는데서 비롯된다. 그래서 주님도 주님을 사랑하면 그분의 계명을 지킬 것이라고 말씀하셨는데 칼빈은 십계명을 설명하면서 첫째 판에 새겨진 1-4계명은 하나님의 사랑이 '경건'에서 나온다는 사실을 강조한다고 다음과 같이 밝힌다.

> 1계명의 의도는 하나님만이 경배를 받으셔야 한다는 데 있대[cf. 출애굽기 20:2-3; 신명기 6:4-5]. 그러므로 그 개념의 본질은 참된 경건이 — 즉 그분 신성에게 드리는 예배가 — 하나님을 기쁘시게 하는 것이고 그분이 불경건을 혐오하신다는 것이다.[66] … 첫 돌판에서 하나님은 우리가 그분의 위험을 경배하도록 하는 경건과 종교의 합당한 의무들에서 우리를 가르치신다.[67] … 참된 경건에서 사랑이 나온다.[68]

---

63) *Inst.* 1.4.4.
64) *Inst.* Introduction, section 11.
65) *Inst.* 3.19.2.
66) *Inst.* 2.8.8.
67) *Inst.* 2.8.11.
68) *Inst.* 2.8.51.

다섯째, '경건'은 곧 하나님을 두려워함 또는 존경하는 것이다. 하나님을 두려워함이 없으면 경건의 감각도 없다.[69] "하나님의 말씀에 그들이 나타낸 존경은 바로 경건 자체이다."[70] "'이스라엘 자녀들은 주님과 그분의 선하심을 두려워할 것이다'(호세아 3:5). 경건은 하나님을 향한 존경을 낳을 뿐 아니라 …"[71]

여섯째, 성령과 '경건'은 불가분의 관계이다. 경건의 기본은 성령의 내주하심에서 비롯된다. 성령의 특별한 사역으로 믿음이 생기는데 성령과 믿음을 결코 분리시킬 수 없다. 성령의 임재를 자랑하는 자를 교만하다 하면 어불성설이다.[72]

일곱째, '경건'은 회개의 삶에서 지속적으로 발전한다. 회개의 한 국면인 "'죄 억제하기'(mortification)라는 단어가 우리에게 경고하는 것은 우리 이전의 본성을 망각하는 것이 매우 어렵다는 것이다. '죄 억제하기'에서 우리가 추정하는 것은 우리가 성령의 검으로 격렬하게 죽임을 당하지 않고 아무 것도 아님을 인정하지 않으면 하나님을 두려워함에 순응하지 않고 경건의 기본들을 배우려 하지 않는다는 것이다."[73] "우리는 이제 회개의 열매들을 이해할 수 있다. 예를 들면, 하나님을 향한 경건의 임무들과 사람들을 향한 자선의 임무들이며 그리고 전 삶에 나타나는 거룩과 순결이다."[74]

---

69) *Inst.* 3.2.8.
70) *Inst.* 3.2.10.
71) *Inst.* 3.2.23.
72) *Inst.* 3.2.39.
73) *Inst.* 3.3.8.
74) *Inst.* 3.3.16.

여덟째, 모든 판단을 하나님께 맡기고 그분의 판단으로 모든 일을 해석한다. 비록 억울하고 오해받는 일이 생겨도 절대 선이신 분의 판단 아래 이뤄진 것이라면 받아들이면서 인내한다.

> 경건의 규칙은 하나님의 손만이 행운, 선 또는 악의 재판자시며 치리자라는 것이고, 주의력도 없이 덤벼들지 않고 가장 질서 있게 공의가 선만 아니라 악도 우리에게 나눠준다는 것이다.[75] 무엇보다도 당신과 하나님과의 관계가 무엇인지 이해하지 못하고 당신에 대한 그분의 판단의 성격이 무엇인지 이해하지 못하면, 당신은 자신의 구원을 확립하는 기초도 없거나 하나님을 향한 경건을 세우기 위한 것도 갖기 못하고 있다.[76]

아홉째, 모든 경건의 총체는 이신칭의이다.[77]

> 그리스도의 모본은 경건과 거룩의 이런 모든 임무들을 포옹한다. 그는 자신을 죽음 조차에 이르는 순종으로 성부에게 자신을 나타내셨다. 그분은 하나님의 사역들을 완전하게 성취하셨다.[78]

열 번째, 하나님과의 관계에서 영적 '경건'은 육적, 즉 세속적 삶에서 그 모습을 드러난다. 양심의 자유로 인한 돌부리에 넘어지지 않기 위해 사람 안에 두 가지 정치가 있다는 것을 먼저 생각해야 한다. 하나의 양상은 영적인데 그것으로 인해 양심은 경건으로 교훈을 받고

---

75) *Inst.* 3.7.10.
76) *Inst.* 3.10.1.
77) *Inst.* 3.15.7.
78) *Inst.* 3.15.8.

하나님을 존경하는 것을 교훈 받게 된다. 둘째는 정치적인데 그것으로 인해 사람은 사람들 안에 반드시 유지되어야 하는 인간성과 시민권의 임무들을 위해 교육을 받는다. 이 두 가지 양상을 가리켜 하나는 영적이라 부르고 다른 하나는 일시적인 사법권이라 부른다.[79] 또 칼빈은 『기독교 강요』 제3권에서 주님께서 가르치신 기도를 설명하면서도 하나님을 향한 기도 후 우리의 일상 삶에서 그 '경건' 의 기도대로 구체적인 삶을 위해 간구해야 한다고 한다. 주기도문의 네 번째 청원을 설명하면서 "하나님은 특별히 1-3청원을 주장하시고 이런 방법으로 우리의 경건을 증명하라고 이끄신 그런 후 우리 자신의 관심들을 구하라"고 한다.[80] 기도는 경건의 주요한 요소이기에 "기도에 관한 연구는 삶을 변화시키고 그 결과 대중적 도덕성과 '경건' 으로 나아간다."[81]

열 한 번째, 하나님의 선택받은 자들은 '경건' 한 자들이다.[82] "선택의 씨앗과 같은 것이 출생부터 그들 안에 뿌려졌다는 것을, 또 그 능력으로 인해 그들이 항상 경건과 그분을 두려워하는 경향을 갖게 된다는 것을 상상하는 자들은 성경의 권위에 의해 지지를 받지 않고 경험에 의해서 논박 받을 것이다."

열 두 번째, '경건' 은 성례를 통해 증명된다. 칼빈은 성례에 대해 이렇게 말한다.

---

79) *Inst.* 3.19.15.
80) *Inst.* 3.20.44.
81) Richard Muller, *After Calvin: Studies in the Development of A Theological Tradition* (New York: Oxford Univ. Press, 2003), 106.
82) *Inst.* 3.24.10.

성례는 연약한 우리의 믿음을 유지시키기 위해 우리를 향한 그분의 선한 의지에 대한 약속을 우리 양심들에 주님께서 인 치신 외적 표상이며 또 우리는 사람들 앞과 주님과 그분의 천사들 앞에서 그분을 향한 우리의 '경건'을 증명할 수 있다.[83]

특별히 세례를 통해 기독교 신자들의 '경건'은 확실해지며 하나님의 자녀임을 증명케 됨을 칼빈은 『기독교 강요』 4권에서 강조하고 있다. 니젤(W. Niesel)은 "성례전이 칼빈주의 교리의 핵심"이라고까지 말하기도 한다.[84]

2) 주석들

그분에 대한 지식과 신앙 생활과 연관을 짓는 칼빈의 탁월한 경건성을 엿볼 수 있는데 그는 이를 기도와 관련시켜 이렇게 설명하고 있다.

바울에 의하면, '믿지 않는 분에게 어떻게 도움을 청할 수 있을까?' 분명히 언급해야 할 것은 하나님께서는 우리들이 올바로 기도하기 전에 그 길을 제시하셨다. 그래서 하나님에 대한 지식이 없는 곳에 그분을 향한 기도도 있을 수 없다. 하나님께서 우리에게 빛을 일단 비추시면 그분께 다가갈 수 있는 길이 열리게 된다. 그래서 탄원은 믿음의 열매이며 이 열매로 종교[*pietas*, 경건]가 있음이 증명된다. 그분께 도움을 청하지 않는 모든 사람들은 종교에 대해 아무 것도 알지 못한다는 것을 증명하는 셈이다. 만일 우리가 올바로 기도하기를 갈망한다면, 우리를 향하신 그분의 뜻이 무엇인지 먼저 배워야

---

83) *Inst.* 4.14.1.
84) W. Niesel, *The Theology of Calvin, trans. H. Knight* (Philadelphia: Westminster, 1956), 217. 220−21.

한다. 다시 말하면, 그분에게 피하여 기도를 실천할 때 구원에 이르도록 노력하며 증진해 나가야 함도 알아야 한다.[85]

호세아 6:6을 주석하면서 역시 하나님에 대한 지식과 경건을 연관 짓고 있다.

우리가 선지자가 언급한 이 문장을 완전하게 보다 잘 이해하기 위해 간과하지 말아야 하는 것은 하나님께 드리는 외적 예배와 모든 합법적 의식들이 희생 제사들과 번제들이라는 이름에 포함된다는 것이다. 이런 단어들은 전체에 대한 하나의 부분이라 여겨진다. 자비 또는 친절이란 뜻을 가진 '헤사드' [chesad]라는 단어에 대해서도 동일한 의미를 적용할 수 있다. 그 이유는 선지자가 여기서 믿음 또는 하나님을 향한 경건 그리고 이웃을 향한 사랑을 모든 외적 의식들과 반대 의미로 사용하고 있음이 틀림없기 때문이다. '인자 또는 인애를 원하노라'는 그분의 말씀은 희생제사보다 그분을 기쁘시게 하는 것과 하나님에 대한 지식이 번제보다 그분을 더욱 기쁘게 한다고 한다. 이 의미는 하나님에 대한 지식이 믿음 또는 경건이란 의미로 사용된다는 것이다. 다시 말하면 외식하는 자들은 많은 의식들을 사용하면서 올바로 예배를 드리고 있다고 가정하고 있다는 것이다.[86]

사도행전 18:22를 주석하면서 칼빈은 이렇게 말한다.

이제 우리는 그리스도에게 자신들의 이름들을 주었고 그분의 이름을 고백하여 제자들이라 불렸던 자들에 대해 이미 선언한 바 있었다. 그 이유는 참된

---

85) John Calvin, *A Commentary on Jeremiah* (Edinburgh: Banner of Truth Trust, 1989), 67.
86) John Calvin, *A Commentary on the twelve Minor Prophets I* (Grand Rapids: Eerdmans, 1948), 230-31.

가르침 없이 경건이 있을 수 없기 때문이다. 그들은 자신들에게 유익을 주는 목회자들 아래 있었다.[87]

칼빈은 경건을 이교도의 경건과 하나님을 경외하는 경건으로 구별 짓기도 한다. 예수님께서 사마리아 수가성 여인의 개종을 통해 제자들에게 교훈을 주시면서 "거두는 자가 이미 삯도 받고 영생에 이르는 열매를 모으나니 이는 뿌리는 자와 거두는 자가 함께 즐거워하게 하려 함이라"(요 4:36)고 말씀하셨다. 이 구절을 주석하면서 칼빈은 두 가지 경건을 이렇게 구별 짓는다.

어떤 경건은 온 세상에 두루 흩어졌음을 나는 알고 있고 또 표현을 허락받는다면 하나님은 철학자들과 이교 저자들이 쓴 작품들을 통해 탁월한 의미들을 뿌리셨음을 의심할 수 없다. 그런데 그 씨앗이 뿌리부터 타락하여 선하든 자연스럽든지 간에 그것에서부터 자랄 수 있는 낟알이 수많은 오류들로 인해 질식되기 때문에 그런 파괴적 타락이 뿌리는 것과 비교된다는 것은 그렇게 합리적이지만은 않다. 아무튼 기쁨으로 연합된다는 것을 여기서 언급되었다는 것은 철학자들이나 그 부류의 일부 사람들에게 모두 적용될 수 없다.[88]

마태복음 12:7을 주석하면서 칼빈은 외식하는 바리새인을 향해 꾸중하면서 내적 경건을 강조하고 있다.

비록 경건이 하나님께서 사람들보다 더 높으신 것만큼이나 자선보다 훨씬 우월하다고 여겨지지만 신자들은 서로를 향한 공의를 실천하므로 하나님을

---

87) John Calvin, *The Acts of the Apostles* Ⅱ (Grand Rapids: Eerdmans, 1973), 142.
88) John Calvin, *The Gospel According to St. John 1–10* (Grand Rapids: Eerdmans, 1974), 108.

봉사함이 충실함을 증명하기에 이 주제가 외적 모습들로 경건을 모방하고 육체적 예배만으로 자신들의 노력들을 제한하므로 그것을 왜곡하는 외식하는 자들에게 주목해야 함은 당연한 것이다.[89]

"경건에 이르도록 네 자신을 연단하라"는 디모데전서 4:7-8을 주석하면서 이렇게 말한다.

경건에 대한 그의 의미는 양심의 청결을 구성하는 하나님께 드리는 영적 예배인데 이것이 가장 잘 드러나는 것은 육체적 연습을 통해서이다. … 매우 유의해야하는 것은 세상이 외적 예배들을 통해 하나님께 예배드리기를 원하는 쪽으로 항상 기울어진다는 것이다. 이런 현상은 매우 위험한 상상력이다. … 경건을 소유한 사람은 어떠한 도움을 갖고 있지 못함에도 불구하고 어떤 것도 원치 않는다. 그 이유는 경건만이 완전을 성취하도록 사람을 이끌기 때문이다. 경건은 기독교인의 삶의 시작, 과정 및 끝이다. 그래서 완전한 것에는 어떤 것도 불완전하지 않다. 그리스도는 세례와 같은 금욕적 삶의 방법을 권하지 않으셨다. 그러므로 그가 좀 열등한 자였을까? 아무튼 그 의미를 요약해보도록 하자. '우리는 경건 만에 우리 자신을 적용해야만 한다. 그 이유는 우리가 일단 그것에 이르면, 하나님은 우리로부터 어떤 것을 묻지 않으시기 때문이다. 또 우리는 경건을 연습을 숨기지 않거나 지체하지 않는 방법으로 육체적인 연습에 관심을 가져야 한다.[90]

---

89) John Calvin, *Matthew, Mark and Luke II*, trans. T.H.L Parker(Grand Rapids: Eerdmans, 1972), 30.

90) John Calvin, *The Second Epistle of Paul the Apostle to the Corinthians, and the Epistles to Timothy, Titus and Philemon, trans. Thomas A. Smail* (Grand Rapids: Eerdmans, 1964), 242-44.

3) 서신들

1541년 칼빈은 제네바에서 2차 목회를 막 시작하는 시점에 아들을 잃고 상심해 있는 리체부르(Richebourg)[91]에게 그 해 4월 어느 날 위로의 서신을 보낸다.

> 클라우드의 죽음과 당신의 아들 루이의 죽음에 대한 소식을 처음 접했을 때 너무나 힘이 들어 수일 동안 슬픔 외에 그 어떤 것도 원치 않았다. 물론 고통 중에 여러 도움들로 우리 영혼을 붙드시는 주님 앞에 서 있지만 사람들 가운데 나는 아무 것도 아닌 자였다. 나에게 주어진 일도 잊어버린 채 나는 반가량 죽은 것처럼 나는 그 어떤 것도 행할 수 없었다. … 이제 우리 모두의 아버지이신 주님께서 루이가 그분의 양자로서 아이들 가운데 두시길 원하셨기에 그분은 자신의 많은 자비들로서 너에게 이런 은혜를 베푸셔서 너로 하여금 그의 죽음 앞에 네가 조심스럽게 배우도록 하셨다. 그것은 곧 ‘나는 너의 하나님일 것이고 너의 후손의 하나님도 될 것이다’ … 이따금 그는 제어하기 어려웠지만 부루퉁하거나 억세지는 않았다. 그러므로 그런 돌발적인 행동들은 큰 염려가 되지 않았다. 하지만 그에 대해 가장 높이 평가할 수 있는 것은 그가 경건의 원리들 가운데 살았다는 것이다. 다시 말하면, 종교에 대한 바르고 참된 이해만 아니라 하나님에 대해 진실한 두려움과 존경으로 신실하게 젖어 살았다는 것이다.[92]

여기서 루이의 신앙을 소개하면서 그는 “경건의 원리들 가운데” 변

---

91) 리체부르크가 누군지 정확하게 알지 못하다 수년 동안 그는 그의 아들 찰스와 루이를 떠나 있었던 자였다고 여겨진다. 역병으로 인해 두 아들을 잃어버렸는데 특별히 칼빈은 라티스 본에서 기독교적 위로의 서신을 쓰면서 애정을 나타낸다.
92) *CO* 9, 175.

치 않고 바른 신앙을 유지했다고 언급한다. 그 원리들에 대해 다시 설명하길 "종교에 대한 바르고 참된 이해만 아니라 하나님에 대해 진실한 두려움과 존경"이라 했다. 경건은 곧 종교라는 말과 교호할 수 있는 단어이고 더욱이 그것에 대한 바른 이해, 즉 지식이 경건임을 밝히고 있다. 그 지식을 가진 자로서 그분을 두려워하고 존경할 수 있음을 밝히고 있다. 이렇게 볼 때 경건은 그분에 대한 바른 지식과 그것에서 나온 경외임을 알 수 있다. 이러한 경건의 내적 감성에서 참된 위로를 얻게 된다고 권면한다. 동시에 칼빈은 같은 서신에서 '경건의 학교'와 '유일한 경건'이란 어구를 사용한 후 '유일한 경건'과 모든 지혜의 목적인 '하나님에 대한 참된 두려움'을 나란히 표현하면서 리체부르의 아들이 그와 같았다고 위로한다.

1553년 9월 8일 칼빈은 제네바에서 세기의 이단자이며 그에게 최고의 적대자였던 세르베투스(Servetus)에 관해 술처(Sulzer)에게 서신을 보낸다. 며칠 전 제네바 소의회는 베른을 비롯한 취리히, 샤프하우젠 및 바젤의 교회들에게 서신을 보내어 세르베투스의 공판에 대한 자료를 보내면서 조언을 구하였다.[93] 칼빈은 세르베투스의 그릇된 점들을 크게 세 가지를 언급하면서 그에게 알린다.

이 사람에 관해 세 가지로 생각할 수 있다. 그리하여 그가 종교의 모든 것을 타락시켰던 막대한 오류들이 무엇임을 밝히고자 한다. 모든 경건을 전멸시키려고 그가 노력했던 혐오적 가짜들이 무엇임을 밝히고자 한다. 그리고 기독교를 애매모호하게 만들고 우리 종교의 모든 원리들의 기반을 없앴던 가증

---

93) 이 답장은 9월 21일에 이르렀다. 보낼 때 세르베투스가 쓴 *Christianismi Restitutio*의 복사본, 테르툴리아누스의 작품들의 복사본, 이레니우스의 작품만 아니라 세르베투스의 질문들 중이었다. 세르베투스의 운명은 이 서신들의 답장에 달려 있었다. 이에 대해 칼빈은 세르베투스의 억지 주장들에 대해 술처와 불링거에서 보냈다.

스러운 광란들이 무엇임을 밝히고자 한다.[94]

위에서 칼빈은 종교와 경건 및 기독교를 나란히 언급하면서 이들이 동일한 의미를 지니고 있음을 소개하고 있다. 종교의 모든 것을 타락시키는 것이나 모든 경건을 전멸시키는 것은 같은 의미라 여겨질 뿐만 아니라 기독교를 애매모호하게 만들고 더욱이 그 원리들을 없애는 처사라고 주장한다.

1550년 1월 칼빈은 영국에 복음의 역사를 일으키는데 주도적 역할을 한 섭정자 서머셋(Somerset)에게 서신을 보낸다. 이 글에서 그는 그가 모시고 있는 당시 14세의 나이 영국 왕 에드워드 6세에 대해 극찬을 아끼지 않는다.

> 각하여! 왕이 그 어떤 일보다도 교회를 회복하고 순전한 교리를 회복하려하는 마음을 가졌다는 것을 보고 당신에게 큰 위로가 되리라 믿습니다. 더욱이 이 세상의 허무한 것들을 그렇게 어린 나이임에도 불구하고 하나님에 대한 두려움을 감추지 않고 마음을 다스리기 위해 참된 종교[경건]을 숨기기 않는다는 것은 왕국의 특별한 축복이고 그에 대해 찬탄치 않을 수 없습니다.[95]

이 서신에서도 역시 칼빈은 종교와 경건을 함께 교호하고 있음을 알 수 있을 뿐만 아니라 그 경건의 모습을 "순전한 교리를 회복"하는 것이라고 한다. 경건은 참된 교리로 교회를 바로 세우는 것임을 알 수 있다.

또 칼빈은 경건과 학문, 즉 배움과 나란히 하는 경우가 종종 있다.

---

94) *CO* 9, 70.
95) Henry Beveridge & Boonet, Jules, *Selected Works of John Calvin, Vol. 5* (Grand Rapids : Baker Book House, 1983), 261.

예를 들면, 1538년 1월 31일에 루이 두 틸레(Louis du Tillet)에게 보내는 서신에서 경건과 학문을 나란히 언급하고, 1541년 3월 1일 수도사였다가 파렐과 비레에 의해 개종한 제임스 베르나르(James Bernard)에게 칼빈은 서신을 보내면서 경건과 학문을 나란히 언급하고, 그리고 같은 해 4월 24일 파렐에게 보내는 서신에서도 이를 언급한다. 1553년 2월 13일에 영국 왕 에드워드 6세의 자문위원이었고 케임브리지 대학교의 교수였던 존 체키(John Cheke, 1557년 사망)에게 보내는 서신에서 경건과 학문을 함께 언급한다. 1554년 11월 1일 파렐에게 보내는 서신에서 "경건과 학문에 대한 그들의 평판은 추천하기에 충분하다"고 한다. 1557년 3월 요하네스 우텐호벤(Johannes Utenhoven)에게 보내는 서신에서도 학문과 경건을 나란히 나열하고 있다. 이로 볼 때 경건은 항상 배움과 불가분의 관계임을 쉽게 알 수 있다. 그 배움은 하나님에 대한 지식과 깊은 연관을 맺고 있다. 처음부터 칼빈은 지속적으로 참된 지식과 경건을 강조했는데 여전히 그의 서신들에서도 이 두 관계를 일관성 있게 강조하고 있음을 알 수 있다.

1554년 12월 5일 종교개혁의 길에 들어선 야질론(Jagiellons) 가문의 마지막 왕인 폴란드의 왕 지기스문트 2세 아우구스투스(Sigismund II Augustus, 1569-1572)[96]에게 칼빈은 서신을 보낸다.

배우지 못한 사람이나 순전한 경건에 익숙하지 못한 사람에게 지금 경우에 대해 설명하지 않고 순전한 교리에 대한 지식에 깊은 관심을 가진 왕에게 설명하기를 원합니다. 그래서 평범한 사람들이 지키고 있는 수많은 미신들로부

---

96) 그는 관용적이고 계몽된 군주로서 복음적 교리들에 관심을 가진 자였다. 1549년 히브리서 주석을 그에게 헌정하기도 한다. 교회 개혁에 관심을 가졌고 독일의 프로테스탄트 교회들을 어지럽혔던 분파들을 싫어했다. 교회 연합에 관심을 가졌기에 성경연구에 관심을 가진 것을 본 칼빈은 조언과 바람을 담은 서신을 보내게 된다.

터 자신을 지킬 뿐만 아니라 인류의 보다 큰 부분이 너무나 신속하게 끌려 들어가는 심연이 얼마나 치명적인지를 올바로 판단할 수 있기를 바랍니다.[97]

여기서 칼빈은 경건과 교리를 다시금 같은 맥락에서 다루고 있고 바른 지식을 갖출 때 미신에서 벗어난다며 그릇된 미신들과 우상들에 대해 설명하는『기독교 강요』의 1권 9~12장에서 다루고 있다. 계속하여 칼빈은 그 서신 마무리 부분에서도 "미신의 오류들로부터 경건의 바른 길로 백성들을 돌이킬" 수 있도록 왕에게 권면하며 서신을 마무리 한다. 또 1559년 2월 26일 스웨덴의 왕 구스타브 바사(Gustav Vasa, 1523~1560)에게 보내는 서신에서도 "순전하고 부패하지 않은 경건의 교리를 부끄러운 미신들과 야만적인 무지로부터 백성들이 보호받도록 노력했다"고 그를 극찬했다.

1554년 12월 29일 칼빈은 자녀들이 온전한 기독교 교육을 받기 원했던 아그네스 드 미크로 부인(Madame Agnes de Microw)에게 서신을 써서 보낸다. 이 글에서 칼빈은 그리스도의 순전한 교리를 배우도록 자녀에게 관심을 갖는 것은 그녀의 경건성에서 나왔다고 극찬을 아끼지 않는다. 바른 교리의 교육은 경건한 교육임을 잘 말해주고 있다.

> 존귀한 여인인 당신의 경건이 당신이 거하고 있는 국가에서 잘 증명되고 있는데 … 당신으로부터 멀리 그것도 거의 알려지지 않은 국가로 보내는 것을 주저하지 않았기에 그들은 그리스도의 순전한 교리로 잘 배울 것입니다. 이것을 보아 당신이 덕스럽고 경건한 교육이 얼마나 존귀한 지를 당신이 잘 알고 있다는 것을 우리는 알게 됩니다.[98]

---

97) *CO* 9, 85.
98) Henry Beveridge & Boonet, Jules(eds.), *Selected Works of John Calvin. Vol. 6* (Grand Rapids : Baker Book House, 1983), 112.

3. 결론

지금까지 우리가 살펴 본 칼빈과 경건의 내용을 『기독교 강요』의 '서문'에 붙여진 글에서 쉽게 요약할 수 있으리라 본다.

칼빈과 그의 동시에 사람들에게는 고대 이교도와 기독교 저자들처럼 '경건'을 무미건조한 언외지의가 아닌 순전한 단어로서 가족, 국가, 또는 하나님에게 칭찬받을만한 임무 또는 신실한 헌신이었다. 칼빈은 경건을 하나님에 대한 어떤 건전한 지식을 위해 필수조건이라 확언한다. 이 원리를 처음 언급하면서 그는 경건을 '하나님의 혜택들에 대한 지식이 일으키는 그분의 사랑과 결합된 존경(reverence)'이라 묘사한다. 사람들이 모든 것을 하나님께 기인시킬 수 있을 때 다시 말하면, 그들이 그분의 부성애적인 보호함으로 양육받고, 그분이 모든 선한 것의 저자이심을 인식할 때 비로소 경건은 존재한다.[99]

'경건'이란 단어는 칼빈의 저서들 중에 가장 자주 일어나며 『기독교 강요』에서 세속적 지성주의의 유혹들에서 돌아서도록 경고하는 벨의 울림과 같다고 말한다. 에밀 두메르그(Emile Doumergue)에 의하면, '칼빈은 종교와 경건을 동일한 것으로 보았다'고 한다. A. 미첼 헌터(A. Mitchell Hunter)에 의하면, '경건은 그의 성품에 요지로서 그는 하나님을 소유한 영이었다. 신학은 그 자세를 연구하는 면에서 아무런 의미가 없었고, 종교가 자신에게 의미를 주는 모든 것을 후원하는 구조로서 신학에 그는 몰입했던 것이다'고 한다. 감사, 사랑 및 순종은 건전한 신학의 불가분의 조건인 종교적 태도에 포함된다.[100]

---

99) *Inst.* 1.2.1.
100) *Inst.* Introduction, section 8.

칼빈의 '경건'은 하나님의 지식에 근거를 두고 하나님을 동경하고 섬기는데 관심을 갖는다. 하나님과 그분의 형상을 향한 존경과 사랑을 향한 신자와의 관계는 부성애적 관계이다. 그 관계는 그분에 대한 순종으로 드러난다. 그렇지만 그분의 사랑이 전제가 되어있지 않으면 순종은 불가능하다. 그리고 그 사랑은 그분에 대한 지식에 근거하기 때문에 지식이 없이는 사랑은 불가능하다. 그분에 대한 지식에 근거하여 그분의 사랑을 알아 그분의 계명을 실천하기에 이르는데 실천할 때 그분의 "선하시고 기뻐하시고 온전하신 뜻이 무엇인지 분별"할 수 있어야 한다. 이렇게 볼 때 칼빈의 경건은 부성애적 삼위일체 하나님에 대한 온전한 지식의 척도에 따라 경건의 훈련이 쌓여져 가고 능력이 나타난다고 할 수 있다. 그 위엄한 지식이 우리의 삶에서 직면하는 수많은 일들을 판별하도록 한다. 성령께서 이렇게 판별하도록 조명시키시는데 말씀을 도구로 사용하신다. 언제 어떻게 무엇으로 그분이 우리를 감동시켜 그분의 뜻을 인지시키고 깨닫게 하시는지에 대한 것 역시 그분에 대한 지식을 점점 알아감에 따라 자라난다. 예를 들면, 그분의 섭리를 깨닫게 될 때 현재에 직면하는 수 많은 일들을 그분께 맡기고 감사하고 감내하며 살아가게 된다. 그분에 대한 지식은 곧 우리의 모든 삶에 두루 반영되기에 그가 쓴 『기독교 강요』를 읽을 때 이런 점을 간과해서는 결코 안 된다.

칼빈은 이러한 경건에 대한 확고한 개념을 자신의 신학을 통해, 그리고 목회와 삶 속에서 반영시키고 있음을 알게 될 때 그가 '경건의 신학자'임이 틀림없다고 볼수 있다.[101] 『기독교 강요』를 처음 기록했을 때인 1536년에 칼빈은 인문주의적이었다고 볼 수 있다. 오를레앙

---

101) Muller, *After Calvin*, 181.

과 부르쥬에서 익혔던 인문주의적 관점에서와 기독교적 고전 지식의 관점에서 경건을 바라보았다고 여겨진다. 경건의 개념을 고대에서는 부모에게 효도, 군주에게 충성, 그리고 신들에 대한 신앙으로 보았다. 이를 나타내는 자들을 경건한 자로 여겼다. 이러한 경건의 모습은 의식들로 드러났다. 그래서 의식들을 통해 경건을 외적으로 표현해 내었던 것이다. 하지만 칼빈은 경건은 결코 의식적 희생 제사나 모양으로 나타나는 것이 아님을 분명히 하면서 이교적인 경건은 의식적이고 외식적이지만 기독교적 경건은 하나님에 대한 올바를 지식을 가질 때에야 비로소 경건이 이뤄진다고 그의 주석뿐만 아니라 그의 걸작『기독교 강요』에서 수없이 강조하고 있다. 그는 고전들과 말씀을 통해 또 시대적 상황 속에서 밀려오는 어려움들을 통해 자신의 경건을 희미하게나마 빌려왔거나 시작했지만 기독교적 경건과 고전적이거나 이교적 경건의 구분을 확실히 했다.『기독교 강요』초판에서 이것을 서론에서 밝혔다. 그는 이 작품을 기초로 하여 목회 현장과 여러 신학적 논쟁들을 겪으면서 다시금 지금의 완전한 경건의 책이라 할 수 있는『기독교 강요』최종판이라는 완성품을 이루어 내었다.

중보자 그리스도의 중보에 계시된 경건
- 칼빈의 공관복음서 해석에 나타난 위격적 연합 교리를 중심으로 -

문 병 호 교수 (총신대학교 신학대학원)

1. 서론: 그리스도의 경건

칼빈이 토마스 아 켐피스(Thomas ā Kempis)로부터 비롯된 동시대 경건주의의 영향을 직접적으로 받았는가에 대해서 학자들의 의견은 분분하다. 이러한 논의는 칼빈이 몽테뉴 대학교 시절에 아 켐피스의 『그리스도를 본받음에 대하여』(*De Imitatione Christi*)를 읽었는가와 관련하여 역사적 관점에서 이루어져 왔다. 그러나 학자들은 결정적인 논거를 확보할 수 없었다. 자신에 대한 말을 삼가노라고 스스로 공언한 칼빈이 이 부분에 대한 언급도 자제하고 있기 때문이다.[1] 가녹지가 말하였듯이, 이 경우에도 우리는 칼빈의 객관을 통하여 그의 주관으로 나아가야 한다. 즉 그의 작품을 통하여 그의 생애를 읽어야 한다.[2] 이 주제와 관련하여 소위 그리스도인의 삶에 관한 작은 황

---

1) *Responsio ad Sadoleti Epistolam* (1539), *Calvini Opera Selecta*, 1.460: "나는 나에 대한 말을 맘 놓고 하지 않는다(De me non libenter loquor)."
2) Alexandre Ganoczy, *The Young Calvin*, tr. David Foxgrover and Wade Provo (Philadelphia: Westminster Press, 1987), 242.

금의 책이라고 불리는 『기독교 강요』 3.6-11이 언급된다. 그곳에서는 성도의 삶의 요체가 미래를 묵상하며 자기를 부인하고 십자가를 지는 삶으로 제시된다.[3]

경건주의자들이 그리스도를 본받고자 하는 성도의 자질을 고양시키는데 주된 관심을 가졌다면, 칼빈은 먼저 그리스도의 의의 전가를 전제한 후, 그 의에 따라서 자기를 부인하고 십자가를 지고 그분을 좇아 살아가는 성도의 삶을 추구하였다. 칼빈은 성도의 경건을 세 가지 관점에서 파악한다. 먼저 경건은 하나님의 계시를 위로부터 받아서 그분을 아는 지식에서 자라는 것을 의미한다. 이는 경건의 인식론적 측면이라고 할 것이다. 그리고 경건은 그리스도와 연합하여 그분과 교제하고 교통하는 것을 의미한다. 이는 경건의 기독론적 측면이라고 할 것이다. 그리고 경건은 이러한 상태에서 하나님께 받은 대로 올려드리는 것을 의미한다. 성도의 삶 전체가 예배라고 할진대, 이는 경건의 윤리적 측면이라고 할 것이다.

칼빈의 경건에 대한 논의는 반복적으로 이루어져 왔다. 학자들은 주로 이 주제를 성도들의 삶이라는 윤리적인 측면에 국한하여 파악해 왔다. 이런 경우 칼빈의 경건(*pietas*)은 로마가톨릭의 영성(*spiritualitas*)이라는 개념과 혼동되었다. 로마가톨릭의 영성은 그리스도의 의의 전가가 아니라 자질의 주입에 기초하여 성도가 자신을 고양시켜 공로를 쌓음으로써 구원의 완성인 신화(神化)에 이른다는 그릇된 교리를 지향하고 있다. 칼빈이 추구한 경건의 핵심은 성도가 자신의 자질에 따라서 그리스도의 모범을 좇는데 있는 것이 아니라, 성도가 그

---

3) 참고. 졸저, Byung-Ho Moon, *Christ the Mediator of the Law: Calvin's Christological Understanding of the Law as the Rule of Living and Life-Giving* (Milton Keynes, UK: Paternoster, 2006), 45-47.

리스도와 연합하여 그분의 의를 전가 받는데 있다. 즉 전가가 선행하고 그리스도를 본받는 삶이 후속한다. 전가가 없이 모범만을 강조하는 경건주의와 경건이 다른 소이이다.[4]

의의 전가에 기초하여 경건을 다룸에 있어서 그리스도의 경건이라는 논의점이 생긴다. 과연 영원하신 하나님의 아들에게 경건이라는 개념이 부합되는가? 히브리서 기자는 예수 그리스도께서 자신을 제물로 드리신 왕-제사장이심을 부각시키며 다음과 같이 전한다.

> 그는 육체에 계실 때에 자기를 죽음에서 능히 구원하실 이에게 심한 통곡과 눈물로 간구와 소원을 올렸고 그의 경건하심으로 말미암아($\dot{\alpha}\pi o\ \tau\eta\varsigma\varepsilon\dot{\upsilon}\sigma\varepsilon\beta\varepsilon\iota\alpha\varsigma$) 들으심을 얻었느니라. 그가 아들이시면서도 받으신 고난으로 순종함을 배워서 온전하게 되셨은즉 자기에게 순종하는 모든 자에게 영원한 구원의 근원이 되시고 하나님께 멜기세덱의 반차를 따른 대제사장이라 칭하심을 받으셨느니라(히 5:7-10).

본문은 주님의 경건을 "육체로 계실 때에", 즉 성육신 이후로 한정하고 있다. 그리고 경건을 중보사역 자체로 보기보다는 그것을 이루는 분의 어떠하심으로 이해하고 있다. 신인양성의 중보 사역을 이루신 주님의 어떠하심을 "경건하심"이라고 하였고 그것을 "순종"이라는 단어로 풀어서 설명하고 있다. 본문은 멜기세덱에 따른 대제사장으로서 친히 자신을 제물로 드리신 주님의 순종을 일례로 제시하고 있으나 그것이 교훈하는 바는 포괄적이다. 주님의 경건은 그분께서 중보자로서 중보하심에 다르지 않다. 그러므로 본제를 다룸에 있어서 무엇보다도 먼저 우리는 그분의 중보자이심 곧 신인양성의 위격적 연

---

4) 참고. 졸고, 문병호, "칼빈의 경건신학," 『성경과 신학』 44(2007): 7-49.

합에 대해서 고찰해야 한다. 그리고 위격적 연합 가운데서의 중보사역을 다루어야 한다. 그리고 그것이 우리를 위하여 어떤 가치가 있는지를 파악해야 한다. 왜냐하면 그분의 "경건하심"조차도 우리의 경건을 위한 것이기 때문이다. 이렇듯 본고의 논제는 그리스도의 중보의 구속사적 성취와 구원론적 적용을 전체적으로 아우르고 있다. 이하 이러한 논제를 칼빈의 공관복음서 주석을 중심으로 다룬다. 칼빈은 공관복음을 "중보자의 모든 의무(*partes*)"를 다룬 "몸(*corpus*)"이라고 부르고, 요한복음을 "영혼(*animam*)"이며 "다른 작품들을 이해하기 위한 길을 여는 열쇠(*clavem*)"라고 부른다.[5] 본고에서는 공관복음서에 집중함으로써 중보자 그리스도의 인격과 사역 자체의 의의와 가치를 조명하여 그분의 경건하심을 파악하고자 한다.

2. 위격적 연합

중보자 그리스도의 신인양성의 위격적 연합(*unio hypostatica*)에 대한 이해는 칼케돈 신경의 공식으로서 회자(膾炙)되는 "연합 가운데 한 분이심(*unitas in unione*)"의 교리에 정초하고 있다. 성육신 이후 그리스도의 신성과 인성은 항상 연합하여 있으며 그 연합은 위격 안에서 그리고 위격을 통하여서 이루어진다. 위격은 양성 각각에 속한 속성을 모두 가진다. 다만 신성과 인성은 서로 혼합 없이(*inconfuse*),

---

5) "The Theme of the Gospel of John," 요한복음 주석 서문. *CO* 47, 7.

변화 없이(*immutabiliter*), 분할 없이(*indivise*), 분리 없이(*insepa-rabiliter*) 연합되어 있다.[6] 예컨대 승천하신 그리스도의 현존과 관련해서 이를 고찰해 본다면 다음과 같다. a. 신성에 따라서(*ad divinitatem*) 그리스도는 편재하신다. b. 인성에 따라서(*ad human-itatem*) 그리스도는 동시에 여러 곳에 계실 수 없다. 즉 특정한 곳에만 계신다. c. 신성과 인성은 항상 함께 연합되어 있다. 정리하면, 성육신 이후 중보자 그리스도께서는 신성과 인성의 연합 가운데, 신성에 따라서 모든 곳에 계시고, 인성에 따라서 특정한 곳에만 계신다. 어떻게 한 분 그리스도께서 모든 곳에 계시며(*ubiquitos*) 또한 특정한 곳에 계시는가(*localis*)? 이런 진술은 칼케돈의 정통 교리에 입각해 있다. 칼빈은 성찬에 있어서 그리스도의 현존(*praesentia*)을 이와 같은 논지에서 전개한 후 이를 다음과 같이 설명하고 있다.

> 이러한 방식으로 그분께서는 하늘에 계신 인자셨다(요 3:13). 왜냐하면 육체에 따라서 인자로서 땅에 거하셨던 동일하신 그리스도께서 하늘에 계신 하나님이셨기 때문이다. 이렇듯이, 그분께서는 그분의 신성에 따라서 그곳으로부터 내려오셨다고 말씀된다. 이는 신성이 육체의 감옥 가운데서 그 자체를 감추기 위해서 하늘을 떠났기 때문이 아니라, 비록 그것이 만물을 충만케 함

---

6) 칼빈은 위격과 성을 구별하여서 그리스도께서는 양성의 연합 가운데서 한 분이심을 분명히 지적하였다. 초대 교회의 네스토리우스가 "이중의 그리스도(*Christus duplex*)"를 생각한 것은 위격과 성을 혼동하였기 때문이라고 비판하였다. 칼빈은 또한 양성의 연합 가운데서도 각각의 성은 고유한 속성을 유지함을 분명히 주장하였다. 초대 교회의 유티케스는 이러한 진리를 거슬러 양성이 섞여서 전혀 다른 "제3의 무엇(*quid tertium*)"이 된다는 궤변을 늘어놓았다고 비판하였다. 이렇듯 양성을 "분리하는 것(*distrahere*)"과 양성을 "혼합하는 것(*confundere*)"이 모두 거부되었으며 칼케돈 신경의 교리가 충실히 계승되었다(*Inst.*2.14.4). 이러한 입장을 견지하면서 칼빈은 양성이 서로 간에 자체로 교통한다는 루터란들의 속성교통론을 단호히 거부하였다(*Inst.* 2.14.1).

에도 불구하고 바로 그리스도의 인성 안에서 육체로(골 2:9), 본성상 그리고 어떤 불가해한 방식으로, 거하였기 때문이다.[7]

칼빈은 『기독교 강요』에서 중보자 그리스도의 인격을 다루면서, 그분께서는 하늘을 떠나지 않으시고 내려오셔서 마리아의 자궁에서 잉태되시고, 지상을 걸어 다니시고, 십자가에 달려 돌아가셨다고 말했을 때[8] 이는 위의 인용문과 그 신학적 궤를 같이한다. 중보자 그리스도께서는 신성의 속성을 다 유지하시면서도 인성의 속성을 다 지니시지만 죄는 없으시다. "그리스도께서는 중보자의 직분을 성취하시기 위하여 사람이 되셔야 했다."[9] "그리스도께서는 인간의 육체의 진정한 실체를 취하셨다."[10] 그분께서는 인성의 연약함을 지니셨고, 영혼의 정서를 보이셨고, 자신과 성도들을 형제라고 칭하셨다. 특히 인자라는 이름을 자신의 비하(卑下)와 승귀(昇貴)와 관련하여 사용하심으로써 구속을 위하여 성육신이 필연적임을 계시하셨다.[11] 로마서 1:3 "그의 아들에 관하여 말하면 육신으로는 다윗의 혈통에서 나셨고" 라는 구절을 주석하면서 칼빈은 중보자 그리스도의 구속 사역을 양성의 위격적 교통 가운데 설명한다.

> 신성과 인성은 우리가 그리스도 안에서 구원을 얻으려면 그분 안에서 찾아야 할 필수적인 두 가지이다. 그분의 신성은 능력, 의, 그리고 생명을 지닌다. 이러한 것들이 그분의 인성 안에서 우리에게 교통된다.[12]

---

7) *Inst.* 4.17.30.
8) *Inst.* 2.13.4.
9) *Inst.* 2.12의 제목.
10) *Inst.* 2.13의 제목.
11) 성육신의 구속사적 의미에 대해서, Robert A. Peterson, *Calvin's Doctrine of the Atonement* (Phillipsburg, NJ: Presbyterian and Reformed Publishing, 1983), 11-26.

위격적 연합은 중보자 그리스도의 사역 방식을 제시한다. 칼빈은 위격적 연합을 통해서만 양성의 교통이 있음을 주장하여 개혁주의 속성교통론의 교리적 기초를 확고하게 수립하였다.[13] 칼빈에게 있어서 성육신은 위격적 연합으로 설명된다.

> 영원 전에 아버지로부터 나신 말씀이 위격적 연합으로 인간의 본성을 취하셨다(*sermo ante saecula ex patre genitus, unione hypostatica naturam humanum susceperit*).[14]

이러한 성육신의 필연성이 위격적 연합 가운데서의 대속 사역에 의해서 확증된다.

> 우리 주님은 아담의 자리에서 하나님께 복종하시기 위해서 참 사람으로 나타나셨고, 아담의 인격을 입으셨고, 그의 이름을 취하셨다. 이는 우리의 육체를 하나님의 의로운 심판을 위해서 무름의 값(*in satisfactionis pretium*)으로 제시하시면서, 우리가 마땅히 받아야 할 죄 값을 동일한 육체 가운데서

---

12) *Com. on Rom.* 1:3. 이하 주석은 John Calvin, *New Testament Commentaries*, ed., D. W. Torrance and T. F. Torrance (Grand Rapids: Eerdmans, 1960?1972)을 사용. *Com.* 성경 장.절로 표기.

13) 칼빈은 위격적 연합 교리에 기초한 속성 교통(*communicatio idiomatum*)을 주장함으로써(Inst. 2.14.1-3) 그리스도의 비하와 승귀를 그리스도의 양성적 중보론에 입각해서 일관적으로 다룬다. Cf. Joseph N. Tylenda, "Calvin's Understanding of the Communication of Properties," *Westminster Theological Journal* 38/1(1975), 54-65. 칼빈의 이러한 입장은 찰스 하지와 헤르만 바빙크에 의해서 더욱 체계적이며 변증적으로 제시된다. Charles Hodge, *Systematic Theology*, vol. 3. rep. (Grand Rapids: Eerdmans, 1995), 387-97; Herman Bavinck, *Reformed Dogmatics*, vol. 3, *Sin and Salvation in Christ*, ed. John Bolt,tr. John Vriend (Grand Rapids: Baker, 2006), 258-259, 276, 304-19.

14) *Inst.* 2.14.5.

지불하고자 하심이었다. 요약해서, 하나님으로서 홀로 죽음을 느낄 수 없고, 사람으로서 홀로 그것을 극복할 수 없기 때문에, 그는 인간의 본성에 하나님의 본성을 하나로 연합하셔서 죄를 대속하기 위해서 인성의 약함을 죽음에 내어 주고자 했으며, 신성의 능력으로는 우리를 위해서 죽음과 씨름 하시면서 승리를 얻고자 하셨다.[15]

예시되듯, 그리스도의 대속 사역은 위격적 연합에 따른 중보자 그리스도의 인격 이해에 기초하고 있다. 『기독교 강요』에서 칼빈은 성육신한 중보자 그리스도에 대한 말씀들은 다양한 표현에도 불구하고 항상 위격을 통한 신인 양성의 교통 가운데 이해되어져야 함을 적시한다.[16] 첫째, 신성의 고유한 속성만을 표현하는 말씀들도 양성의 위격적 연합의 관점에서 읽어야 한다. 예컨대 주님께서 아브라함이 나기 전에 계셨다는 말씀(요 8:58)은 그분께서 하나님의 아들로서 영원하심을 계시한다. 그러나 이 말씀은 위격적 연합 가운데 다음과 같이 이해된다: 성육신하시므로 참 하나님이시자 참 사람이신 그리스도께서 신성에 따라서 아브라함이 나기 전에 계셨다. 둘째, 인성에 고유한 속성만이 표현된 말씀들도 양성의 위격적 연합의 관점에서 읽어야 한다. 예컨대, 주님께서 십자가에서 못 박히시고(마 27:35) "사람의 피"(마 27:24)를 쏟으시고 죽으신 것(마 27:50)은 인성에 고유한 속성을 드러낸다. 그러나 우리는 이를 참 하나님이시자 참 사람이신 그리스도께서 인성에 따라서 고난 당하셨다는 뜻으로 수납해야 한다. 셋째, 신성에 고유한 속성과 인성에 고유한 속성을 함께 표현하는 본문들도

---

15) *Inst.* 2.12.3.
16) Cf. Paul van Buren, "The Incarnation: Christ's Union with Us," in Donald K. McKim, ed., *Readings in Calvin's Theology* (Grand Rapids: Baker, 1984), 138–41.

위격적 연합에 따른 속성 교통으로 받아야 한다. 예컨대, "하나님이 (신성) 자기 피로(인성) 사신 교회"(행 20:28), "영광의 주를(신성) 십자가에 못 박지(인성) 아니하였으리라"(고전 2:8)는 말씀들이다.

하나님께서는 피가 없으시며, 수난을 받을 수도 없으시며, 손으로 만질 수도 없는 분이시다. 하나님께서는 죽으실 수 없으시다. 수난성(受難性, passibility)은 인성에 속한 것이다. 그런데 인성은 사람에게 고유한 속성을 포괄할 뿐 고난의 주체가 될 수는 없다. 고난의 주체는 위격, 즉 예수 그리스도 자신이시다. 수난성은 인성에 속한 것이나 수난 받으시는 분은 예수 그리스도, 즉 위격이시다. 그런데 인성에 따라서 고난 받으시는 위격에는 신성이 항상 함께 있다. 그러므로 그리스도께서는 인성과 신성의 연합 가운데 인성에 따라서 고난 받으신 것이다. 즉 참 하나님이시며 참 사람이신 그리스도께서 우리를 위하여 십자가에 못 박혀 피를 흘리고 죽으셨다. 고난당하심은 인성에 따른 것이었다. 다만 그것은 위격적 연합에 따른 양성의 교통에 의해서 신성에 "돌려진다(*transferuntur*)." 마리아가 "주의 어머니"(눅 1:43)로 불림이 이렇게 이해된다.[17]

동일하신 그분 자신께서 하나님이시자 사람이셨으므로, 양성의 연합으로 말미암아 한 성에 속한 것을 다른 성에 주시고자 하셨다(*quia ipse idem erat Deus et homo, propter duplicis naturae unionem alteri dabat quod erat alterius*).[18]

---

17) *Inst.* 2.14.4. 성경 말씀들이 다양한 표현에도 불구하고 중보자 그리스도의 양성의 위격적 교통을 제시하므로, 이를 "축어적 교통(*inspiratio verbalis*)"이라고 부른다.
18) *Inst.* 2.14.2.

칼빈에게 있어서, 위격적 연합에 따른 속성 교통론은 성찬에 있어서 그리스도의 임재에 대한 성례적 이해에서 정점에 달한다. 성찬은 그리스도와 연합한 성도가 그분과 계속적으로 교통하는 표라는 측면에서 그리스도의 계속적인 양성적 중보를 확증하는 중요한 논거가 된다. 부활로써 육체에 불멸성이 부여되었으나, 그것의 고유한 속성이 제거된 것은 아니다. 그리스도께서는 부활과 승천 후에도 인성에 따라서는 "지역적으로(*localiter*)" 현존하신다. 성도가 공간적으로 떨어져 있는 그리스도의 몸을 받게 됨은 "성령의 은밀한 능력(*arcana virtus*)"으로 말미암는다. 부활과 승천으로써 그리스도께서는 인성에 따라서 육체가 지상을 떠나셨다. 이는 성령의 능력으로 우리 가운데 그 육체의 "영적인 현존"을 이루기 위해서였다.[19]

성령의 은밀한 능력으로 중보자 그리스도의 신성과 인성은 각각 고유한 성의 속성을 유지한 채로 서로 교통한다. 속성 교통은 그 자체로 대리적 속죄의 은혜를 계시한다. 그리스도의 비하에는 인성이 당하는 고유한 고난과 신성 가운데 그것을 참으심이 내포된다. 그리스도의 대속은 오직 위격적 연합 가운데서의 사역을 통해서만 성취된다. 그리스도께서 아들이심에도 불구하고 통곡과 눈물로 기도를 드리시고, 고난을 받음으로써 순종함을 배우시고, 경건하심으로 응답을 얻은 것은 이러한 위격적 연합 가운데서의 양성의 교통을 통한 고난의 감수로 이해된다.

칼빈은 사복음서를 주석하고 설교하면서 그리스도의 위격과 사역을 이러한 관점에서 설명하고 있다. 우리가 "그리스도의 경건"을 말할 수 있다면 오직 이러한 측면일 것이다.

---

19) *Inst.* 4.17.10; 4.17.28.

3. 하나님의 아들이 사람이 되셔서 사람들의 죄를 대신 지심

성육신 교리 자체가 그리스도의 비하의 한 양상을 보여준다. "예수"라는 이름은 영원하신 하나님의 아들이 "육체의 옷"을 입고 이 땅에 오신 목적을 계시한다. 하나님의 아들이 사람이 되셔서 구원의 사역을 다 이루심으로써 자신을 믿는 사람들의 머리가 되셔서 한 몸인 교회를 이루고자 하셨다.[20] 하나님의 아들께서 인성을 취하심으로써 자신의 호의를 우리에게 베푸실 뿐만 아니라 우리를 자신과 연합시키고자 하셨다. 성육신 하신 그리스도께서 "임마누엘"이라는 이름으로 불리심은 그분의 육체 가운데 하나님의 현존이 가시적으로 임했기 때문이다. 하나님의 아들께서 자신을 낮추셔서 사람으로 오심은 자신의 몸을 제물로 드려서 우리와 영원히 함께 하시기 위해서였다. 그리스도께서는 인성이 신성과 혼합되지 않는 양성의 연합 가운데서 대속 사역을 이루심으로써 성도가 신화(神化)되지 않고 사람인 채로 하나님과 하나가 되는 은혜를 누리는 길을 열었다. 그리하여 피조물의 자리에서 영화되어 하나님을 섬기는 참 경건의 목적을 제시했다.[21]

예수께서 세례 받으신 후 하나님께서는 그분을 "사랑하는 아들"이요 "기뻐하는 자"라고 부르셨다. 이는 아들이 아버지의 뜻에 순종하셨기 때문이다. 아버지의 뜻은 아들이 자신의 몸을 거룩한 제물로 바치는데 있었다. 육체 가운데 세례를 받으심으로써 아들은 자신을 우리와 동등시하셨다. 자신의 중보사역을 이루기 위하여 아들은 성령의 새로운 능력을 받았다. 아들에게는 신성의 충만함이 육체로 거하신다 (골 2:9). 그분께서는 영원하신 하나님의 아들로서 신적 권능을 지니

---

20) *Com. on Matt.* 1:21.
21) *Com. on Matt.* 1:23.

셨다. 그렇다면 왜 주님께서 세례를 받으셔야 했는가? 칼빈은 이를 양성의 위격적 교통에 근거하여 설명한다. 그리스도께서는 "육체에 현현하신 하나님(*Deus manifestatus in carne*)"이시다. 그분께서 신인양성의 연합 가운데 인성에 따라서 세례를 받으셨다. 그리하여서 우리의 자리에서 죄를 지고 가심으로써 우리의 첫 열매 곧 머리가 되고자 하셨다. 그분께서 인성에 따라서 성령을 받으셨으므로 우리도 그 자리에 서게 되었다. 주님의 경건은 아들의 자리에서 아버지의 뜻에 순종하여 충만한 신성으로 계시나 인성에 따라서 세례를 받으시고 성령을 부음 받으셨다.[22]

주님께서 광야에서 시험 받으신 것도 같은 맥락에서 설명된다. 칼빈은 이러한 시험의 본질이 중보자의 신인양성의 위격 자체를 해소하고자 함에 있다고 간파하였다. 사탄은 주님께서 신성을 사용하여 인성에 고유한 연약함을 넘어서도록 유혹하였다. 이 땅에 오신 주님께서는 비록 인성의 연약함 가운데 계셨지만 신성의 영광을 여전히 지니셨다. 그러나 인성의 연약함이 신성의 전능함에 의해서 대체되거나 변화될 수는 없었다. 왜냐하면 이는 대속적 무릎을 위하여 합당하지 않기 때문이다. 주님께서는 인성에 따라서는 피조물의 속성에 부합하는 연약함을 겪으셨다. 이러한 자리에서 아버지의 뜻에 순종하는 것이 그리스도의 경건이라고 할 것이다.[23]

칼빈은 예수 그리스도께서 중보자로서 죄를 사하는 권세를 가지셨음을 위격적 연합 교리로써 이해한다. 그리스도께서는 "그분의 인격 가운데(*in eius persona*)," 즉 참 하나님과 참 사람으로서 신성에 따라서 병을 고치시고 죄를 사해 주셨다. 사람들이 주님의 죄사함을 기

---

22) *Com. on Matt.* 3:16-17; 17:5.
23) *Com. on Matt.* 4:1-11.

이하게 여긴 것은 그분께서 육체 가운데 오신 하나님이시라는 것, "그분의 육체에 결합된 하나님의 존엄(*Dei maiestas cum carne coniuncta*)"이 있다는 것을 아직 몰랐기 때문이다. 그들은 주님께서 죄사함의 권능을 보이실 뿐만 아니라 그것을 "조성하시는 분(*autor*)"이라는 사실을 아직 몰랐다.[24] 오직 매고 푸는 권세는 주님께 있다. 제자들은 주님의 이 일을 위하여 사역자들로서 세워졌다.[25] 예수께서는 죄사함의 권세를 지니신 분으로서 스스로 죄인의 자리에 섰다. 그분께서는 스스로 선하신 분이셨다. 오직 선한 분은 한 분이라고 주님께서 말씀하셨을 때 이는 청년을 개도하여 자신의 가르침에 대한 권위를 알리고자 함이었다. 오히려 그곳에서 주님께서는 "자신의 신격의 본질"을 확증하셨다.[26]

주님께서는 찬양과 예배를 받으실 하나님이시지만 자신을 낮추사 우리에게 맞추어 주셨다. 이 땅에 오신 예수께서는 자신을 일상적 삶에 맞추셔서 세리와 죄인의 친구로서 함께 먹고 마시셨다. 이러한 모습 가운데 그분께서는 "진정한 신적인 절제"를 유지하셨다.[27] 그리스도께서는 천지의 주재이신 아버지의 뜻에 따라서 가장 낮은 자리로 내려가서 연약한 자들을 이끌어 올리고자 하셨다.[28] 아버지께서 아들을 아심이 아들의 지식이 된다. 아버지께서 아들을 아심은 우리에게 자신을 드러내기 위하심이다. 아들께는 신성의 충만함이 육체로 거한다. 그리하여서 "그분의 인격 가운데(*in eius persona*)," 참 하나님이시자 참 사람으로서 인성에 따라서 "아버지의 살아있는 형상"을 계시

---

24) *Com. on Matt.* 9:6-8.
25) *Com. on Matt.* 18:18.
26) *Com. on Matt.* 19:17.
27) *Com. on Matt.* 11:19; *Lk.* 7:34.
28) *Com. on Matt.* 11:25-26.

하신다. 그러므로 아들 자신이 아버지의 계시가 되신다. 성도의 경건이 위로부터 계시를 수납함에 기초하고 있을진대, 그 경건의 기원은 아버지의 계시인 아들에 있다.[29]

예수 그리스도의 경건을 통해서 성도가 경건에 이르게 함이 성부의 뜻이라는 사실은 안식일 기사에 관한 칼빈의 주석에서도 강하게 제시된다. "인자는 안식일의 주인이니라"라는 말씀으로써 주님께서는 자신의 구원사역의 열매가 영원한 안식에 있음을 선포하신다. 안식일에 병자를 고치는 것이 가한 것은 그것이 "하나님의 일"이기 때문이다. 그러므로 안식일의 계명은 그 날에 그저 쉬는 것이 아니라 "경건의 의무"를 다할 것을 명령한다. 주님께서 "입법자의 마음"에 합한 경건의 모범을 보이심으로써 성도가 마땅히 할 바를 가르치셨다.[30]

주님의 기도에 대해서 주석하면서 칼빈은 위격적 연합 교리의 핵심을 제시한다.

> 중보직의 양면을 성취하기 위해서 그리스도께서는 참 하나님과 참 사람으로서 자신을 드러내시고, 필요한 한에 있어서 양성에 대한 증거를 주신다. 비록 그분께서는 자신의 능력 가운데 모든 것을 주장하시지만, 가식이 아니라 인간의 사랑이라는 순수한 심정을 가지고 우리를 위하여 기도하심으로써 자기 자신을 사람으로 드러내셨다. 이런 측면에서 그분의 신적인 위엄은, 비록 종국적으로는 그 자체의 질서에 따라서 표출되었지만, 어떤 의미에서 잠잠하셨다.[31]

---

29) *Com. on Matt.* 11:27.
30) *Com. on Matt.* 12:1–13; *Mk* 2:24; *Lk.* 14:1–6.
31) *Com. on Matt.* 14:23.

4. 참 하나님이시자 참 사람이신 주님께서 인성에 따라서 고난당하심

말씀을 전하는 자는 주님의 부활의 영광과 그분의 죽으심의 불명예를 함께 전하여야 한다. 주님께서는 자신의 죽음이 가까워 올수록 제자들에게 자신이 하나님의 아들이시라는 사실과 함께 이 땅에 육체를 입고 오신 인자라는 사실을 부각시키셨다. 비하와 승귀가, 고난을 당하심과 영광을 받으심이, 종이 되심과 주가 되심이, 내려오심과 올라가심과 지금 우편에서 다스리심이 함께 예언되었다. 칼빈은 이를 위격적 연합 가운데서의 양성의 교통으로 설명한다.[32] 주님께서는 영의 능력으로 부활하시기까지 육체의 연약함으로 죽음 가운데 계셨다.[33] 주님께서는 당하신 고난으로 말미암아 살아계신 하나님의 아들로서 그리스도가 되신다.[34] 주님께서는 자원해서 죽음에 복종하셨다. 주님의 육체는 죽음과 장사되심으로부터 면제될 수 있었다. 제자들에게 보이셨듯이, 그분의 몸은 변형됨으로써 이미 하늘의 영광에 참여하고 있었기 때문이다. 주님의 연약한 육체에는 신성의 엄위와 존귀가 이미 함께 있었다. 그분께서 그 육체 가운데 죽음을 죽으시고, 일정 동안 죽음 가운데 계신 것은 오직 그분 자신의 자유로운 의지에 따른 것이다. 아들은 자원하여 아버지의 뜻에 매이신다. "주님께서는 비하의 전 과정에서 그가 하나님으로서 행한 모든 것을 아버지께 돌리셨다. 그리고 자신의 예에 따라서 우리가 기도하기를 원하셨다."[35]

---

32) *Com. on Matt.* 22:41-46.
33) *Com. on Matt.* 16:21.
34) *Com. on Matt.* 16:16.
35) *Com. on Matt.* 17:1-3.

주님께서는 겟세마네 동산에서 자신의 죽음에 대해서 고민하고 슬퍼하셨다. 이러한 영혼의 고통을 관념적으로 파악하여 신성에 따라서 체험된 것으로 여기지 말아야 한다. 칼빈은 우리가 주님의 근심과 슬픔을 부끄러워한다면 우리의 구원은 단지 거추장스러운 것이 될 뿐이라고 지적한다. 주님께서는 인성에 따라서 죽음을 두려워하셨지만 그것이 아버지의 뜻을 거스르는 죄의 정서를 조장하지는 못했다. "이 잔을 내게서 지나가게 하옵소서" 라고 기도하신 것은 인성 가운데 극도의 고통을 느끼는 자신의 심정을 토로한 것일 뿐 그 마음은 아버지께서 원하시는 대로 행하시기를 오히려 기원함에 있었다. 신성과 인성이 함께 연합되어 있으므로, 주님께서는 인성에 따라서도 죄에 현혹되지 아니하고 "절제의 법으로 평화로움을 유지하셨다." 칼빈은 여기서 두 교부를 인용한다. 암부로시우스는 겟세마네 동산의 주님께서 영적인 고통을 토로하신 기사를 다음과 같이 해석한다.

> 여기에는 어떤 변명의 여지가 없다. 참으로 나는 주님의 경건과 위엄보다 더욱 놀라운 것을 어디에서도 발견할 수 없다. 그분께서 나의 고통을 가져가시지 않았다면 그분께서는 나를 위하여 행하신 일이 더욱 적어졌을 것이다. 자기 자신을 위해서는 전혀 슬퍼하실 것이 없는 분께서 나를 위하여 슬퍼하셨다. 그분께서는 나의 연약함이라는 낯선 것을 느끼시기 위해서 그분의 영원한 신격의 즐거움을 옆으로 밀어 두셨다. 나는 그분의 십자가를 설교하므로 이 슬픔에 대해서 담대히 말한다. 그분께서는 성육신의 외양이 아니라 그 실재를 취하셨다. 그분께서는 슬픔을 이기시기 위하여 근심을 품으시고, 그것을 숨기지 않으셨다. 상처를 받았으되 다치지 않은 사람들은 이러한 강인함을 찬양할 줄 모른다.[36]

---

36) *Com. on Matt.* 26:37-38.

주님께서는 신성의 "위엄"과 인성의 "경건"을 함께 지니고 계셨다. 그 가운데 고민하고 슬퍼하셨다. 암부로스의 이러한 입장은 중보자 그리스도의 위격적 연합을 통한 양성의 교통을 드러낸다. 키릴은 이를 더욱 직접적으로 표현한다.

> 당신은 심지어 그리스도 자신 안에서의 인성이 어떻게 그 자체의 고난과 두려움을 겪는지 본다. 그러나 그 인성은 말씀과 연합함으로 하나님께 합당한 견고함으로 되돌아간다. ... 육체에 관한 한, 그리스도께 죽음은 자발적이지 않았다. 그러나 아버지의 뜻에 의해서 구원과 생명이 모든 사람들에게 주어짐으로 그것은 자발적이었다.[37]

이로써 칼빈은 그리스도께서 당하신 사망이 육체적 고통과 영적 고통을 모두 포함하고 있다는 사실과 그분께서 그러한 고통을 위격적 연합 가운데서의 양성의 교통을 통하여서 자원적으로 받아들이셨다는 사실을 함께 강조하였다. 여기에서 일의론자들(*Monothelites*)의 입장이 거부된다. 주님 안에는 신적 의지와 인간의 의지가 함께 있다. 양자는 상호 충돌되거나 모순되지 않는다.[38]

사람들은 십자가에 달리신 주님을 향하여 그가 하나님의 아들이거든 십자가에서 내려오라고 조롱하였다. 그들은 이 땅에 육체를 입고 오셔서 십자가에 달리신 그분께서 영원하신 하나님의 아들이심을 시험하였다. 주님께서는 신격을 포기하신 적이 없으시다. 19세기 말의 케노시스주의자들은 위격적 연합 가운데 신인양성의 위격을 통한 교통을 말하지 않고 신성이 인성으로 직접적으로 교통한다고 보았다.

---

37) *Com. on Matt.* 26:37-38.
38) *Com. on Matt.* 26:39.

그리하여서 그들은 이 땅에 오신 주님께서는 신성을 혹은 일부, 혹은 전부 포기하시고 취하셨다고 주장하였다. 그러나 인성에 따라서 십자가에 달리신 주님께서는 참 사람이시며 참 하나님이셨다. 위격적 연합에 따라서 하나님의 아들이 십자가에 달리셨다고 우리는 고백한다.[39] 주님께서는 우리의 구원을 위하여 전인적인 고통을 당하셨다. 자신을 죽음에 내 주심으로써 죽음을 이기고자 하셨다. 인성에 따라서 영혼과 육체 가운데 죽음을 죽으시고 신성에 따라서 성령의 능력으로 그 죽음을 죽이셨다. 그분께서 전인적으로 고통을 당하여서 전체적으로 우리의 "무름(satisfactio)"이 되셨다. "그분께서는 하나님과의 화목의 값으로 자신의 몸을 주셨을 뿐만 아니라 우리에게 마땅한 모든 고통을 자신의 영혼 가운데 지셨다."[40] 주님께서 침묵하셨으므로 우리가 그분의 복음을 자랑하게 했으며,[41] 온갖 수모와 불명예를 당하시므로 우리가 하늘 영광에 참여하게 하셨다.[42] 십자가가 우리를 위한 "영광의 전차(戰車)"가 되었다.[43]

5. 신인양성의 위격적 연합 가운데 계속적으로 중보하심

그리스도의 왕국은 지상에서 시작되었다. 승천 하신 후 주님께서는 자신의 영을 내려주심으로써 교회와 만물을 다스리신다. 다만 그분의

---

39) *Com. on Matt.* 27:40.
40) *Com. on Matt.* 27:46.
41) *Com. on Matt.* 27:12.
42) *Com. on Matt.* 27:15.
43) *Com. on Matt.* 23:16.

신적인 영광은 아직 우리에게 감추어져 있다. 하나님께서는 보좌 우편에 계신 주님의 손을 사용하셔서 모든 일을 이루신다.[44) 그리스도의 죽음으로 말미암아 성도가 참 성소에 이르는 길이 열리게 되었다. 구약의 "예표적 의식(*umbratilis cultus*)"이 이제는 폐지되었다. "영원하신 성령으로 말미암아 흠 없는 자기를 하나님께 드린 그리스도의 피"가(히 9:14) 역사함으로써 어둠의 백성들이 구원의 빛으로 다시 살아나게 되었다.[45) "그리스도의 인격 가운데" 육체의 연약함이 신적인 권능과 영광으로 드러났다. 즉 죽음이 죽음을 죽이는 죽음으로서 역사하였다. 이러한 뜻에서 칼빈은 죽음으로부터 시작된 생명이 부활로 완성되었다고 하였다. 이는 위격적 연합 가운데서의 신인양성의 교통으로써 우리에게 수납된다. 주님께서는 죽음으로써 생명에 이르는 경건의 길을 제시하셨다. 그분께서 우리의 첫 열매가 되셔서 우리도 그러한 삶을 좇아가게 하신다.[46)

그리스도의 중보는 구약 시대에도 계속되었다. 다만 당시 주님께서는 오직 신성 가운데 제2위 하나님으로서 자신에게 고유한 일을 감당하셨다. 성육신 이후 주님께서는 자신의 육체 가운데 모든 구속의 의를 다 이루셨다. 창세전에 작정된 삼위 하나님의 구속 협약에 따라서 주님께서는 자기 자신을 죄의 값으로 치루셨다. 그리고 값으로 사신 의를 자신의 영으로써 우리에게 부어주셨다. 그리하여 우리 밖에서(*extra nos*) 그리고 우리 안에서(*in nobis*) 역사하시는 중보자가 되셨다. 주님께서 중보하시므로 성도들은 언약 백성으로서 구원을 확신하며, 영의 소욕을 좇는 삶을 추구하며, 영적인 예배와 헌신을 다하는

---

44) *Com. on Matt.* 26:64.
45) *Com. on Matt.* 27:51.
46) *Com. on Matt.* 27:52.

자리에 서게 된다. 곧 신인양성의 중보를 지금도 계속하시는 그리스
도와 연합한 성도만이 그분을 좇는 삶을 살게 된다.[47]

주님의 영광이 재림의 때에 충만히 드러날 것이다. 우리는 지금 그
영광을 믿음으로 맛보지만 그 때에는 그 자체로 우리에게 전체적으로
계시되며 작용될 것이다.[48] 부활 후 주님의 몸은 후패하지 않는 육체
를 입지만 인성의 속성이 없어진 것은 아니다. 그분께서는 "진정한
몸"으로 계신다. 그리스도께서 "우리를 위하여" 육체로 부활하셨다.
하나님께서 인류를 지으신 목적은 그들이 영혼과 육체 가운데 자신의
백성으로 영원히 살고자 하심에 있었다. 그러므로 최고의 복은 영혼
과 육체를 아우르는 몸의 구원에 있다.[49]

성찬에 있어서 떡과 잔의 표징이 의미하는 의미(*significatio
significata*)로서 그리스도의 몸은 성령의 임재와 함께 우리에게 영적
인 양식이 된다. 승천하신 주님께서는 인성에 따라서 그 몸이 하늘에
계신다. 그분의 몸이 신성의 속성이 주입되어 "하늘 너머에(*supra
coelos*)" 편재하게 된 것이 아니다. 그분의 몸은 여전히 인성의 속성
가운데 "공간적으로(*localiter*)" 현재(顯在)한다. 그러므로 성찬의 신
비는 오직 양성의 위격적 연합 가운데서만 수납될 수 있다. 인성에 따
라서 하늘의 어느 곳에 계시는 참 하나님이시자 참 사람이신 중보자
예수 그리스도께서 성령의 능력으로 자신의 몸을, 오직 믿음으로 그
것을 받는 사람에게만 주신다.[50] 이렇듯 주님께서는 포도나무요 우리
는 가지로서 그분께서 주시는 수액으로 자라게 된다.[51] 그리스도의 경

---

47) *Com. on Lk.* 24:27.
48) *Com. on Matt.* 23:39; 25:31.
49) *Com. on Lk.* 24:39.
50) *Com. on Matt.* 26:26-30
51) *Com. on Jn.* 15:1-7.

건은 아버지의 뜻에 따라서 자신의 몸을 우리를 위하여 제물로 주심에 있다. 성령의 임재로 영적인 먹음(*manducatio spiritualis*)이 이루어짐으로써 성도가 자라가는 표가 성찬으로 기념된다.[52]

"중보자로서의 그분의 인격 가운데," 보좌 우편에 계신 그리스도께서는 자신에게 마땅히 속한 것을 우리의 육체 가운데 허락하신다.[53] 주님께서 다 이루신 의를 우리에게 전가해 주시는 방식이 성령을 부어주심이다. 주님께서 육체로 이루신 것이 성례의 말씀 가운데 성령의 역사로 작용한다. 이러한 구원의 표가 세례로서 제시된다.[54] 주님께서는 자신의 영의 임재 가운데 우리와 함께 영원히 거하시면서 자신의 계속적 중보의 신비를 내적으로 확증한다.[55] 그리하여서 우리가 살되 그분의 삶을 살게 하신다.

6. 결론: "그의 경건하심으로 말미암아"

그리스도의 중보 사역은 신인양성의 연합 가운데 수행되었다. 부활 전과 후에 있어서 주님의 존재 방식은 변하지 않았다. 성육신 이후 제

---

52) 성찬에 있어서의 그리스도의 현존(*praesentia*)을 그분의 인격에 있어서의 위격적 연합을 통한 양성의 교통에 따라서 다룬 례는 피터 마터 벌미그리(Peter Martyr Vermigli)에 있어서 현저하다. 다음 두 책을 참조. Peter Martyr Vermigli, *Dialogue on the Two in Christ, tr. & ed. John Patrick Donnelly, S. J., The Peter Martyr Library Series One* (Kirksville, MO: Sixteenth Century Essays & Studies, 1995); *Oxford Treatise and Disputation on the Eucharist, 1549, The Peter Martyr Vermigli Library Volume Seven*, tr. Joseph C. McLelland (Kirksville, MO: Sixteenth Century Essays & Studies, 2000).
53) *Com. on Matt.* 28:18.
54) *Com. on Matt.* 28:19.
55) *Com. on Matt.* 28:20; *Mk.* 16:19-20.

2위 하나님의 아들의 위격은 오로지 신인 양성의 연합으로서만 존재하신다. 주님께서 우리의 죄를 무르심은 단지 우리의 죄에 대한 값을 치르시는데 그치는 것이 아니라 우리가 그분의 공로에 의지하여 그렇게 살 수 있는 자리에 서게 하신다. 중보자 그리스도의 위격적 연합 교리가 성도의 그리스도와의 연합에 대한 가르침에 이르게 되는 소이가 여기에 있다.

그리스도께서는 멜기세덱의 반차에 따른 제사장–왕이로되 자기 자신을 단번에 영원한 제물로 드리신 분이셨다. 제사장(*sacerdos*)이시자 제물(*hostia, sacrificium*)로서 주님께서 구속 사역을 다 이루셨으므로 이제 자신을 영으로 주심으로써 다스리시는 왕이 되셨다. 주님의 왕직은 자신을 주심에 있다.

> [중보자 그리스도의] 통치의 원리는 그가 아버지로부터 받은 모든 것을 우리와 함께 나눈다는데 있다. 지금 그는 그의 능력으로 우리에게 갑옷을 입히시고 병기를 들려주시며 그의 아름다움과 장엄함으로 우리를 장식하시고 그의 부요함으로 우리를 부요하게 하신다.[56]

주님께서 다스리심의 정점(*culmen*)은 자신의 영을 부어주심에 있다. 그리스도의 영을 받은 사람은 자녀 된 자로서 "함께" 상속자가 되어 그분과 "함께" 영광을 받기 위하여 "함께" 고난도 받는다(롬 8:9, 11, 17). 그리스도께서 경건하심으로 의를 다 이루시고 우리의 본이 되셨다. 이제 우리는 그분의 의를 전가 받아서 그분을 닮는다.

---

56) *Inst.* 2.15.4.

히브리서 주석에서 칼빈은 그리스도께서 하늘 성소에서 우리를 위하여 중보하심은 그분께서 우리의 육체를 입으시고 그것을 거룩한 성소로 삼으시고 자신의 몸을 그 가운데서 우리를 위한 무름으로 주셨기 때문이라고 해석한다.[57] 그리고 그 희생이 영원한 무름의 효력을 가지게 됨은 영원하신 성령을 내려주심으로써 우리를 위하여 중보하시기 때문이라는 점을 분명히 적시한다.[58] 히브리서 5:7-10을 주석하면서 칼빈은 주님께서 고난을 당하신 이유를 두 가지로 설명한다. 첫째로, 이는 그리스도께서 순종을 배우기 위함이시다. 주님께서는 아버지의 뜻에 따라서 모든 삶을 살았으며 마지막에는 자기 자신을 죽음의 육체적이며 영적인 고통에 내주셨다. 이러한 삶과 죽음이 전체적으로 우리를 위한 주님의 의가 되었다. 이를 히브리서 기자는 주님의 "경건하심"이라고 기록했다. 둘째로, 주님께서 고난을 당하신 이유는 우리의 구원을 위한 것임이 지적되었다. 여기에서 구원은 살아남과 살아감을 다 포함한다. 즉 새로 난 사람으로서 새로운 삶을 사는 것을 총체적으로 이른다. 곧 성도의 경건한 삶을 지칭한다. 성도에게 있어서 이러한 경건의 삶의 전형이 바로 기도로 제시된다. 주님께서 신인양성의 위격적 연합 가운데 기도를 올리심으로써 구원의 의를 이루셨듯이 성도 역시 주님을 본받는 삶을 살아야 한다. 이렇듯 경건에는 그리스도의 의의 전가가 선행되어야 한다.[59]

칼빈은 주님의 생애에 대한 자신의 설교에서 "복음의 실체는 하나님의 아들의 인격 안에서 이해되어야 한다"고 천명한다. 이는 이 땅에 오신 중보자 그리스도의 인격과 사역에 있어서의 신인양성의 교통

---

57) *Com. on Heb.* 9:11.
58) *Com. on Heb.* 9:13-15.
59) *Com. on Heb.* 5:7-10.

이 위격적 연합의 교리로써 파악되어야 함을 지적한 것이다.[60] 성육
신을 다루면서 이 땅에 오신 그리스도께는 시작이 있으나 없다고 설
교한 것도 같은 맥락에서이다.[61] 예수님께서는 신적인 엄위를 지니신
채로 자신을 비우셨다고 하여, 근대 이후 주장된 왜곡된 케노시스 이
론이 분명히 잘못되었음을 우리에게 말해주는 설교도 또한 그러하
다.[62] 칼빈은 자신의 설교에서 그리스도의 승귀를 다루면서 그분께서
"자신의 성령의 능력으로" 권능을 행하셨음을 반복해서 강조한다. 부
활은 주님께서 우리를 위하여 다 이루신 모든 의가 죽음을 죽이는 죽
음의 권세가 있음에 대한 선포이며 승천과 재위는 주님께서 자신의
영을 부어주심으로써 "그분의 손을 우리에게 펼쳐서" 우리를 다스리
심에 대한 선포라고 하였다. 이러한 설교에 있어서 칼빈은 신성과 인
성의 위격 안에서의 교통 그리고 위격을 통한 교통을 특별히 강조한
다.[63]

　주님께서 자신의 인격에 있어서 위격적 연합 가운데서의 양성의 교
통에 따라서 친히 의를 다 이루시고 지금도 중보하시므로 성도는 그
분을 닮는 삶을 그분의 중보를 통하여서 살아간다. 개혁주의 신학자
들은 주님의 위격적 연합 가운데서의 양성의 교통이 속성, 사역, 은사
에 모두 미침을 말하였는데, 이는 그분과 연합한 성도가 그분과 "함
께" 경건한 삶을 살아갈 언약의 은혜를 제시한다. 주님께서는 "그분
의 인격 가운데" 자신을 낮추시고 오직 하나님만 선하다고 했으며[64]

---

60) John Calvin, *The Deity of Christ and Other Sermons*, tr. Leroy Nixon, rep.
　　(Audubon, NJ: Old Paths, 1997), Jn. 1:1(15, 17).
61) *Calvin, The Deity of Christ and Other Sermons*, Jn. 1:1(21–24).
62) *Calvin, The Deity of Christ and Other Sermons*, Lk. 2:1–14(36, 38).
63) *Calvin, The Deity of Christ and Other Sermons*, Matt. 28:1–10(193–96); Acts 1:1–
　　4(200); 1:6–8(230); 1:9–11(238–40).
64) Cf. Benjamin B. Warfield, "Jesus's Alleged Confession of Sin," in *The Works of
　　Benjamin B. Warfield*, vol. 2 (Grand Rapids: Baker Book Honse, 2003), 97–145.

신성 가운데 절제된 인성의 속한 삶을 사셨다.[65] 주님께서는 우리의 용모와 우리와 같은 연약함을 지니시고 그 지식과 지혜가 자라가는 인성에 따른 삶을 사셨다. 그러나 그분께서는 그 연약함 가운데서도 아버지의 뜻에 전적으로 순종하셨다.[66] 이러한 경건한 삶을 다 이루신 주님께서는 지금도 자신의 중보 가운데 그 경건하심을 보여주신다. 여전히 그분께서는 인성에 따라서 어느 곳에 계시면서 신성에 따라서 모든 곳에 계시는데 이는 이러한 그분의 경건의 일례가 된다. 성도는 주님께서 다 이루신 의를 먼저 전가 받고 그 의에 따라서 주님을 좇는 삶을 살게 된다. 주님의 구속사적 성취가 성도의 구원론적 은혜의 출발이 된다. 이러한 구속사적-구원론적 이해의 근저에는 중보자 그리스도의 위격적 연합 가운데서의 양성의 교통에 대한 인식이 전제된다.

Soli Deo Gloria in Aeternum!

---

65) David Foxgrover, "The Humanity of Christ: Within Proper Limits," in Robert V. Schnucker, ed., *Calviniana: Ideas and Influence of Jean Calvin* (Ann Arbor, MI: Sixteenth Century Essays & Studies, 1988), 93-105.
66) Bavinck, *Reformed Dogmatics*, vol. 3, *Sin and Salvation in Christ* (Grand Rapids : Baker Academic, 2006), 308-16.

성화의 관점에서 살펴본 칼빈의 경건

이 신 열 교수 (고신대학교)

1. 서론

칼빈은 그리스도인의 삶 전체를 떠나서 경건을 이해할 수 없다고 믿었다. 그는 경건이 "그리스도인의 삶의 시작이요, 중간이요 끝이다."라고 주장했다.[1] 그러나 칼빈은 자신의 신학작품들을 집필하면서 경건에 대하여 체계적인 서술을 전혀 시도하지 않았다. 이는 그가 경건을 신학의 특정한 주제로 이해한 것이 아니라 신학이 궁극적으로 추구하는 바가 경건이라는 신념에서 비롯된 것을 잘 드러낸다. 비록 경건이 종합적이며 체계적인 차원에서 다루어진 것은 아니지만 이는 그의 신학 전반을 포괄하는 중요한 개념이었다고 볼 수 있다.[2]

본 논문은 칼빈이 경건을 삶 전체에 관련된 것으로 이해하였다는 사실을 전제로 삼고 구원받은 하나님의 백성의 삶을 가장 포괄적으로

---

1) *CO* 52, 299(딤전 4:8 주석)
2) 이수영, "칼빈의 경건", 한국칼빈학회, 『칼빈: 칼빈, 그 이후 500년』(서울: 두란노아카데미, 2009), 21.

다루는 교리에 해당되는 성화(the doctrine of sanctification)를 중심으로 그의 경건에 대한 이해를 고찰하고자 한다. 왜냐하면 그에게 경건이란 거룩함과 결코 분리될 수 없는 개념이며 신자의 삶은 거룩함을 실천하는 삶이기 때문이다. 칼빈은 『기독교 강요』 초판 (1536)에서 "왜냐하면 그들은 거룩함으로 부름받았으므로 모든 기독교인의 전 생애는 경건을 실천해야 한다."고 주장했다.[3] 또한 1539년에 출판된 개정판에서 경건과 거룩함에 대해 다음과 같이 설명했다: "그러나 우리는 경건하고 거룩해야 한다. 왜냐하면 하나님께서 거룩하시기 때문이라는 사실을 상기시키는 것보다 더 나은 출발의 기초가 어디 있는가?"[4]

칼빈의 경건 이해를 성화론적 관점에서 고찰하기 위해 먼저 본 논문은 경건의 정의와 요소로부터 출발한다. 또한 경건의 반대 개념인 불경건을 고찰하는 가운데 인간이 범죄 타락을 '무질서'(disorder)라는 개념을 중심으로 파악하고자 한다. 칼빈의 이러한 인간 타락 이해에 근거해서 성화를 무너질 질서의 회복이라는 관점에서 조명하고 마지막으로 성화된 삶의 표지들을 고찰하는 가운데 경건에 대한 칼빈의 이해를 살피고자 한다.

2. 경건의 정의와 요소

칼빈은 『기독교 강요』 최종판 (1559)에서 경건(piety)을 다음과 같이 정의한다. "경건은 하나님에 대한 경외와 하나님에 대한 사랑이

---

3) *CO* 1, 196. *Cf.* 『기독교 강요』(1559), 3.9.12. 이하에 발행연도가 언급되지 않은 경우는 최종판을 가리킨다.
4) *CO* 1, 1124.

결합된 것을 말하는데, 이 사랑은 그의 은혜를 깨닫는데서 비롯된다.”[5] 이 정의에서 먼저 경건의 대상이 하나님이라는 사실을 파악할 수 있다. 『기독교 강요』 초판은 더 구체적으로 하나님 ‘아버지’가 경건의 대상임을 밝힌다.[6] 그렇다면 이 정의에서 경건은 하나님 아버지에 대한 두려움과 사랑으로 이해되었다고 볼 수 있다. 칼빈은 이를 달리 다음과 같이 표현하고 있다: “… 아무도 하나님을 아버지와 주로 알고 우리의 전부가 그분께 헌신하지 않는다면 경건하다고 간주할 수 없다.”[7] 즉 하나님을 아버지로 아는 지식은 경건의 출발점에 해당된다.[8] 하나님의 자녀된 주의 백성들이 영위해야 할 바람직한 삶의 방식에 관한 용어이다. 이는 구체적으로 하나님 아버지에 대한 자발적 순종으로 드러난다.[9] 왜냐하면 하나님은 자기 백성을 자신에게 강제적으로(by force) 이끄시는 것이 아니라 부드러움으로(by gentleness)로 하시기 때문이다.[10] 여기에서 하나님 아버지를 향한 사랑이 솟아나게 된다. 이런 맥락에서 경건과 사랑이 관련된 것으로 여겨졌으며 칼빈은 경건을 사랑의 뿌리로 표현하기도 하였다.[11] 거기에는 어떤 공포나 노예적 맹종이 있을 수 없다. 이 정의에 언급된 하나님에 대한 두려움도 이런 차원에서 이해되어야 한다. 칼빈은 이러한 두려움에 관해서 다음과 같이 설명한다: “나는 일반적으로 두려움을 경건의 감정

---

5) 『기독교 강요』, 1.2.1.
6) *CO* 1, 76: “ … talem patrem pietate ardentique amore sic colamus, ut nos totus eius obsequio devoveamus.”
7) *CO* 48, 223(행 10:2 주석): “… nec pius censeri quisquam potest, nisi qui Deum et patrem et dominum agnoscens ei se addicit.”
8) 『기독교 강요』, 2.6.4. Cf. *CO* 55, 445 (벧후 1:3 주석); *CO* 38, 96 (렘 10:25 주석).
9) 『기독교 강요』, 1.2.2.
10) *CO* 42, 463(호 12:7 주석). 존 H. 리스, 『칼빈의 삶의 신학』, 이용원 역 (서울: 한국장로교 출판사, 1996), 109.
11) *CO* 40, 312(겔 18:5 주석).

을 의미하는 것으로 이해한다. 이런 감정은 하나님의 의로우심과 공
명정대하심과 자비하심에 대한 지식으로부터 우리 안에 주어지게 되
는 것이다."[12] 이러한 두려움은 하나님을 온 세상을 지으시고 친히 다
스리시는 절대주권을 지니신 주님으로 생각할 때 발생하게 되는 경외
심을 뜻한다. 이는 믿음을 소유하지 않은 불신자들이 엄위하신 하나
님을 향해 품게 되는 심판에 대한 두려움과는 전혀 다른 것이다.[13] 이
두려움은 노예적 두려움을 뜻하는 것이 아니라 오히려 하나님의 뜻과
법을 어길 때 나타나는 두려움, 죄에 대한 두려움을 가리키는데 이는
하나님이 죄를 그 무엇보다도 미워하시는 분이라는 사실을 올바로 깨
달을 때 주어지는 두려움이다. 이러한 두려움을 동반하는 참된 경건
은 죄에 대한 혐오로 나타난다.[14] 그러나 이와 더불어 이 두려움은 하
나님에 대한 진실한 존경심과 사랑으로 연결된다. 『기독교 강요』 최
종판에 나타난 경건의 정의는 하나님을 죄악에 대한 두려움과 사랑이
서로 조화될 수 있다는 칼빈의 이러한 확신에서 비롯된 것이다. 이런
이유에서 그는 『1차 신앙교육서』(1537)에서 경건을 다음과 같이 정의
하였다.

> 참된 경건은 자기 마음대로 하나님의 심판을 피하고 그것을 두려워하는 두
> 려움에 놓여 있는 것이 아니라, 오히려 하나님을 아버지로 온전히 사랑하고
> 주님으로 온전히 높이는 순수하고 참된 열정에 깃들어 있다. 이는 그의 공의

---

12) 『기독교 강요』, 2.7.12. 칼빈은 다른 곳에서 두 가지 종류의 두려움이 있다고 설명한다. 하
   나님을 미워하고 그로부터 도피하도록 만드는 두려움과 마음을 감동시켜 하나님에 대한
   순종을 불러일으키는 두려움을 가르킨다. 전자는 하나님의 심판을 통해 나타나며 후자는
   하나님의 약속에 관한 것이다. *CO* 37, 438 (사 66:2 주석).
13) 『기독교 강요』, 3.2.27.
14) *CO* 32, 385(시 139:21 주석): "Neque enim satis in cordibus nostris viget pietatis
   studium, nisi ex se odium scelerum generet, quale hic praedicat David."

를 받아들여 이를 거스르는 것을 죽기보다 더 두려워하는 그런 열정을 가리
킨다.[15]

경건에 대한 정의는 사실상 경건의 내면적 차원에 관한 것이라고
볼 수 있다. 그렇다면 경건은 어떤 요소들로 표현되고 드러나는가?
여기에서 우리는 다음의 세 가지 요소들을 생각해 볼 수 있다: 신앙
(belief), 순종 (obedience), 예배 (worship).

첫째, 칼빈이 말하는 경건의 요소로서 신앙을 생각할 수 있다. 칼빈
이 신앙을 경건의 뿌리로 언급하고 있음이 사실이지만 신앙은 또한
경건의 실체로 이해된다.[16] 칼빈은 신앙을 정의함에 있어서 지식을 필
수불가결한 요소로 인식하였다.

> 그렇다면 우리는 신앙이란 어떤 냉담하고 공허한 개념이 아니라 그것이 훨
> 씬 멀리까지 미치는 것임을 깨닫게 된다. 왜냐하면 우리가 믿음을 가지고 있
> 다고 하는 것은 하나님의 뜻이 우리에게 알려지고 우리가 그것을 받아들임
> 으로서 그분을 아버지로 예배하게 되었을 때이기 때문이다. 그러므로 하나님
> 에 관한 지식은 신앙에 필수불가결한 요소이다.[17]

이는 또한 『기독교 강요』 최종판에 나타난 다음과 같은 신앙의 정
의에서도 잘 드러난다.

---

15) *OS* I, 379.
16) *CO* 31, 729(시 78:21 주석), 『기독교 강요』, 3.15.7.
17) *CO* 42, 331(호 6:7 주석), 리스, 『칼빈의 삶의 신학』, 101.

> 만일 우리가 신앙이란 우리를 향하신 하나님의 자비하심에 관한 불변하고
> 확실한 지식이라고 말한다면, 그리고 이것이 그리스도 안에 나타난 값없이
> 주시는 약속의 진리에 기초되어 있으며 성령을 통하여 우리 지성에 알려지
> 고 우리 가슴에 인쳐진 것이라고 한다면, 이제 우리는 신앙에 대한 완전한
> 정의를 내린 것이 된다.[18]

경건은 믿음으로서 그 모습을 구체적으로 드러낸다. 믿음이 경건의 요소라는 칼빈의 주장은 경건이 없다면 믿음이 소멸된다는 것을 가리킨다.[19] 이를 달리 표현하면, 경건의 실천이 믿음의 진보를 가져오는 것을 뜻한다.[20] 그렇다면 경건의 어떠한 측면이 믿음에 진보와 성장을 제공한다고 볼 수 있는가? 이에 대해서 칼빈은 교리와 경건의 상관관계에 근거하여 다음과 같이 답한다: "진리와 하나님의 말씀에 대한 건전한 교리는 경건의 규칙이므로 이에 대한 이해의 참된 빛이 없다면 어떤 종교도 존재하지 않는다는 것을 깨닫도록 하자."[21] 물론 칼빈이 경건과 믿음의 상호관계를 명확하게 규명하려는 시도를 하지 않았다. 양자의 관계에 대하여 이수영은 다음과 같이 답한다: "칼빈이 경건을 믿음의 하나님을 향한 측면이며, 믿음이 참 믿음되게 하는 본질적 요소이고, 신자들의 삶의 모든 덕목의 그 진정한 의미와 가치를 보증해주는 생성적 힘으로 보았다."[22]

---

18) 『기독교 강요』, 3.2.7.
19) *CO* 42, 331(호 6:7 주석).
20) *CO* 47, 332(요 14:22 주석).
21) *CO* 51, 396(행 17:4 주석): "Interea scimus, veritatem et sanam verbi Dei doctrinam pietatis regulam esse, ut nulla sit sine vera intelligentiae luce religio."; *CO* 52, 324(딤전 6:3 주석): "Idem significat doctrina quae secundum pietatem est. Neque enim pietati consentanea erit, nisi in timore cultuque Dei nos instituat, nisi fidem nostram aedificet, nisi ad patientiam, humilitatem, omnia caritatis officia nos eudiat."
22) 이수영, "칼빈의 경건", 41.

둘째, 칼빈이 말하는 경건의 요소로서 순종을 생각할 수 있다. 경건은 하나님에 대한 사랑으로 이루어진다. 이러한 사랑은 먼저 하나님의 말씀에 대한 순종으로 표현되는데 이는 경외함의 가장 충분한 증거에 해당된다.[23] 그는 순종이 경건의 지고함(*summum*)에 해당된다고 보았다.[24] 자신의 뜻을 내세우지 않고 하나님의 뜻에 복종함으로서 경건한 자들은 하나님이 주시는 확신을 누리게 된다. "어떤 것도 경건한 자들의 마음에 하나님께 순종한다는 것을 아는 것 보다 더 큰 확신을 주는 것은 없다."[25] 이러한 확신은 순결하고 선한 양심에서 주어지는 것인데 이는 순종을 떠나서 생각할 수 없는 것이다. 복음에 합당한 삶은 하나님의 자녀를 세상의 자녀들로부터 구분하는 가장 확실한 표식에 해당된다.[26]

이들은 하나님에 대한 순종을 하나님의 율법을 지키는 것으로 드러낸다. "경건한 마음은 주 하나님을 주님과 아버지로 인정하기 때문에 모든 일에 있어서 그 권위에 복종하며, … 또한 그의 계명에 순종하는 것이 옳다고 생각한다."[27] 율법이 주어진 목적은 하나님의 뜻에 순종하도록 하기 위한 것이므로 율법은 우리를 변화시켜 하나님께 순종하고 그를 사랑하도록 만들기 위한 목적에 사용되는 도구이다. 즉 율법은 '경건하고 거룩한 삶을 위한 영원한 규범'에 해당된다.[28] 칼빈은

---

23) *CO* 32, 171(시 111:10 주석).

24) *CO* 37, 325(사 58:2 주석). W. Kolfhaus, *Vom christlichen Leben nach Johannes Calvin* (Neukirchen: Buchhandlung des Erziehungsvereins Neukirchen, 1949), 270.

25) *CO* 36, 134(사 6:8 주석): "Nihil est enim quod maiorem fiduciam piis animiis afferat, quam quum se ei parere intelligunt."

26) *CO* 55, 263(벧전 3:16 주석); *CO* 49, 144(롬 8:9 주석). Randall C. Zachman, *The Assurance of Faith: Conscience in the Theology of Martin Luther and John Calvin* (Minneapolis: Fortress, 1993), 200.

27) 『기독교 강요』, 1.2.1. Cf. *CO* 24, 379(신 5:9 주석); *CO* 37, 438(사 66:2 주석); *CO* 32, 278(시 119:141 주석).

율법 준수에 있어서 두 가지 특징을 설명한다. 첫째, 자발성과 함께 주어지는 기쁨에 관한 것이다. 경건한 자들은 더 이상 율법을 노예적이거나 강압적으로 지키지 않는다. 오히려 율법을 기꺼이 지키고 이를 통해서 즐거움과 기쁨을 누리게 된다.[29] 둘째, 지속성에 관한 것이다. 칼빈은 율법을 일시적으로 지키는데 그치지 않고 지속적으로 지켜야 함을 특별히 강조한다. 순종이 짧은 시간에 이루어지는 것이 아니므로 우리가 이 세상에서 완전한 순종을 기대할 수 없지만 적어도 순종은 우리의 목표가 되어야 마땅하다.[30] 이는 하나님의 율법을 지킴에 있어서 절망하지 않고 끝까지 인내해야 함을 뜻할 뿐 아니라 우리의 절망에 대한 치유는 다름 아닌 하나님의 율법에서 발견된다는 사실을 상기시킨다.[31] 구원의 반열에서 율법과 복음으로부터 이탈하는 것은 곧 참된 하나님을 버리는 것이라고 칼빈은 경고한다.[32]

칼빈은 율법에 대한 순종을 기독론적인 차원에서 다룬다. 인간이 자력으로 이룰 수 없는 율법에 대한 온전한 순종을 성취하신 분으로서 그리스도는 율법의 완성이시다. 그는 율법의 화신이며 생명이시다.[33] 그리스도와 연합하여 그에게 순종하는 것이 곧 율법을 성취하는 것이다. 그리스도 안에 거하고 그의 말씀을 순종하는 것이 곧 율법을 순종하는 것이며 또한 율법의 요구에서 해방되는 방법이다. 따라서 참된 경건은 그리스도 안에서 하나님과 그의 율법에 대한 자발적

---

28) *CO* 45, 171(마 5:17 주석): "Ergo quoad doctrinam, nulla nobis in Christi adventu fingenda est legis abrogatio: nam quum aeterna sit pie sancteque vivendi regula, immutabilem esse oportet, sicut una est ac constans Dei iustitia, quam illic complexus est."
29) *CO* 32, 172(시 112:1 주석); *CO* 36, 135(사 6:8 주석).
30) Kolfhaus, *Vom christlichen Leben nach Johannes Calvin*, 277.
31) *CO* 39, 93(렘 34:17 주석); *CO* 32, 224(시 119:23 주석).
32) *CO* 32, 358(시 135:5 주석).
33) 『기독교 강요』, 2.7.2.

순종을 뜻한다. 또한 칼빈은 순종을 성령론적 차원에서 고찰한다. 구원받은 자들에 대한 성령 하나님의 인도하심은 율법에 대한 순종을 통해 나타난다. 칼빈은 특히 이를 율법의 제3용법(*tertius usus legis*)의 관점에서 고찰한다. 성령은 율법을 더 이상 굴레나 속박이 아니라 모든 크리스챤들이 이미 받은 구속에 대하여 감사하는 마음에서 자발적으로 그리고 하나님을 사랑하는 마음에서 순종할 수 있도록 이끄신다. 이는 성령께서 죄악으로 인해 죽은 영을 살리시는 중생의 영이실 뿐 아니라 율법에 생명을 불어 넣으시는 생명의 영이시기 때문에 가능한 것이다.[34] 성령의 법은 육신의 정욕의 결과로 나타난 죄와 사망의 법에서 우리를 건져내어 새로운 생명을 부여한다.[35] 이러한 성령 사역의 결과로 율법을 지키고 하나님의 뜻에 순종하게 될 때 놀라운 행복이 주어지게 된다. 왜냐하면 성령이 하시는 모든 일은 인간의 행복을 증진시키는 일이기 때문이다.[36]

셋째, 칼빈이 말하는 경건의 요소로서 예배를 생각할 수 있다. 앞서 언급된 신앙과 순종이 결합되어 외적으로 경건의 본질을 가장 두드러지게 나타내는 것이 예배라고 생각할 수 있다.[37] 먼저 칼빈은 요한복음 4:23을 주석하면서 신령으로 드리는 예배를 신앙과 순종과 관련하여 다음과 같이 설명한다.

> 하나님에 대한 예배는 신령으로 드려져야 한다고 언급된다. 왜냐하면 마음의 내적 신앙이 아니고는 기도와 순수한 양심, 그리고 자기 부정을 생성할 수

---

34) *CO* 49, 144(롬 8:9 주석).
35) *CO* 49, 137(롬 8:2 주석).
36) *CO* 49, 142(롬 8:6 주석); *CO* 36, 564(사 33:6 주석).
37) 이수영, "칼빈의 경건", 25. 그는 예배를 경건의 꽃과 열매로 간주한다.

없기 때문인데 이들은 우리를 거룩한 제사로써 하나님에 대한 순종에 헌신하도록 이끈다.[38]

칼빈은 믿음과 관련하여 예배를 『기독교 강요』 최종판에서 다음과 같이 정의한다:

믿음이 하나님에 대한 진지한 두려움과 결합된 곳에 순수하고 참된 종교가 존재하는데 이 두려움은 또한 자발적 경외감을 진작시키며 율법에 제시된 바와 같이 적합한 예배를 수반한다.[39]

이는 올바른 가르침을 통해서 하나님을 깨닫게 될 때 참된 믿음이 주어지며 이에 근거해 하나님께 참되게 예배드릴 수 있음을 뜻한다.[40] 또한 앞서 설명된 바와 같이 율법에 대한 순종이 기쁨과 즐거움의 원천이라면 이는 하나님에 대한 찬양, 즉 예배로 표현되어야한다. 율법에 대한 순종에 근거를 둔 예배는 어떤 위선이나 가식이 없는 순수한 양심에서 비롯된 경건의 표현이라고 볼 수 있다.[41] 이는 하나님께서 기뻐 받으시는 예배이며 이를 통해 경건의 훈련이 이루어진다. 칼빈은 율법을 배우고 이에 순종하는 것과 예배의 관련성을 『기독교 강요』에서 다음과 같이 설명한다:

하나님이 원하시는 바는 그들이 일정한 날에 회집하여 율법을 배우며 의식을 행하며 적어도 그날은 특히 하나님의 행적을 명상하는데 전념하고 이를

---

38) *CO* 47, 88(요 4:23 주석).
39) 『기독교 강요』, 1.2.2.
40) *CO* 32, 249(시 119:79 주석).
41) *CO* 32, 217(시 119:7 주석); *CO* 52, 299(딤전 4:7 주석); 리스, 『칼빈의 삶의 신학』, 57.

회상함으로서 경건의 훈련을 받으라는 것이었다.[42]

모든 인간의 창조주이신 하나님은 예배를 통하여 우리가 어떻게 행하는 것이 그를 기쁘시게 해드리는가를 배우게 되기를 원하신다. 예배는 단순한 외적 의식에 그치는 것이 아니라 삶 가운데 하나님께 존경과 사랑을 돌려 드리고 악을 미워하고 선과 의를 행하는 것을 배우는 것까지도 포함한다. 칼빈은 『기독교 강요』 최종판에서 이를 다음과 같이 설명한다:

> 또한 하나님께서는 의와 정직을 기뻐하시고 악을 미워하신다는 것을 배워야 하며, 그렇기 때문에 불경건한 배은망덕으로 창조주 하나님께로부터 돌아서려 하지 않는 한, 반드시 우리의 모든 삶 속에서 의를 기려야 한다는 것을 배워야 하는 것이다. 우리의 뜻보다 하나님의 뜻을 따를 때에 비로소 하나님께 합당한 존경을 드리는 것이 된다면, 하나님께 드릴 정당한 예배는 오직 의와 거룩함과 순결을 지키는 것이라는 결론이 나온다.[43]

3. 불경건과 인간의 타락

칼빈은 경건의 반의어인 '불경건'(*impietas*)이라는 용어를 자주 사용한다. 불경건은 칼빈에게 범죄 타락한 인간의 모습을 효과적으로 묘사하는 용어 가운데 하나에 해당된다.[44] 그는 『기독교 강요』 최종판

---

42) 『기독교 강요』, 2.13.28.
43) 『기독교 강요』, 2.8.2.
44) 리차드, 『칼빈의 영성』, 139: "경건의 중요성은 그 반대인 불경이라는 용어의 중요성에 의해 더욱 강조된다."

에서 이를 다음과 설명한다:

> 그의 천박한 욕망이 그를 유혹하였을 뿐 아니라, 말로 다 표현할 수 없는 불
> 경건이 그의 정신의 최고 보루를 점령하였으며 교만이 그의 마음의 가장 깊
> 은 곳까지 뚫고 들어갔다.[45]

신에 대한 관념은 불경건한자들에게도 사라지지 않고 여전히 왕성하게 남아 있지만 이들은 이를 거부하고자 할 따름이다.[46] 단지 이들의 마음에는 하나님에 대하여 감사하는 마음이 전혀 없고 오히려 하나님을 욕되게 하는 것 밖에 없다. 한 마디로 불경건은 하나님의 영광을 탈취한다.[47] 하나님을 하나님으로 믿고 인정하지 않고 경멸하는 것이 불경건의 핵심에 해당된다. 칼빈은 『기독교 강요』 초판에서 불경건이 하나님의 거룩한 이름에 손상을 입히고 오염시킨다고 주장한다.[48] 이는 신성모독의 죄악에 해당되며 그 결과로 하나님의 순수한 진리를 타락시키는 심각한 오류를 초래하게 되었다. 하나님에 대한 잘못된 견해에서 출발하여 하나님을 저버리고 수없이 많은 허망한 생각과 미신에 빠져버리고 만다. 칼빈은 『기독교 강요』 최종판에서 불경건에서 비롯된 이러한 잘못된 개념을 다음과 같이 비판한다:

> 그러나 신격에 대한 어렴풋한 생각을 급하게 갖고 난 후에 우리 육체의 경솔
> 하고 악한 상상에 빠져 들어가서, 우리의 허망함으로 하나님의 순전한 진리
> 를 부패시켜 버린다. 이 점에 있어서 사람들 마다 양상이 다르다. ... 비단 무

---

45) 『기독교 강요』, 2.1.9.
46) 『기독교 강요』, 1.3.3.
47) *CO* 49, 22-23(롬 1:18 주석); *CO* 49, 232(롬 11:36 주석).
48) *CO* 1, 93.

식하고 야만적인 사람들뿐만 아니라 여러 가지 면에 있어서 지극히 탁월하고 예리한 분별력을 지닌 사람들도 이 질병에 걸려 있다.[49]

하나님을 불신할 뿐만 아니라 그를 경멸하고 더 나아가서 하나님 대신에 온갖 종류의 미신을 섬기는 극도의 혼란 속에 빠져들고 만다. 이는 범죄 타락하여 자신의 창조자이신 하나님을 깨닫지 못하는 어리석음과 무지에서 비롯된 것이다.[50]

또한 불경건한 자들은 하나님을 경멸하는 교만의 죄악에 빠져 있으므로 하나님께서 정하신 이 세상의 질서를 자신의 것으로 대체하려 한다.[51] 이는 하나님의 질서를 훼손시키는 행위이며 세상은 무질서와 혼란 속에 빠지게 되고 말았다. 불경건의 결과로 인해 질서가 전복되고 무너지는 비참한 현실을 피할 수 없게 되었다. 이제 모든 인간들은 무질서 속에서 삶의 의미와 목적을 상실하고 타락한 존재로 살게 되었다.[52] 범죄 타락하여 스스로를 높여서 교만해진 인간은 하나님의 질서를 망각하고 자신이 스스로 정한 질서를 추구하였지만 그 결과 하나님의 영광을 탈취하고 무질서와 혼란만을 초래하고 말았다. 하나님의 형상대로 지음 받았던 창조의 본래 질서는 이제 흔적이 전혀 남지 않게 되어 버리고 말았다: "그런데 아담이 타락한 이후 그 형상이 더럽혀졌고 거의 제거되다시피 하여 혼란스럽고, 불구가 되었고, 오염된 것 외에는 남은 것이 없게 되었다."[53] 이러한 무질서와 혼란은

---

49) 『기독교 강요』, 1.5.11.
50) *CO* 32, 13(시 92:6 주석).
51) *CO* 32, 12(시 92:5 주석); 『기독교 강요』, 1.5.4.
52) 로날드 S. 월레스, 『칼빈의 기독교 생활 원리』, 나용화 역(서울: 기독교문서선교회, 1988), 142: "인간의 본성의 보편적인 부패의 가장 확실한 표(sign)는 모든 사람들에게서 내면적 감정들이 항상 난폭하고, 제어할 수 없으며, 평형을 잃고, 무법한 목적들을 항상 지향하기 쉬우며, 아주 사소한 일에도 쉽게 흥분하는 것 등이었다."
53) 『기독교 강요』, 1.15.4.

구체적으로 하나님의 말씀에 대한 경멸로서 표출되었다. 말씀을 경멸하는 것은 하나님 자신에 대한 경멸과 동일한 것으로서 이는 경건의 결여를 뜻한다. 칼빈은 첫 사람 아담의 죄를 들어 이를 다음과 같이 설명한다:

> 그러나 이와 동시에 주의해야 할 것은, 첫 사람 아담이 하나님의 권위에서 반역한 것은 그가 사탄의 유혹에 사로잡혔기 때문이기도 했지만, 또한 그가 진리를 멸시하여 거짓에로 돌아섰기 때문이기도 했다는 것이다. 일단 하나님의 말씀을 멸시하게 되면, 하나님을 향한 모든 경건한 자세가 다 흔들리고 만다. 하나님의 말씀을 주의 깊게 듣지 않으면, 하나님의 위엄이 우리 가운데 거하지 않게 되고, 하나님을 향한 경배도 온전히 남아 있을 수 없기 때문이다. 그러므로 불신앙이 타락의 뿌리였던 것이다.[54]

범죄 타락의 결과로서 인간은 불신앙과 교만을 위시해서 나태함과 정욕에 사로잡히게 되었다. 첫째, 불경건한 자의 모습은 나태함(indolence)으로 나타난다. 칼빈은 나태함을 특히 진리를 분별하는 이성의 차원에서 고찰한다. 인간은 범죄 타탁함으로 인해 원래 지녔던 고귀함을 상실하고 무질서와 혼란에 빠지게 되었다. 이러한 혼란으로 인해 인간은 진리를 올바르게 분별하는 능력을 상실하게 되었고 이를 향해 달음질할 수 없는 게으름 속에 살게 된 것이다: "그러나 그들은 사물을 보면서 때때로 진리를 보기도 하지만 그 진리를 향해 나아가지도 않고, 또한 거기에 도달하는 일도 없는 것이다."[55] 어떤 일에 늘 분주한 것처럼 보이나 실상은 무질서와 혼란 속에서 항상 제자리

---

54) 『기독교 강요』, 2.1.4.
55) 『기독교 강요』, 2.2.18.

에 머무르는 것이 인간 타락이 가져다 준 결과에 해당된다. 칼빈은 살후 3:6을 주석하면서 사도 바울의 주장에 동의하면서 이러한 나태함이 곧 무질서(disorder)이며 삶 속에 혼란밖에 남지 않는다고 말한다. 나태함은 하나님의 부르심을 깨닫지 못한 채 자신의 즐거움을 추구하는 것이며 그 결과 무위도식의 삶을 살게 되고 이는 다른 사람의 유익을 위해 아무 것도 할 수 없는 상태를 가리킨다.[56] 즉 마음속에 무엇인가를 추구하지만 항상 허망함에 굴복하는 비참한 상태에 머무를 따름이다.[57] 칼빈은 나태함에서 벗어나도록 만드는 것이 바로 경건이라고 보았다.[58] 이는 다음과 같은 경건에 대한 칼빈의 정의에도 분명히 반영되어 있다. 왜냐하면 그에게 열정을 떠난 경건은 존재할 수 없는 것이기 때문이었다: "참된 경건은 ... 하나님을 아버지로 온전히 사랑하고 주님으로 온전히 높이는 순수하고 참된 '열정'에 깃들어 있다."[59] 칼빈에게 경건은 나태함을 벗어나는 적극적인 활동을 내포하는 개념이며 이를 토대로 한 발전과 성장을 뜻하였다: "이 세상의 삶에 있어서 경건한 자들의 가장 높은 완성은 진보하려는 열망이다."[60] 나태함은 삶의 무질서와 혼란을 조장하는 악덕이므로 모든 경건한 자들은 이에서 벗어나야 한다.

둘째, 불경건한 자의 모습은 정욕(concupiscence)으로 나타난다. 정욕은 인간이 사탄의 유혹에 넘어가서 자신의 한계를 망각한 채 하나님에 대한 불신앙을 세속적 차원에서 드러낼 때 빌생하는 죄의 결과물이다. 칼빈은 첫 사람인 아담과 하와의 예를 들어 정욕을 불경건

---

56) *CO* 52, 211(살후 3:6 주석).
57) 『기독교 강요』, 2.2.25.
58) *CO* 32, 441(시 150:1 주석).
59) *CO* 1, 379.
60) *CO* 51, 186(엡 3:16 주석): "Summa itaque piorum in hac vita perfection est proficiendi studium."

의 차원에서 다음과 같이 설명한다:

> "마지막으로, 불신앙으로 인하여 야망이 생겨났는데, 이 야망이 완악한 불순종의 어머니가 되었다. 그 결과 사람은 하나님을 향한 두려움과 경의를 저버리고 정욕이 이끄는 대로 아무렇게나 자기 자신을 던져버린 것이다. … 하나님의 말씀을 불신하지 않았더라면, 아담이 절대로 감히 하나님의 권위에 대적하지 않았을 것이기 때문이다. 사실상 모든 정욕들을 통제하는 최고의 장치가 바로 여기에 발견된다.[61]

원죄의 부패성을 잘 드러내는 개념이 정욕에 해당된다. 정욕은 인간의 죄악된 본성에서 끊임없이 쏟아져 나오는 악의 대표적 모습이라고 볼 수 있다. 칼빈은 이를 불타는 용광로와 샘솟는 샘물에 비유하면서 다음과 같이 설명한다:

> 이러한 부패성은 절대로 우리 속에 사라지지 않고, 마치 불타는 용광로에서 불꽃과 화염이 계속 튀어나오며 샘에서 물이 끊임없이 솟아 나오듯이, 계속해서 새로운 열매들을 – 앞에서 언급한 그런 육체의 일들을 – 맺는다는 사실이다. … 왜냐하면 우리의 본성은 선이 결핍되어 있을 뿐 아니라, 가만히 있지를 못하고 계속해서 온갖 악을 풍부하게 산출해 내기 때문이다. … 사람 안에 있는 모든 것이 – 지성에서부터 의지에 이르기까지, 영혼에서 육체에 이르기까지 – 이 정욕으로 가득 채워져 있고 그 것으로 더러워져 있다. 좀 더 간단히 표현하자면, 전인이 정욕 외에 아무것도 아니라는 것이다.[62]

---

61) 『기독교 강요』, 2.1.4.
62) 『기독교 강요』, 2.1.8.

　이렇게 욕망으로 가득 채워진 사람은 자신의 자유를 빙자하여 온갖 종류의 방종을 허용하지만 이는 사실상 탐닉에 빠지는 것이며 올바르고 존귀한 것을 분별하지 못하는 무질서에 빠지게 되고 만다.[63] 따라서 정욕이 사람의 모든 것을 지배하게 되었으므로 이는 어떤 특정한 종류의 악한 감정이 아니라 그 근원에 해당된다.[64] 그렇다면 욕망은 어디에서 비롯되는가? 선악을 알게 하는 나무의 열매를 따먹기 전에 하와의 마음을 분석하면서 칼빈은 하와의 욕심을 '불경건한 타락'이라고 설명한다. 이 타락은 구체적으로 불신앙, 즉 하나님의 말씀을 순종하기를 거부함에서 비롯된 것이었다. 이전에는 아무런 감동없이 이 열매를 바라보기만 했지만 이제는 지혜를 제공할 만큼 탐스러운 것으로 보이게 되었던 것이다.[65] 이렇게 욕망은 하나님에 대한 불신과 말씀에 대한 불순종에서 시작한다. 아담과 하와는 자신들에게 주어진 것이 풍족하고 남는데도 불구하고 그 이상의 것을 탐내는 욕심에 사로잡혀 하나님과 동등하기를 바라는 엄청난 죄악에 휩쓸리고 말았던 것이다.[66]

　칼빈은 범죄 타락한 인간을 하나님을 하나님으로 모시지 아니하는 교만과 불신앙, 그리고 무질서와 혼란 속에 빠져서 삶의 의미를 상실한 채 나태함과 정욕 가운데 방황하는 모습으로 묘사하였는데 이를 종합하면 경건의 '결여'(absence)인 '불경건(impiety)'으로 표현할 수 있다.

---

63) 『기독교 강요』, 3.10.3.
64) *CO* 55, 391(약 1:15 주석).
65) *CO* 23, 59(창 3:6 주석).
66) 『기독교 강요』, 2.1.4.

4. 성화 : 무너진 질서의 회복

칭의는 기독교의 사활이 달린 중요한 교리임이 분명하지만 이는 거룩한 삶을 위한 기초에 해당된다. 칼빈에게 있어서 칭의도 중요한 것이었지만 그의 실제적 관심은 성화를 통한 경건한 삶이었다. 경건은 세상의 부패함에서 믿는 자들을 구별시킬 뿐만 아니라 참된 거룩함 가운데서 이들을 하나님과 연결시킨다는 차원에서 성화와 직접적으로 관련을 맺는다.[67]

성화의 목적은 잃어버린 하나님의 형상을 회복하는 것이며 이는 무너진 질서의 회복으로 나타난다. 앞서 살펴본 바와 같이 불경건이 무질서와 혼란 속에서 살아가는 삶의 태도라고 한다면 경건은 하나님이 정하신 질서 안에서 살아가는 인간의 태도를 뜻한다. 리차드(Joseph Richard)는 칼빈이 이해한 질서를 다음과 같이 삼위 하나님의 사역으로 설명한다: "그리스도는 질서의 수단이며, 성령은 그 회복자이시다. 그러나 질서의 근원은 성부 하나님이시다."[68]

그렇다면 칼빈이 말하는 질서의 회복, 즉 성화는 어떻게 일어나게 되는가? 그의 성화론은 전적으로 중생론이며 이는 곧 회개론에 해당된다.[69]

1) 회개에 대한 세 가지 접근

칼빈은 성화가 회개의 구도, 즉 옛 사람이 죽고 새 사람이 살아난다

---

67) 『기독교 강요』, 3.7.3.
68) 리차드, 『칼빈의 영성』, 159.
69) 『기독교 강요』, 3.3.9.

는 구도 속에서 이루어지는 것으로 이해하였다. 그 결과로 죄악으로 거의 멸절된 하나님의 형상이 회복된다. 회개의 결과로 일어나는 하나님의 형상의 회복에 대한 설명에 있어서 칼빈은 이를 다음의 세 가지 차원에서 접근한다: 기독론적, 성령론적, 그리고 종말론적 차원.

첫째, 칼빈은 회개를 기독론적으로 접근한다. 아담은 하나님의 형상을 마치 거울처럼 반영하도록 지음 받았지만 죄로 인해 말살되었는데 그 회복은 그리스도를 통해 이루어진다고 주장한다.[70] 이러한 하나님의 형상의 회복은 사실상 무너진 질서의 회복으로 나타난다. 칼빈은 이를 에베소서 1:10 주석에서 다음과 같이 기독론적 차원을 통하여 설명한다:

> 바울은 그리스도를 떠나서는 모든 것이 혼란스럽게 되었으며 오직 그분을 통해서 이들이 질서를 되찾게 되었음을 가르치기를 원한다. 그리고 진정으로 그리스도를 떠난 상태에서 우리가 이 세상에서 폐허 외에 인식할 수 있는 것이 무엇이 있겠는가? 우리는 죄에 의해서 하나님으로부터 멀어지고, 그래서 우리는 방황하고 산산히 부서지는 수 것 외에는 아무 것도 없다. ... 그리스도가 계시지 않는 모든 세상은 형체없는 무질서이며 무서운 혼란과도 같다. 오직 그분만이 우리에게 참된 통일을 이루게 하신다.[71]

---

70) *CO* 51, 208(엡 4:24 주석), 리차드, 『칼빈의 영성』, 156. 칼빈 성화론에 대한 기독론적 차원에 대한 고찰로는 다음을 참고할 것. 박영돈, "성화의 기독론적–성령론적 바탕", 『개혁신학과 교회』, 11 (2001), 202-34.

71) *CO* 51, 151(엡 1:10 주석): "Voluit enim, meo iudicio, docere Paulus, omnia extra Christum dissipata per ipsum in ordinem redacta esse. Et sane extra Christum quid in mundo cernere licet, praeter meras ruinas? Nam quum alienati a Deo simus per peccatum, qui fieri potest ut non simus miserum in modum palati ac disiecti? ... Denique sine Christo totus mundus est quasi deforme chaos et horrenda confusio. Solus ipse nos colligit in veram unitatem."

그리스도를 통한 하나님의 형상의 회복은 죄로 인해 부패한 인간 본성의 회복이며 이는 그가 하나님의 참된 형상이므로 가능한 것이다.[72] 칼빈에게 중생은 회개를 의미하고 그 열매는 거룩한 삶으로 나타나는데 이는 구체적으로 하나님을 향한 경건과 인간을 향한 사랑을 가리킨다.[73] 즉 회개를 통한 거룩한 삶, 즉 성화는 칼빈에게 경건을 수반하는 삶에 해당된다. 그리스도는 이렇게 거룩하고 경건한 삶을 가능하게 하실 뿐만 아니라 모범과 본보기를 우리에게 보여 주신 분이시다.[74]

둘째, 칼빈은 회개를 성령론적 차원에서 접근한다. 회개의 요소인 죽이는 일(mortification)은 성령의 검에 의해 가능한 일이라고 설명한다.[75] 성령의 역사를 통해 자기 의로 가득한 옛 사람을 죽일 수 있는데 이는 곧 경건을 배우는 것이다. 성령은 인간의 마음을 새롭게 하시되 저급한 욕망뿐만 아니라 인간 영혼의 가장 고상하고 탁월한 부분까지도 새롭게 하신다.[76] 이렇게 하나님의 형상이 회복될 때 전인이 새롭게 되어 불경건, 즉 불신과 교만, 나태함과 정욕을 극복해 나갈 수 있으며 그 결과 삶의 무너진 질서들이 회복된다. 이렇게 성령 하나님은 옛 사람을 죽이시고 새 사람을 살리시는 회개를 이루심으로서 경건을 진작시키신다.

셋째, 칼빈은 회개를 종말론적 차원에서 접근한다. 그가 말하는 회개는 하나님을 향한 진지한 두려움에서 발생하는 것이다.[77] 회개는 죄를 무서워하고 싫어하는 것에서 시작하여 심판자 하나님의 의로운 심

---

72) 『기독교 강요』, 1.15.4.
73) 『기독교 강요』, 3.3.16.
74) *CO* 1, 218. 리차드, 『칼빈의 영성』, 138–39.
75) 『기독교 강요』, 3.3.8.
76) *CO* 51, 208(엡 4:23 주석).
77) 『기독교 강요』, 3.3.7.

판을 깨닫는 것으로 그 절정에 이른다. 하나님을 심판자로 깨닫고 찔림을 받게 될 때 비로소 옛 사람의 무디고 둔한 부패성이 무너져 내리게 된다. 이러한 회개만이 하나님의 무서운 심판을 피할 수 있는 유일한 방책이다.[78] 회개를 통해서 인간은 경건을 회복하고 피조물로서의 자신의 위치를 확인하고 하나님 앞에서 질서있는 삶을 살게 된다. 회개의 종말론적 차원은 인간으로 하여금 회개하고 불경건한 죄악에서 돌아서서 경건한 삶을 살도록 이끈다.

2) 성화된 삶의 세 가지 특징

회개와 중생을 통하여 참된 그리스도인의 성화된 삶이 가능해진다. 이러한 삶은 자기 부인, 십자가를 짊, 그리고 내세에 대한 묵상이라는 특징을 지니게 된다.

첫째, 그리스도인의 삶은 우리가 우리의 것이 아니라 그리스도의 것이라는 자기 부인에서 출발한다.[79] 우리 자신은 우리의 주인이 아니며 그리스도가 우리의 주인이시다. 육체의 욕심이 우리를 유혹할 때 우리는 주님의 뜻을 따르지 않는 것은 주님으로부터 주어진 권리와 질서를 전복한다는 사실을 늘 마음에 되새겨야 한다.[80] 자기를 부인하는 것은 나를 낮추고 남을 높이는 것이며 나보다 다른 사람의 유익을 먼저 구하는 것이다. 자신을 버리고 다른 사람을 위하는 태도가 곧 섬김의 태도인데 이는 그리스도의 영이신 성령의 능력을 덧입지 않고는 불가능한 것이다.[81] 이러한 변화의 결과로 하나님의 형상이 회

---

78) *CO* 37, 578(렘 4:4 주석).
79) 『기독교 강요』, 3.7.1.
80) *CO* 49, 261-62(롬 14:8 주석).
81) *CO* 51, 208(엡 4:23 주석); *CO* 51, 400-401(엡 2:13-15 설교).

복되어 인간에게 새로운 질서가 부여되는데 이는 범죄 타락한 세상의 일반적인 질서와는 전혀 다른 질서이다. 다른 사람을 앞세우고 나를 숨기고 희생하는 태도는 세상의 질서로서는 이해될 수 없는 것이다. 이렇게 세상과 다른 질서가 성립되는 이유는 자기를 부인한 사람은 이미 자신을 하나님 앞에 드렸기 때문에 가능한 것이다.[82] 나보다 남을 더 낮게 여기는 겸손의 태도는 비록 자신이 다른 사람보다 모든 면에서 뛰어나다 하더라도, 자신의 잘못과 오류를 발견하고 이를 고치려는 태도를 지니게 될 때 가능한 것이다.[83] 이렇게 겸손으로 다른 사람의 유익을 위해 자신의 소유를 나누는 일에 힘쓰는 것이 경건한 자들의 삶의 태도이다.[84] 이웃 사랑, 즉 교회에서 지체 간의 상호 섬김을 통해서 하나님의 형상으로 지음 받았을 때 지녔던 아름다운 질서와 균형을 반영하게 된다.[85]

경건한 사람은 자기를 부인하고 모든 것을 주님께 맡길 줄 아는 사람이다. 자기 부인은 참된 경건의 시작에 해당된다.[86] 주님을 신뢰하고 주님께 자신을 맡길 때 평온함과 고요함을 누리게 되는데 이는 욕심으로 세상을 뒤흔들어 혼란과 반대되는 개념이다.[87] 혼란은 무질서를 초래하지만 자기를 부인하고 주님을 신뢰하는 사람은 아무리 어려운 일이 일어난다 하더라도 이를 하나님이 하시는 일로서 받아들이기 때문에 능히 극복할 수 있게 된다. 칼빈은 역경을 이기는 경건의 놀라운 능력을 다음과 같이 표현한다:

---

82) 『기독교 강요』, 3.7.2.
83) *CO* 52, 24(빌 2:3 주석).
84) 『기독교 강요』, 3.7.5.
85) *CO* 49, 238(롬 12:6 주석). 월레스, 『칼빈의 기독교 생활 원리』, 305.
86) *CO* 47, 61(요 3:12 주석).
87) *CO* 31, 341(시 131:2 주석).

그러나 참된 경건자가 지닌 원리는 바로 하나님의 손이 모든 운명을 다스리고 운행하는 것이기에 운명에 따라서 생각없이 마구잡이로 횡포를 부리는 것이 아니라 지극히 질서있는 공의로 우리에게 선과 악이 베풀어진다는 사실을 생각한다는 것이다.[88]

둘째, 그리스도인의 삶은 십자가를 지고 고난을 인내하고 순종을 위해 연단받는 삶으로 나타난다. 십자가의 고난을 통하여 자기의 연약함을 더욱 절실하게 깨닫고 영적 훈련의 필요성을 하나님의 뜻으로 받아들이고 이를 위해 노력하는 삶이다.[89] 칼빈은 십자가를 지는 삶을 자기 부정의 일부로 인정한다. 십자가를 지는 삶은 그리스도의 고난에 동참하는 삶이며 경건한 자는 반드시 이를 위해 세상에서 투쟁해야 한다.[90] 그리스도께서는 고난을 통하여 순종함을 배우시고 이를 몸소 실천하셨다. 성화되는 삶은 자신을 쳐서 복종케 하여 그리스도의 형상을 본받는 삶이다. 고난을 포함한 그의 모든 순종의 행위들은 우리가 본받아야 할 본보기에 해당된다.[91] 이는 구체적으로 십자가에서 고난당하시고 죽으신 그리스도가 우리에게 본(example)으로 주어졌음을 뜻한다. 비록 환난과 역경에 처하더라도 십자가에 달리신 그리스도를 바라보고 그를 따라가는 것이 경건한 그리스도인의 참된 삶의 모습이라고 볼 수 있다.[92]

이렇게 고난을 통해서 그리스도를 따르고 하나님의 뜻에 순종하는 삶을 살아갈 때 우리는 연단받고 인내를 배우게 된다. 모든 사람은 본

---

88) 『기독교 강요』, 3.7.10.
89) 『기독교 강요』, 3.8.1.
90) *CO* 48, 330(행 14:22 주석).
91) *CO* 49, 160(롬 8:29 주석).
92) *CO* 52, 50(빌 3:10 주석).

능적으로 고난을 싫어하며 할 수만 있다면 이를 피하려 하지만 하나
님을 향한 경건한 사랑은 연단을 통한 인내를 가능하게 만든다.[93] 그
리스도의 형상을 닮아가기를 원하는 사람들은 덧없는 세상에 소망을
두는 것이 아니라 하나님께 소망을 두는 법을 배워야 한다. 비록 온갖
종류의 어려움과 고난으로 인해 그들이 패배한 것처럼 보이지만 그들
은 결코 비참하지 않다. 왜냐하면 그들의 선한 양심이 그들을 후원하
며 복되고 즐거운 최후 승리가 그들을 기다리고 있기 때문이다.[94] 이
러한 고난을 만날 때 무감각해지거나 비관적이 될 필요는 없다. 칼빈
은 오히려 고난과 어려움을 만날 때 이를 안타깝게 여기고 그 자체를
죄악으로 여기는 사람들을 향하여 이런 생각은 오히려 스토아 철학에
서 비롯된 비기독교적인 사고라고 밝히면서 이는 경건치 못한 행동이
라고 다음과 같이 경고한다:

> 자, 그런데 그리스도인들 가운데 이 스토아 철학자들을 닮은 사람들이 있다.
> 즉, 고통 때문에 신음하며 우는 것 뿐 아니라 심지어 고통을 안타깝게 여기
> 고 걱정하는 것까지도 죄악된 것으로 여기는 사람들이 있다. 이런 그릇된 생
> 각은 대개 나태한 사람들에게서 나온다. 곧 구체적인 행동보다는 쓸데없는
> 생각에 더 마음을 쏟는 사람들 말이다. 그들은 그런 그릇된 생각밖에는 만들
> 어 내지 못하는 사람들이다.[95]

경건한 사람들은 이런 생각을 용기와 담대함으로 맞서서 싸우고 절
제함으로 극복해 나간다. 십자가에 달리신 그리스도를 믿고 따르는

---

93) 『기독교 강요』, 3.8.10.
94) *CO* 52, 300(딤전 4:10 주석); 『기독교 강요』, 3.8.8.
95) 『기독교 강요』, 3.8.9.

자들에게 주어지는 고난은 자연스러운 것이므로 십자가를 지는 마음으로 이에 대비하는 자세를 취하여야 한다.[96] 만약에 고난을 동반하는 징계로서의 십자가가 없다면 사생자이며 참된 하나님의 아들이기 때문이다. 하나님의 징계에 순종하고 이를 거부하는 자는 하나님의 참된 자녀라고 볼 수 없다.[97] 하나님께서 이러한 고난과 징계의 십자가를 허락하시는 목적은 무엇인가? 그 목적은 전적으로 인간의 치유에 놓여 있다.[98] 인간의 육체적 본성은 마치 혈기왕성한 말과 같아서 그냥 되는대로 내버려 두면 결코 올바르게 길들여질 수 없다. 자신을 향한 하나님의 사랑과 자비하심을 감사함으로 받아들이는 것이 마땅하지만 인간은 오히려 그 선하심과 관용을 악용하여 부패에 빠져 버린다. 따라서 하나님께서는 고난이라는 십자가를 사용하셔서 이들의 교만과 방탕이라는 질병을 치유하신다.

셋째, 그리스도인의 삶은 내세에 대한 묵상을 통해 더욱 전진하게 된다. 십자가를 지는 삶이 제공해주는 또 하나의 유익은 고통을 통하여 현세의 삶에 대한 과도한 집착을 버리고 다가올 영원한 세계를 소망하도록 자극하는 것이다.[99] 이 세상이 결코 인생의 종착역이 아니라 단지 지나가는 중간역에 불과하므로 세상에 소망을 두는 것은 현자의 태도가 될 수 없다. 칼빈에게 현세의 삶은 오히려 영생을 위한 준비 단계에 해당된다. 그는 이를 무시하거나 멸시하는 태도를 취하지 않았다. 현세의 삶은 그 자체로서 큰 은혜이며 하나님의 사랑에 대한 증거이었기 때문이다.[100] 또한 이 삶은 하나님의 축복이며 하나님

---

96) *CO* 55, 278(벧전 4:12 주석).
97) *CO* 55, 174-75(히 12:8 주석).
98) 『기독교 강요』, 3.8.5.
99) 『기독교 강요』, 3.9.1.
100) *CO* 51, 790-91(엡 6:1-4 설교).

나라의 영광을 예비하는 과정에 해당된다. 따라서 칼빈은 현세의 삶에 대하여 감사하는 태도를 지니라고 촉구한다.[101]

그러나 현세의 삶은 영원한 본향이 아니라 잠시 머무르다 가는 유배지와 같은 곳이며 세상은 천국 시민이 통과해야 하는 순례자처럼 통과해야 하는 낯선 나라에 불과하다.[102] 우리는 이 세상에 육체로 거하는 동안에 결코 우리 주님과의 완성된 연합을 누릴 수 없으며 주와 따로 있는 것이다. 이는 비록 우리가 성령의 능력으로 인해 영적으로 이미 그리스도와 연합을 누리고 있지만 그를 친히 얼굴로 대하는 상태에 들어간 것은 아니기 때문이다.[103] 이런 차원에서 하늘의 삶과 비교할 때 현세의 삶은 전혀 가치가 없으며 멸시를 받아 발 밑에 짓밟혀야 마땅하다고 칼빈은 거듭 주장하였다. 이런 차원에서 그는 죽음의 육체와 이 세상에서 벗어나기를 강력하게 소망했던 것인데 이는 또한 모든 경건한 자들의 궁극적 열망이기도 하다.[104] 경건한 자를 사악한 자들로부터 구별하는 것은 이 세상과 저 세상에 대한 그들의 정반대적인 태도라고 칼빈은 말한다.[105] 죽음에 대한 두려움이 이러한 열망에 의해 극복되는 것이 아니라 그리스도와의 연합과 이에서 비롯되는 영생의 위로가 이를 가능하게 만든다. 새 하늘과 새 땅에 대한 소망이 있는 자에게 이 세상은 아무런 가치가 없는 것이다. 이 삶을 경멸해야 하는 이유는 철저하게 죄악의 결과로 가져다 줄 죽음과 관련된 것이

---

101) 『기독교 강요』, 3.9.3.
102) *CO* 51, 31(갈 5:18 설교).
103) *CO* 50, 63(고후 5:6 주석).
104) *CO* 49, 135(롬 7:24 주석); *CO* 52, 18(빌 1:23 주석);『기독교 강요』, 3.9.4: "그러면서 동시에 죽음을 향하여 강한 열정을 가지며 그것을 계속해서 묵상하며, 또한 미래에 올 영원한 삶과 비교하면서 죄로 얽어매는 이 땅의 삶을 멸시하며, 언제 주께서 부르시든 간에 기꺼이 이 삶을 마감하기를 사모하도록 하자."
105) *CO* 32, 274(시 119:132 주석). 월레스,『칼빈의 기독교 생활원리』, 167-68.

므로 죄와 죽음과 결부되지 않은 이 땅의 삶 자체에 대해서는 어떤 혐오감이나 증오심도 칼빈에게 허락되지 않았던 것이다.[106] 그가 현세의 삶에 긍정적 가치를 부여했던 이유와 이를 부정했던 이유는 사실상 동일한 것이다. 내세의 관점에서 살펴볼 때 이러한 상반된 가치가 부여될 수 있었던 것이다.[107]

5. 성화와 경건한 삶의 표지들

칼빈은 경건에 내적 요소와 외적 요소가 있다고 보았다. 내적 요소란 마음의 순수함을 가리키고 외적 요소란 외적 행위에 나타나는 의를 가리킨다.[108] 여기에 나타난 외적 요소는 성화와 관련된 것으로서 이러한 외적 행위를 통해 삶에서 실질적 성화가 이루어지게 된다. 칼빈은 감사, 절제, 그리고 투쟁을 경건한 삶의 표지들로 설명한다.

1) 감사

칼빈은 하나님의 은혜의 풍성함과 다양함을 깨닫지 못하고 자신의 어리석음과 게으름에 빠져 감사에 냉담한 사람들을 향해 다음과 같이 비판한다:

---

106)『기독교 강요』, 3.9.4.
107) 알프레드 필러, 『칼빈의 성화론』, 유정우 역(서울: 한국장로교출판사, 2001), 43.
108) *CO* 31, 681(시 73:12 주석): "Porro quia duabus partibus constat vera integritas piorum, nempe puritate cordis, et externa operum iustitia, utramque partem David sibi vendicat."

그리고 우리가 어느 정도 하나님의 은혜를 이해했다고 하더라도, 여전히 우리는 우리가 그분께 얼마나 많은 빚을 지고 있는가를 약간이라도 표현할 수 있는 혀를 갖고 있지 못하다. 그러므로 만약 우리가 한 마디 감사의 말을 하고 난 후 이제 그것으로 충분하며, 다른 기회가 올 때까지 그런 감사의 의무를 면제받는다고 생각하면서, 다시 그런 의무를 이행하는 일에 최대한 늑장을 부린다면, 우리는 과연 얼마나 냉담한 것인가? 그런 게으름은 과연 어디에서 비롯된 것인가? 그것은 우리가 눈을 감아버리는데서 비롯된 것이다.[109]

이러한 비판은 그가 성화된 삶에 있어서 감사가 얼마나 중요한 역할을 차지하는 가를 잘 보여주는 예이다. 칼빈에게 성화된 삶은 하나님의 큰 은혜, 즉 대속의 은혜를 깨닫고 자신을 돌아보는 일에서 시작되므로 그는 성화를 중생 또는 회개와 동일한 것으로 간주하였던 것이다. 진정한 회개는 자신의 비참한 상태를 돌아보고 이러한 상태에서 자신을 해방시키신 하나님께 진정한 감사의 제사를 드리는 데서 발견된다. 이렇게 놀라운 하나님의 은혜를 알고도 하나님께 감사드리지 않는 자는 불경건한 자이며 은혜에 보답할 줄 모르는 나태한 자이다.[110]

그렇다면 칼빈이 말하는 감사의 특징은 무엇인가? 그는 감사의 특징을 다음의 두 가지로 설명한다. 첫째, 감사는 자발성을 지닌다. 하나님의 은혜를 진실로 깨달은 자는 그분께 감사의 제사를 통해서 보답하게 된다. 이러한 감사는 하나님을 향한 사랑의 마음에서 우러나오는 자발적인 것이다. 이러한 자발성을 통해서 우리는 자신을 하나

---

109) *CO* 51, 728(엡 5:20 설교). 아담의 타락에 관해서 논하면서 감사하지 못하는 마음은 불신앙에서 비롯된 것이라고 보았다. 『기독교 강요』, 2.1.4.
110) *CO* 51, 221(엡 5:20 주석).

님께 온전히 드릴 수 있게 되며 이를 통해 세상과 구별되는 참된 성화의 삶을 살게 된다. 즉 감사는 봉헌(devotion)에 대한 참된 동기를 부여한다.[111] 진실로 감사하게 될 때 마음에 기쁨이 넘치고 축제가 열리게 된다.[112] 이와 더불어 입술에 찬양이 넘치게 된다. 자발적 감사의 외적 표현으로서의 찬양은 경건을 진작시키는 훌륭한 도구에 해당된다.[113] 성화된 삶은 감사를 통해서 경건을 연습하는 삶이다.

둘째, 감사는 믿음을 뿌리로 삼는다. 감사하는 마음은 어디에서 비롯되는가? 감사는 믿음에서 비롯되는데 칼빈은 이를 구체적으로 그리스도에 대한 믿음이라고 밝힌다.[114] 감사는 자신을 낮추고 그리스도를 높이고 신뢰하는 토양에서 자라난다. 믿음이란 하나님의 신실하심을 전적으로 의지하므로 약속하신 모든 것이 이미 성취되었다고 간주하는 믿음을 뜻한다. 따라서 믿음의 결과로 하나님의 선하심을 맛보게 되고 그의 사랑을 체험하게 된다. 이는 하나님을 경외하는 자들에게 주어지는 풍성한 기쁨의 근거이며 이를 통해 그의 사랑에 감격하고 감사가 넘치게 된다.[115] 즉 나 자신을 부인하고 그리스도를 받아들이는 행위가 곧 믿음에 해당된다. 칼빈은 다음과 같은 어거스틴의 말을 빌려서 이를 다음과 같이 표현한다: "우리 자신의 공로를 잊어버릴 때에 그리스도의 선물을 받아 누리게 되는 것이다."[116] 이렇게 그리스도의 복을 받아 누리게 될 때 감사가 넘치게 된다. 그리스도의 구속의 은혜와 영생의 축복을 떠난 감사는 있을 수 없다. 즉 모든 감사의 근원에 그리스도에 대한 믿음이 자리잡고 있다. 그리스도를 주로 받

---

111) *CO* 31, 170(시 18:2 주석). 월레스, 『칼빈의 기독교 생활원리』, 53.
112) *CO* 32, 198(시 116:13 주석).
113) *CO* 32, 200(시 116:17 주석).
114) *CO* 51, 731(엡 5:20 설교).
115) 『기독교 강요』, 3.2.41.
116) 『기독교 강요』, 3.12.8.

고 그의 복음에 전념하는 가운데 믿음이 확실해지며 감사가 넘치게
된다. 감사하지 않을 때 복음의 빛과 하나님의 다른 선물들을 잃어버
리고 만다.[117] 따라서 칼빈은 경건을 진작시키기 위해서 하나님이 지
으신 세상 사물들을 감사하는 마음으로 받고 이를 사용해야 한다고
밝힌다.[118] 감사하는 자는 세상 사물을 대함에 있어서 자신의 정욕과
방종을 버리게 된다. 그 결과 세상 사물을 건전하게, 그리고 절제있게
사용하는 법을 배우게 된다.[119] 이렇게 감사하는 삶 가운데 믿음이 자
라고 성화된 삶이 가능해진다.

2) 절제

성화된 삶을 살고자하는 성도가 선을 추구하는 것은 자연스러운 것
이며 여기에는 반드시 열정이 요구된다. 이 세상은 은연중에 악을 조
장하고 이를 즐기는 경향을 지니고 있기 때문이다. 그러나 칼빈은 이
러한 열정을 길들이며 절제하라고 요구한다.[120] 거룩한 삶을 살기 위
해 성도에게 분별력이 필요한데 이는 자신이 지닌 탐심과 야망에 대
한 절제로 나타난다. 절제하지 못할 때 무질서와 사치, 그리고 방탕의
결과가 나타나게 되며 이는 선한 삶을 오염시켜버린다.[121]

칼빈은 부유함에서 비롯되는 사치에 대해서 다음과 같이 말한다:

> 즉 가능한 한 적게 탐닉하며 사치를 제거하는 것은 물론 지나치게 풍요로운
>
> 상태를 모두 끊어내며, 또한 도움이 되는 것들이 오히려 방해가 되지 않도록

---

117) *CO* 52, 102(골 2:7 주석).
118) 『기독교 강요』, 3.10.3.
119) *CO* 52, 296-97(딤전 4:4 주석).
120) 『기독교 강요』, 3.7.8.
121) *CO* 32, 90(시 104:15 주석).

부지런히 경계하는 것을 우리의 부단한 목표로 삼아야 한다는 것이다.[122]

부유함에서 비롯되는 사치에도 적절한 한도가 필요한데 이러한 한도를 초월하여 욕망을 추구하는 것은 오히려 주어진 하나님의 축복을 오염시키게 된다. 따라서 칼빈은 자신에게 주어진 물질적 축복을 남용하지 아니하고 근검절약하는 삶을 권장한다.[123] 하나님께서는 당신의 영을 보내셔서 육체의 욕심을 억누르고 부를 적절하게 쓸 수 있도록 인도하신다.[124]

또한 칼빈은 과음과 과식에 대해서 경고하는데 이는 하나님과 자연의 모든 질서들과 불화를 일으키는 행위이며 하나님의 형상을 상실하게 되는 행위이기 때문이다. 술취함은 곧 방탕함인데 사람들은 정도를 넘어서서 수치심을 집어 던져버리고 모든 분별력을 상실한 채 맹수처럼 되어버리고 만다.[125]

인간의 야망은 주로 높은 지위와 성취욕에 관련된 것으로서 이로 인해 겸손과 평정심을 상실하게 된다. 야망은 시기심과 경쟁심을 불러일으키며 심지어 사람들을 비굴하고 아첨하게 만들기까지 한다. 칼빈은 이런 이유에서 야심을 일반 사회와 교회 안에 존재하는 모든 악의 어머니로 간주한다.[126] 야심은 자신의 현 상태에 만족하지 못하도록 만들며 평정심을 잃어버리도록 만드는데 이는 곧 경건을 잃어버리는 것이다:

---

122) 『기독교 강요』, 3.10.4.
123) *CO* 44, 280(슥 9:15 주석); *CO* 45, 540(막 10:21 주석).
124) *CO* 31, 241(시 23:5 주석). 헤르만 셀더르하위스, 『중심에 계신 하나님: 칼빈의 시편 신학』, 장호광 역(서울: 대한기독교서회, 2009), 214. 성령의 열매로서의 절제에 관한 칼빈의 견해를 파악하기 위해서는 다음을 참고할 것. 월레스, 『칼빈의 기독교 생활원리』, 239-42.
125) *CO* 51, 718-19(엡 5:18 설교).
126) *CO* 50, 256-57(갈 5:26 주석); 월레스, 『칼빈의 기독교 생활원리』, 225.

> 마음이 악의로 가득차고, 시기심으로 부패하게 되면, 화가 타오르고, 열기띤
> 논쟁으로 달아올라 제쳐놓게 되면, 가장 의로운 대의에도 나온 모든 간청마
> 저도 불경건할 수밖에 없게 되고 만다.[127]

칼빈은 절제의 결과로 만족과 인내의 두 가지 덕목(virtue)이 나타
난다고 설명한다. 첫째, 만족은 절제에서 비롯되는 것으로서 이는 그
리스도의 예(example)에서 먼저 드러난다. 그리스도는 참 하나님으
로서 자신의 신성을 밝히 드러내실 수도 있었지만 자발적으로 자신의
모든 신적 권리를 포기하고 자신을 비우시고 낮고 천한 인간의 몸을
취하셨다. 종의 형상을 취하셨고 그런 비천함으로 만족하셨다.[128] 그
는 성부께서 자신을 이 땅에 보내신 목적을 달성하기 위해서 인성이
라는 한계 안에서 머무르시기를 기뻐하셨던 것이다.[129] 즉 자신에게
정해진 한계를 무시하고자 하는 것이 인간의 죄악된 본성이지만 여기
에 머무르는 만족은 절제의 한 단면에 해당된다.[130] 진정한 만족은 물
질의 풍요함에 놓여 있는 것이 아니라 이를 제공하시는 목자 같은 하
나님의 돌보심을 깨달음에서 비롯된다. 이러한 하나님의 돌보심을 깨
닫지 못하는 자는 비록 엄청난 부를 누린다 하더라도 실상은 공허하
고 굶주리는 것과 같다.[131] 하나님 한 분만으로 만족하는 것은 그를 향
한 참된 신뢰에서 비롯된다. 하나님을 자신의 분깃으로 삼는 자에게
참된 만족과 행복이 임한다.[132] 칼빈은 참된 경건이란 하나님 안에서

---

127) 『기독교 강요』, 4.20.18.
128) 『기독교 강요』, 2.13.2.
129) *CO* 45, 456(막 7:24 주석).
130) 월레스, 『칼빈의 기독교 생활원리』, 229.
131) *CO* 31, 238-39(시 23:1 주석).
132) *CO* 31, 140(시 15:5 주석).

행복을 발견하고 만족하는 것이라고 말한다.[133]

둘째, 인내는 환난 가운데 나타나는 절제의 한 형태이다. 이는 또한 믿음의 확실함에서 비롯되는 열매이며 증거에 해당된다.[134] 불경건한 자들이 고난을 당할 때 견디는 것은 단지 그들에게 하나님의 진노와 저주를 뜻할 따름이다. 그러나 믿음을 지닌 자들은 이를 통해서 하늘의 영광을 체험하게 된다.[135] 환난 중에 인내할 수 있는 것은 이 환난이 하나님의 허락아래 주어진 것임을 믿기 때문에 가능한 것이다. 즉 시련을 이기고 인내할 수 있는 최대의 무기는 하나님의 전능하심에 대한 올바른 깨달음이다.[136] 또한 칼빈은 인내를 징계의 차원에서 이해한다. 징계를 받지 않는 자녀가 없는 것과 마찬가지로 하나님께서는 자기 자녀들을 징계를 통하여 부성적 사랑으로 대하신다. 이런 사랑을 깨닫게 될 때 징계를 참고 견딜 수 있게 되며 이는 의와 평강의 열매로 나타난다(히 12:11). 칼빈은 여기에 언급된 의의 열매를 바로 하나님에 대한 두려움과 경건하고 거룩한 삶으로 이해한다.[137]

그렇다면 칼빈은 어떻게 인내를 구체적으로 절제로 이해하는가? 그는 인내가 환난 중에 느끼게 되는 감정을 의도적으로 무시하거나 이를 완전히 억제하려는 것을 의미하지 않는다고 이해하였다. 여기에 절제의 의미가 잘 드러난다:

> 우리가 의미하는 것은 모든 감정에 대하여 완전히 금욕적(stoical)인 무관심의 태도를 갖는다거나, 우리의 인간적 본성을 제거하고 돌같이 우리 자신을 완고하

---

133) *CO* 31, 140(시 15:5 주석).
134) *CO* 52, 188(살후 1:4 주석).
135) *CO* 55, 278(벧전 4:12 주석).
136) *CO* 55, 283(벧전 4:19 주석); *CO* 32, 16(시 93:1 주석). 셸더르하위스, 『중심에 계신 하나님』, 374.
137) *CO* 55, 176(히 12:11 주석).

게 하는 따위가 결코 아니다. ... 중요한 것은 우리가 우리의 슬픔을 억제하고, 두려움을 적절하게 삼가며, 염려 또한 적당하게 해야 한다는 것이다.[138]

3) 투쟁

칼빈은 성화된 기독교인의 삶을 투쟁으로 빈번히 묘사한다. 그래서 그는 기독교적 군사(Christian soldier)라는 용어를 사용한다.[139] 군사의 본분은 전쟁을 항상 염두에 두고 이에 대비해야 하는 것과 마찬가지로 그리스도의 영적 군사는 지속적으로 그리고 평생토록 임해야 한다. 칼빈은 이런 맥락에서 성도의 삶을 지속적인 전시 근무로 보았다.[140] 이런 군사에게 반드시 필요한 것은 스스로를 강하게 만드는 훈련이다. 이러한 영적 훈련은 전적으로 '주 안에서' 이루어진다.[141] 영적 전투에 필요한 모든 준비는 그리스도의 능력을 공급받는 훈련을 통해서 가능한 것이다. 이러한 훈련에 효율적으로 임하기 위해서는 영적 사령관이신 그리스도에게 전적으로 헌신하여야 하며 이는 곧 세상의 얽매이는 것으로부터 해방되어야 함을 뜻한다.[142] 이 투쟁은 믿음의 싸움이며 이는 이미 궁극적 승리가 보장된 싸움이다. 왜냐하면 그리스도께서 사탄의 권세를 이기고 죽음에서 부활하시고 승리하셨기 때문이다:

---

138) 월레스, 『칼빈의 기독교 생활원리』, 232; *CO* 52, 165(살전 4:13 주석); *CO* 45, 212(눅 12:29 주석).
139) *CO* 27, 612(신 20:9 설교).
140) *CO* 32, 23(시 94:12 주석).
141) *CO* 51, 233(엡 6:10 주석).
142) *CO* 52, 361(딤후 2:4 주석).

> 그리고 또한 그리스도는 용감하고 찬란한 대장으로서 그가 물리치신 적들을
> 정복하고 승리하셨다. ... 우리를 위하여 그리스도는 죽음과 세상, 그리고 마
> 귀를 물리치셨다.[143]

그리스도의 죽음 안에 이미 자기 백성의 죽음에 대한 승리가 확보되었는데, 이는 하나님의아들이 우리 대신 그 죽음을 당하셨으며, 그 투쟁을 통하여 승리자로서 분명히 드러났기 때문이다.[144] 따라서 우리가 이 전투에 참여하는 것은 승리를 쟁취하기 위해 발버둥 치는 것을 가리키는 것이 아니다. 전투에 참여하는 것은 이미 승리에 동참하는 것을 뜻한다.[145] 이렇게 영적 투쟁에 참여할 수 있는 것은 전적으로 성령의 역사를 통해서이다. 성령께서는 우리에게 믿음을 허락해 주실 뿐 아니라 믿음의 투쟁에서 우리를 승리할 수 있도록 이끌어 주신다. 그러나 이러한 승리를 맛보기 전에 우리는 끊임없는 내면적 투쟁에 직면하게 되는데 칼빈은 이를 기독교적 갈등이라고 불렀다.[146] 이 갈등을 극복하고 승리하기 위해서 우리 자신의 본성에 속하는 것들에 대항하여 싸워야 하는데 이 싸움은 또한 마귀와의 싸움이기 때문에 더욱 용기가 필요하다. 여기에서 용기란 인간 자신의 능력에 대한 신뢰가 아니라 하나님에 대한 신뢰에서 비롯된 것을 가리킨다.[147] 칼빈은 하나님의 나라와 영광을 위하여 이런 용기, 즉 굳센 의지와 열정을

---

143) *CO* 37, 266(사 53:12 주석); *CO* 47, 316(요 13:31 주석); *CO* 51, 193(엡 4:8 주석). 로버트 피터슨, 『칼빈의 구원의 도리』, 황영철 역(서울: 반석문화사, 1994), 97.

144) *CO* 49, 565(고전 15:57설교): "그러나 그리스도께서는 죄를 정복하셨으며, 이 정복을 통하여 우리를 위한 승리를 획득하셨고, 또한 율법의 저주로부터 우리를 구속하셨다. ... 그리스도의 승리가 곧 우리의 승리이므로 이제 우리는 죽음을 능히 이길 수 있다.";『기독교강요』, 2.12.3: "... 그가 우리의 육신을 입으시고 죄와 죽음을 함께 정복하심으로써 승리가 우리의 것이 되게 하셨던 것이다."

145) *CO* 55, 363(요일 5:4주석).

146) *CO* 49, 133(롬 7:22 주석).

147) *CO* 31, 445(시 44:20 주석); *CO* 31, 59(시 4:3 주석). 리스, 『칼빈의 삶의 신학』, 94-95.

품고 마귀와의 싸움에 임하라고 주장한다:

> 만일 우리가 하나님의 영광을 마음에 품고 있다면 그것을 깨뜨리려고 애쓰
> 는 그 대적과, 반드시 그리고 마땅히, 온 힘을 다하여 싸워야 한다. 또한 우
> 리가 그리스도의 나라를 이루는 일을 목적으로 삼고 있다면 이를 망치려고
> 계략을 꾸미는 그 원수와 타협없이 전쟁을 벌여야 하는 것이다. 뿐만 아니라
> 우리가 우리의 구원을 과연 중요하게 생각한다면, 계속해서 군대를 보내어
> 이를 파괴하려는 그 원수와는 평화도 휴전도 없어야 하는 것이다.[148]

이러한 영적 투쟁은 우리를 연단하시고 거룩한 삶을 진작시키기 위
한 목적으로 하나님께서 사용하시는 수단이다.[149]

6. 결론

칼빈은 성화의 관점에서 경건을 정의하고 이를 성도의 실제 삶 속
에서 적용함으로서 이를 성도가 추구해야 할 삶의 목표로 삼았으며
자신의 신학 또한 이러한 목표를 중심으로 전개되었다. 칼빈은 경건
을 하나님을 향한 두려움과 사랑의 결합으로 정의하였는데 이 정의에
는 하나님을 주로 알고 또한 그의 부성애에 대한 칼빈의 강조가 잘 표
현되어 있다. 이와 관련하여 어떻게 신앙과 순종, 그리고 예배가 경건

---

148) 『기독교 강요』, 1.14.15.
149) 『기독교 강요』, 1.14.18.

을 구성하는 요소로 작용하는가에 관해서 살펴보았다.

칼빈이 이해한 불경건은 그의 죄에 대한 이해에 있어서 핵심적인 내용이며 이는 구체적으로 하나님 형상의 파괴와 무질서로 나타난다. 또한 불경건은 나태함과 정욕으로 그 모습을 드러내기도 한다.

칼빈은 성화를 죄악으로 인해 파괴된 하나님 형상의 회복과 이로 인한 무너진 질서의 회복으로 간주한다. 그의 성화론에 있어서 핵심은 회개에 놓여 있다. 회개는 죄악으로 물든 옛 사람을 죽이는 것(*mortificatio*)과 성령의 능력으로 새 사람을 살리는 것(*vivificatio*)으로 이해된다. 회개는 구체적으로 기독론적, 성령론적, 그리고 종말론적 차원에서 다루어진다.

칼빈은 회개의 결과로 나타나는 성화된 삶의 세 가지 특징을 고찰한다: 자기 부정, 십자가를 지는 삶, 그리고 내세에 대한 묵상. 이러한 특징을 통해서 성화된 자가 추구하는 삶의 모습이 곧 경건의 모습임을 잘 보여준다.

마지막으로 본 논문은 칼빈이 말하는 성화된 삶의 표지를 다루는데 이는 양심을 통해 나타나는 경건의 내면적 차원보다 의로움과 관련된 외적 차원이 더 고려된 것이다. 감사와 절제 그리고 투쟁이라는 세 가지 표지가 성화와 경건의 상호관계를 잘 드러내고 있다.

칼빈의 종말론적 영성

황 대 우 교수 (부산외국어대 겸임교수)

1. 서론

영성(spirituality)이란 용어가 사용하는 사람에 따라 상당히 다르게 정의되고 있기 때문에 이 용어를 간단하게 정의하기가 곤란한 것은 사실이다.[1] 그럼에도 불구하고 그 사전적 의미를 살피자면 일차적으로 그것은 모든 종교에서 발견될 수 있는 "신과의 깊은 관계성"(the state of the deep-relation to God)[2]을 의미한다. 또한 일반적

---

[1] 기독교 영성의 다양한 정의와 종류, 그리고 기독교의 각 종파에 따른 개념 차이에 대해서는 다음 참고. 앨리스터 맥그래스, 『기독교영성베이직』, 김덕천 역(서울: 대한기독교서회, 2006), 13-43.

[2] Walter A. Elwell, ed., *Evangelical Dictionary of Theology* (Grand Rapids: Baker Book House, 1984), 1046. 이 사전에서 하우스톤(J. M. Houston)은 기독교 영성의 특징을 다음과 같이 6 가지로 제시한다. 1) 기독교 영성은 금욕주의(asceticism)와 다르다. 2) 인격적인 분이신 하나님의 성경 계시가 어떤 인간적 지혜로 추론할 수 있는 여지를 남겨두지 않는다. 3) 기독교 영성은 그리스도 중심적이다. 4) 기독교 영성은 삼위일체 하나님 안에서 사는 삶이다. 5) 기독교 영성은 회개로 시작하여 죽음 혹은 그리스도의 재림으로 결론이 나는 인간 영혼과 관계된 하나님의 은혜의 사역이다. 6) 기독교 영성은 교제를 일으키고, 성도들의 교제는 영성을 깊어지게 한다.

으로 기독교에서는 하나님과의 관계에서 비롯된 신앙생활의 깊은 내면성(內面性)과 내밀성(內密性)을 의미한다.

영성이란 용어에 대한 이와 같은 이해와 정의는 근원적으로 기나긴 수도원 제도의 역사를 지닌 로마교에서 비롯된 것이다. 그리고 수도원 제도를 전적으로 거부한 개신교는 오랫동안 이 용어에 대해 긍정적이지 않았던 것이 사실이며 따라서 이 용어 사용의 역사도 짧을 수밖에 없다.[3] 하지만 로마교와 개신교를 불문하고 오늘날 이 용어 사용의 보편성을 고려한다면 영성이 단순히 기독교 신자 개인의 내면적 현상 즉 깊은 영적 내밀성만을 의미한다기보다는 오히려 "영적인 삶 전체"(*tota vita spiritualis*)를 통칭하는 개념이라고 보는 것이 더 타당할 것이다.[4] 뿐만 아니라 이 영성이란 단어가 단순히 신앙적인 개인의 삶 전체에 적용되는 개별적인 개념에만 머물지 않고 오히려 그리스도의 몸인 교회 전체에 적용되는 공동체적인 의미도 반영된다는 점을 인정해야 할 것이다.

아무튼 현재 통용되는 영성이라는 단어의 직접적인 의미를 따라 칼

---

3) C. Aalders, *Spiritualiteit over geestelijk leven vroeger en nu* ('s-Gravenhage: Uitgeverij Boekencentrum B. V., 1980[3]), 8-9. 저자는 이 책에서 교회 연합적인 시각으로 영성의 역사를 재평가하고 로마교와 개신교를 아우르는 통합적 의미에서 영성의 개념을 새롭게 정의하려고 시도했다.

4) 참고. 이수영, "한국교회의 영성 이해," 이수영, 『개혁신학과 경건 : 이수영 목사 회갑 기념 문집』, 최윤배 편 (서울: 장로회신학대학교 출판부, 2006), 290-334. 여기서 이수영은 "우리의 영성 이해는 신학적이어야 한다"(292)고 주장하면서 자신의 영성 이해를 오성춘과 김경재의 영성 이해를 종합하고 보충하는 의미에서 3 가지로 요약하는데, 그것은 "하나님 나라를 향한 지향성으로서의 영성", "그리스도 안에서 보증된 참된 인간성으로서의 영성", "성령 안에서 누리는 하나님 나라 삶의 능력으로서의 영성"이다. 자신의 글 마지막에서 "로마가톨릭교회의 영성 이해"를 다루면서 이수영은 로마교의 영성 이해가 상이한 용어와 개념 사용 때문에 생소하게 느껴질 수 있지만 "인간의 총체적인 삶을 포괄"한다는 점에서 개신교의 견해와 근접해 있다고 평가한다. 맥그래스 역시 기독교 영성을 "하나님과의 관계를 이루고 유지시키는 그리스도인의 생업 전체를 반영하는 것"으로 요약하면서, "기독교 신앙의 범위와 규범 안에서 살아가는 삶의 총체적인 경험"이라고 정의한다. 참고. 맥그래스, 『기독교영성베이직』, 14-15.

빈 자신의 영성에 대해 많은 것을 논하는 것은 다소 어려울지도 모른다.[5] 그리고 제네바(Geneva)의 개혁자는, 자신의 에피소드에 대해 수많은 기록을 남긴 비텐베르크(Wittenberg)의 개혁자 루터(Luther)와 달리 자신에 대해 말하기를 그렇게 즐기지 않았던 사람이다.[6] 그럼에도 불구하고 칼빈은 심오한 영적 인문이었고 신앙 경험과 체험을 아주 중요하게 여긴 개혁자였다.[7] 이런 점에서 칼빈 신학의 성격 역시 주지주의적인 것이 아니라 경험적인 것이다.[8] 그래서 칼빈은 경험, 즉 느끼는 것에 대해 여러 곳에서 말하는데, 특히 하나님의 임재와 행위뿐만 아니라 하나님의 위엄과 아버지 되심까지도 느끼는 것이라고 말한다.[9] 하지만 칼빈에게 있어서 이러한 신앙 경험(*experientia fidei*)은 언제나 선행하는 하나님의 말씀에 뒤따라오는 것이므로 결코 선험적인(*a priori*) 것이 될 수 없고 항상 후험적인(*a posteriori*) 것일 수밖에 없다.[10] 즉 신앙 경험이란 하나님의 말씀에 부합할 때만이 가치 있는 것으로 인정될 수 있다는 것이다. 따라서 제네바 개혁자가 말하는 신앙 경험이 신비주의(mysticism)나 개인주의(individualism),

---

5) K. Runia, "Spiritualiteit bij Calvijn," in W. van 't Spijker et al. ed., *Spiritualiteit* (Kampen: Uitgeverij de Groot Goudriaan, 1993), 169.

6) *OS* I, 460: "De me non libentur loquor." 이 유명한 문장은 "나는 내 자신에 대해 말하는 것을 즐기지 않는다"는 뜻이며 로마교 추기경 사돌레토(Sadoleto)가 제네바 시에 보낸 공신 서한에 대한 답장을 칼빈이 작성했는데 거기에 기록되어 있다. 이것은 제네바의 개혁자 칼빈이 비텐베르크의 개혁자 루터와 얼마나 다른 인물인지 잘 보여주는 문장이다.

7) H. Obendiek, "Die Erfahrung in ihrem Verhältnis zum Worte Gottes bei Calvin," in *Aus Theologie und Geschichte der reformierten Kirche*, Festgabe für E. F. Karl Müller-Erlangen zu dessen 70. Geburtstage (Neukirchen: Buchhandlung des Erziehungsvereins, 1933), 180-214, 특히 183-91.

8) 참고. W. van 't Spijker, "Spiritualiteit en theologie," in *Spiritualiteit*, 389.

9) 참고. Lucien Joseph Richard, *The Spirituality of John Calvin* (Atlanta: John Knox Press, 1974), 153. 한글번역: 『칼빈의 영성』, 210ff.

10) W. Balke, "The word of God and Experientia according to Calvin," in W. H. Neuser ed., *Calvinus Ecclesiae Doctor* (Kampen: Uitgeversmaatschappij J. H. Kok B. V., s.a.), 19-31, 특히 27.

혹은 믿음의 영화(spiritualization of faith)와 연관될 가능성은 전혀 없다.[11]

칼빈은 영성이란 용어를 사용하지 않았다. 대신에 그는 경건 (*pietas*),[12] 그리스도와의 신비한 연합(*unio mystica cum Christo*),[13] 하나님과의 연합(*coniunctio cum Deo*),[14] 그리스도인의 삶(*vita hominis christiani*),[15] 믿음에 대한 최상의 실천인 기도(*oratio, quae praecipuum est fidei exercitium*)[16]와 같은 개념을 애용했는데, 이 모든 개념들은 칼빈의 종말론 사상과 직간접적으로 매우 깊이 연결되어 있다.

---

11) W. van 't Spijker, "Experienta in reformatorisch licht," in *Theologia Reformata* XIX (1976), 236-55, 특히 251. 여기서 저자는 칼빈이 말하는 신앙 경험을 흔히 신비주의자들에게서 발견되는 신앙 경험의 내면화(*verinnerlijking*) 내지는 개인화(*individualisatie*)와 연결시킬 수 없다는 점을 분명히 밝히면서 그 이유를 다음과 같이 설명한다. "신앙 경험의 핵심은 말씀과 성령을 통한 그리스도와의 교제이며, 그리스도를 통한 하나님 자신과의 교제이다. 그리스도께 접붙임(*insitio*)과 접목됨(*insetio*)과 같은 이러한 경험은 지극히 개인적인 것이다. 그러나 바로 이 개인적인 점 위에서 교제의 길이 열리고 개인주의는 근원적으로 차단된다. 왜냐하면 그리스도께 접붙임이란 공동체적이고 교회론적이며 사회적인 측면이 있기 때문이다. 말씀을 통한, 말씀과 함께하는 기독교적 경험이란 하나님의 구원에 대한 지식을 소유한 자들과의 교제 속에서 발견된다."

12) 경건에 대해서는 칼빈이 자신의 『기독교 강요』를 경건서적, 즉 경건을 위한 책으로 불리기를 원했고 이런 의도를 스스로 증명이라도 하듯 경건이라는 단어를 무려 180번이나 사용했다. 칼빈의 '경건'(*pietas*) 개념에 관한 대표적인 훌륭한 연구에 대해서는 다음 참고. Ford Lewis Battles, tr. & ed., *The Piety of John Calvin: An Anthology Illustrative of the Spirituality of the Reformer* (Grand Rapids: Baker Book House, 1978). 한글 번역: 『칼빈의 경건: 그리스도인의 경건한 삶에 관한 글들』, 이형기 역 (서울: 크리스챤다이제스트, 1986); 이수영, "깔뱅의 경건 신학,"『개혁신학과 경건』, 267-89.

13)『기독교 강요』2.8.18; 2.15.5; 2.16.3; 3.6.2.

14) *OS* IV, 433(『기독교 강요』3.25.2.): "... summum hominis bonum esse eius coniunctionem cum Deo, ..." "인간의 최고선은 하나님과 그의 연합이다." ; Zimmerli, ed., Psychopannychia, 77: "... nullam esse vel beatitudinis vel gloriae perfectionem nisi perfectam cum deo coniunctionem." "하나님과의 완전한 연합 없이는 결코 행복의 완전함이나 영광의 완전함이란 존재하지 않는다." 번역은 필자의 것임.

15)『기독교 강요』3.6-10.

16)『기독교 강요』3.20.

이 글에서 필자는 오늘날 개신교에서도 통용되는 영성이라는 개념
에 적용할 수 있는 칼빈의 가르침과 생애가 어떤 것인지, 그리고 이와
같은 그의 가르침과 생애가 그의 종말론 사고와 어떤 관계가 있는지
개론적으로 살펴보고자 한다. 필자는 제네바 개혁자의 가르침과 그의
생애가 본질적으로 크게 다르지 않다고 확신한다. 따라서 칼빈의 삶
에 나타난 영성과 그의 글에 나타난 영성은 근본적으로 일치하며 그
두 영성 모두 종말론적이라는 공통된 특징을 지니고 있다는 점을 밝
힐 것이다.

2. 칼빈의 생애와 영성

칼빈은 자신이 논쟁과 같은 것을 전혀 좋아하지 않는 정신의 소유
자라고 고백한다.[17] 또한 그는 다른 사람들 앞에 나서는 일을 어려워
하는 내성적이고 소심한 사람이었다. 왜냐하면 그는 자신을 "두려움
이 많고 유약하고 소심한 사람"으로 소개하기 때문이다.[18] 그러나 칼
빈은 천성적으로 유약하고 소심했지만 믿음으로 자신에게 닥친 시련
에 굴복하지 않고 용감하게 맞서 싸웠던 인물이다. 또한 믿음의 용기

---

17) Zimmerli, ed., Psychopannychia, 15: "Adeo mihi ab omni contentionis genere
   abhorrebat animus." "더우기 내게 있어서 영혼은 [=나의 영혼은] 모든 종류의 논쟁 방
   식을 싫어했다." 번역은 필자의 것임. 참고. 한글번역:『칼빈작품선집』II, 박건택 편역 (서
   울: 총신대학교출판부, 2009), 35.
18) *CO* 31, 25: "Ego, qui natura timido, molli et pusillo animo me esse fateor, … "
   "나는 내가 본성적으로 겁 많고 유약하고 소심한 성격에 속한다고 스스로 고백한다." 번역
   은 필자의 것임. 참고. Battles, trans. & ed., *The Piety of John Calvin*, 33; 한글번역:
   『칼빈의 경건』, 60.

뿐만 아니라 선한 양심의 소유자였으며 무엇보다도 교회를 향한 뜨거운 가슴을 지닌 사랑의 목회자였다. 칼빈 자신의 고백처럼 그의 인생은 자신의 의지와 무관하게 진행되었다. 칼빈은 자신의 뜻과 반대로 진행된 그 모든 것을 하나님의 뜻으로 간주했다. 이런 점에서 제네바 종교개혁자 칼빈은 자신의 뜻이 아닌 하나님의 뜻을 좇아 산 사람, 즉 "하나님께서 길들인 사람"이었다.[19]

칼빈은 1536년 스트라스부르(Strasbourg)로 가기 위해 제네바에서 하루 밤을 묵게 되었을 때 파렐이 자신을 제네바에 잡아두려고 저주하면서 협박하자 자신의 뜻을 꺾고 제네바의 개혁에 동참할 수밖에 없었다. 또한 칼빈은 제네바에서 쫓겨난 후 "어떤 공적인 책임도 맡지 않고 조용히 지낼 계획"을 세웠을 때에도 스트라스부르의 개혁자 마르틴 부써(Martin Bucer)가 그를 "요나"에 비유하면서 위협하자 다시 한번 자신의 뜻을 꺾고 스트라스부르에 있는 프랑스 피난민 교회의 목회자가 되었다.[20] 뿐만 아니라 칼빈은 자신을 추방했던 도시 제네바에서 다시 청빙했을 때조차도 그런 상황이 재연되었다고 고백한다. "왜냐하면, 비록 내가 이 교회를 위해 죽기를 거절했던 것보다 이 교회의 안녕이 훨씬 더 큰 걱정거리였음에도 불구하고 나의 두려움은 내가 또 다시 비자발적으로 그렇게 버거운 짐을 두 어깨 위에 올려놓았다는 이유로 내게 수많은 변명의 구실들을 제기했기 때문이다. 결국 직무에 대한 경외심과 충성심이 승리했다. 그래서 나는 내가 강제로 떨어지게 된 그 무리에게 스스로 되돌아갔다. 그럼에도 불구하고 [내가] 얼마나 많은 슬픔을 가지고 얼마나 많은 눈물과 얼마나 많

---

19) 프랑스의 칼빈 연구가 장 카디에는 이런 관점에서 칼빈의 생애를 저술했다.
20) *CO* 31, 25-27. 참고. Battles, trans. & ed., *The Piety of John Calvin*, 33-34. = 한글번역:『칼빈의 경건』, 60-61.

은 근심 속에서 [그렇게 했는지는] 주님께서 내게 최고의 증인이시다.
…"[21]

　칼빈의 생애 거의 대부분은 정말 그 자신의 뜻과 무관하게 진행되었다. 1541년에 재청빙을 받아 제네바로 돌아온 이후에도 칼빈의 인생은 순탄하지 못했다. 온지 1년 만에 갓 태어난 아들을 잃는 비통한 경험을 했고 1549년 3월 29일에는 사랑하는 아내와 사별하는 아픔을 겪어야 했다. 뿐만 아니라 칼빈은 제네바에 도착한 이후 15년간 자신을 대적하는 권력가들과 이들을 추종하는 사람들 때문에 한 순간도 마음 편히 지내지 못하고 항상 긴장하며 살아야 했다. 제네바 개혁자가 두 다리 뻗고 편히 지낼 수 있었던 시기는 겨우 8-9년 정도였다. 그 기간마저도 병약했던 그는 헤아리기도 힘들 만큼 많은 병과 더불어 씨름해야 했다. 그리고 단 한 순간도 놓지 않았던 자신의 소원, 즉 조국으로 돌아가고 싶었던 꿈은 결국 이루지 못했다. 그는 이국땅에서 피난민의 신분으로 생을 마감했던 것이다.

　죽음 앞에 선 칼빈은 1564년 4월 25일에 아래와 같은 내용의 유언을 받아쓰게 했다. 이 유언의 내용은 칼빈 자신의 신앙적인 삶에 대한 신앙고백이다. 이 신앙고백적 유언 속에 칼빈의 생애를 관통하는 그의 영성이 빛나고 있다. 여기서 칼빈은 자신의 생애 전체가 자신이 꿈꾸고 소망했던 것의 성취가 아니라 '오직 하나님의 은혜에만'(*sola Dei gratia*) 의존적이었고 이 은혜만이 자신의 유일한 소망이며 이

---

21) *CO* 31, 27: "Etsi enim maiori curae erat huius ecclesiae salus, quam ut eius causa mortem oppetere recusarem: mihi tamen multos excusationis colores suggerebat mea timiditas, cur non libernter humeros de integro subiicerem oneri tam arduo. Vicit tandem officii religio ac fides, ut gregi a quo avulsus fueram me restituerem: quanto tamen cum moerore quantis lacrymis et quanta anxietate, Dominus mihi optimus testis est, …" 번역은 필자의 것임. 참고. Battles, trans. & ed., *The Piety of John Calvin*, 34. = 한글번역:『칼빈의 경건』, 61.

믿음 안에서 살고 죽기를 원한다는 것을 고백한다. 왜냐하면 자신의 자신됨이 자신의 의지나 노력이나 능력이 아닌 오직 하나님의 무한한 선하심에 의한 것이라고 믿었기 때문이다. 그래서 제네바 개혁자는 사람들 앞에서가 아닌 하나님 앞에서 그리스도를 본받는 자, 즉 그리스도의 형상을 닮은 자가 되기를 간절히 기도하는 것이다.

"무엇보다도 먼저 제가 하나님께 감사드리는 것은 그분께서 제게 자비를 베푸시고 제가 갇혀 있던 우상숭배의 심연으로부터 건져내시어 복음의 빛으로 인도하시고 구원의 교리에 참여하도록 해 주셨기 때문입니다. 제게는 그럴만한 자격이 없었습니다. 하나님께서는 긍휼을 분에 넘치도록 베푸셨고 수백 번 거절되어야 마땅할 저의 모든 약함과 실패들을 참아주셨습니다. 이뿐만이 아닙니다. 오히려 하나님께서는 자비를 제게 보이셨는데, 심지어 그분 자신의 복음 진리를 전파하시고 선포하시기 위해 저와 저의 사역을 사용하시는 점에서도 그렇게 하셨습니다. 그러므로 저는 이 믿음 안에서 살고 죽기를 원한다는 것과 하나님께서 저를 은혜로 양자 삼으신 것 외에 다른 소망과 신뢰를 갖고 있지 않다는 것을 고백합니다. 그것이 제 구원의 유일한 근거입니다. 저는 하나님께서 우리 주 예수 그리스도 안에서 제게 보여주신 은혜를 받아들입니다. 그리고 저의 모든 죄를 도말하기 위해 주께서 당하신 고난과 죽으심의 공로를 의지합니다. 또한 모든 가난한 죄인들을 위해 흘리신 우리의 위대한 구주의 피로 저를 씻어주시고 청결하게 해 주셔서 그분의 눈에 제가 그분의 형상을 닮은 자로 나타나도록 해 달라고 저는 간청합니다. 또한 저는 하나님께서 제게 베푸신 은혜를 따라 저의 설교와 저술들에서 그분의 말씀만 순수하게 선포하려고 노력했으며 성경을 신실하게 해석하려고 노력했음을 밝힙니다. 또한 저는 진리의 적들과 싸워야 했던 모든 싸움에서 권모술수나 꾸며낸 논증을 사용하지 않았고 그분의 일을 방어함에 있어서 항상 정직한 길을 걸어왔습니다. 하지만, 애, 이렇게 말해도 된다면 저의 뜻과 근면함은 너무 냉정하고 소심해서 제가 어디서나 그리고 만사에 죄가 있다고 당연하게 느끼는 것들에 불과했습니다. 하나님의 무한한 선하심이 없었다면 저의 모든 열정적인 근면함은 단지 연기(煙氣)에 불과했을 것입니다. 그렇습니다. 하나님께서 제게 베푸신 은혜의 선물들은 저를 더 큰 죄인으로 만들었습니다. 그러므로 저의 유일한 피난처는 하나님께서 자비의 아버지시라는 사실과 심지어 그와 같은 비참한 죄인에게조차도 그러한 아버지가 되기를 원하신다는 사실입니다."[22]

이러한 칼빈의 생애는 그리스도인의 삶에 대한 그의 가르침과 정확하게 일치한다. "우리는 우리 자신의 것이 아니다. 그러므로 우리는 가능한 우리 자신과 우리의 모든 것을 잊어버려야 한다. 반대로 우리는 하나님의 것이다. 그러므로 그분을 위해 살아야 하고 죽어야 한다. 우리는 하나님의 것이다. 그러므로 그분의 지혜와 뜻이 우리의 모든 행동들을 지배하도록 해야 한다. … 그러므로 첫 단계는 사람이 자기 자신에게서 떠나는 것인데, 이것은 그가 자신의 모든 천성적인 힘을 주님께 순종하기에 바치려는 것이다." 삶의 지배 원리를 이성이라고 주장하는 세상 철학과는 달리 "기독교 철학은 그 [이성]에게 명령하기를 그 자리를 성령께 양보하고 복종하고 굴복하라고 한다. 그래서 이제는 사람이 스스로 살지 않고 그리스도께서 그 안에 살며 지배하도록.(갈 2:20)"[23]

칼빈의 영성에는 교행일치(敎行一致), 즉 언행일치(言行一致)와 신행일치(信行一致)가 큰 특징이다. 이러한 교행일치는 그의 종말론, 즉 그리스도의 재림과 심판을 통한 인간 구원의 완성과 하나님 영광의

---

22) W. van't Spijker, "칼빈의 유산 : 칼빈 신학에 대한 지속적인 관심," 『칼빈의 유산과 현대적 의의』 (부산: 고신대학교 개혁주의학술원, 2009), 10-11. 번역과 본문의 강조는 필자의 것.

완성을 가르치는 그의 가르침과 무관하지 않다. 그리스도인들은 자신이 죽고 대신 그리스도께서 자신 속에 사는 자들이며 끊임없이 그리스도께 굴복하기 위해 그리스도의 학교에서 배워야 한다. 그 학교가 가르치는 것은 미래의 소망을 보면서 현재의 고난을 인내하고 기다리라는 것이다. 이런 점에서 "죽음과 마지막 부활의 날을 기쁨으로 기대하지 않는 자들은 아무도 그리스도의 학교에서 잘 진보하지 못한다."[24] 개인의 종말이든 인류 전체의 종말이든 그리스도인은 부활의 소망을 가지고 그 종말을 기다리는 즐거움을 누려야 한다. 왜냐하면 이 기다림과 기대는 "유쾌하고 복된 것"이기 때문이다.[25] 그러므로 "의심하지 말고 희망뿐만 아니라 한숨과 탄식 속에서도 주님의 오심을 모든 일들 중 가장 행복한 일처럼 기대하자. 왜냐하면 그분은 우리에게 구원자로 오셔서 모든 죄악과 비참함의 이 끝없는 구렁텅이로부터 구출된 우리를 자신의 생명과 영광의 저 복된 기업에로 인도하실 것이기 때문이다."[26]

---

23) 『기독교 강요』 3.7.1. = *OS* 4, 151-152: "Nostri non sumus: ergo quoad licet obliviscamur nosmetipsos, ac nostra omnia. Rursum, Dei sumus: illi ergo vivamus ac moriamur. Dei sumus: cunctis ergo nostris actionibus praesideat sapientia eius et voluntas ... Sit hic itaque primus gradus, hominem a seipso discedere, quo totam ingenii vim applicet ad Domini obsequium ...[152]...; at Christiana philosophia illam loco iam non ipse vivat, sed Christum in se ferat viventem ac regnantem [Galat. 2. d. 20]"

24) 『기독교 강요』 3.9.5. = *OS* 4, 175: "neminem bene in Christi schola profecisse, nisi qui et mortis et ultimae resurrectionis diem cum gaudio expectet."

25) Zimmerli, ed., Psychopannychia, 81: "..., illa[=exspectatio] sane et laeta et beata merito vocabitur."

26) 『기독교 강요』 3.9.5. = *OS* 4, 176: "..., non dubitemus adventum Domini non votis modo, sed gemitu etiam ac suspiriis, velut rem omnium faustissimam, expetere. Adveniet enim nobis redemptor, qui ab hoc immenso malorum et miseriarum omnium gurgite extractos, in beatam illam vitae et gloriae suae haereditatem inducat."

3. 칼빈의 종말론과 영성

칼빈 신학에 있어서 종말론의 중요성을 다룬 최초의 글은 아마도 마르틴 슐츠(Martin Schulze)가 쓴 『미래의 삶에 대한 명상』일 것이다.[27] 이 책에서 슐츠는 칼빈의 종말론이 그리스 철학자 플라톤(Platon)과 네덜란드 인문주의자 에라스무스(Erasmus)에게 절대적인 영향을 받은 것으로 보았으며 칼빈의 종말론과 플라톤의 종말론 사이의 차이점이란 칼빈이 부활에 커다란 무게중심을 두려고 했던 정도라고 주장했다.[28] 칼빈의 종말론에 대한 슐츠의 이러한 평가는 많은 칼빈 학자들에 의해 부당한 것으로 비판 되었다.[29] 슐츠 이후 칼빈의 종말론을 좀 더 포괄적으로 다룬 학자는 독일 신학자 퀴스토르프(Quistorp)인데, 그가 루터를 믿음의 신학자(*der Theologe des Glaubens*)라고 부를 수 있다면 칼빈을 희망의 신학자(*der Theologe der Hoffnung*)라고 부를 수 있다고 주장한 것은 의미심장하다.[30] 이와 유사하게 영국의 조직신학자 토랜스(Torrance)도 루터의 종말론을 믿음의 종말론으로, 부써의 종말론을 사랑의 종말론으로, 그리고 칼빈의 종말론을 소망의 종말론으로 분류하고 정의한다.[31]

그리스도인에게 있어서 종말이란 끝이면서 동시에 새로운 시작을 의미한다. 왜냐하면 종말이란 죄와 죄의 영향을 완전히 끝장내는 순

---

27) Martin Schulze, *Meditatio futurae vitae* (Darmstadt: Scientia Verlag Aalen, 1971). 이 책의 초판은 1901년에 라이프치히(Leipzig)에서 출판되었다.

28) Schulze, *Meditatio futurae vitae*, 75-89. 차이점에 대한 논의는 특히 86 페이지 참조.

29) 이런 비판에 대해서는 다음 책 참조. Heinrich Quistorp, *Die letzten Dinge im Zeugnis Calvins* (Gütersloh: Evgl. Verlag Der Rufer, 1941), 46-49. 한글번역: 『칼빈의 종말론』, 이희숙 역 (서울: 성광문화사, 1990), 71-76.

30) Quistorp, *Die letzten Dinge im Zeugnis Calvins*, 4. 퀴스토르프의 이러한 평가는 자신의 책 첫 번째 장을 "희망"이란 주제로 다룬 것에서 더욱 선명하게 나타난다.

간이며 동시에 죄 없는 하나님 나라에서 하나님의 최고최상의 영광을 온전히 함께 나누고 누리는 구원의 완성점이기 때문이다. 그렇다면 신자에게 있어서 종말은 절망이 아니라 희망이다. 이런 희망과 소망의 근거와 마지막 종착역은 무엇인가? 그것은 바로 그리스도이시다. 이분은 그리스도인의 소망의 알파와 오메가이실 뿐만 아니라, 또한 그 과정의 안내자이시다. 이런 점에서 칼빈은 그리스도를 어둠 속에 에워싸인 모든 그리스도인들을 비추는 등불과 태양에 비유한다.[32] 그리스도인들은 이미 사망에서 생명으로 옮겨졌지만 그럼에도 불구하고 그들이 하나님의 나라에 들어가는 일은 미래의 소망이다. 그러므로 지상의 모든 그리스도인들에게는 아직도 가야할 먼 길이 남아 있고 그 먼 길을 가는 동안 필요한 모든 도움을 그리스도로부터 받게 되는 것이다. 그래서 그 하나님의 나라는 "그리스도의 나라로 불리는데, 그 이유는 오직 인도자이시며 지도자이신 그분에 의해서만 우리가 천상에 들어가기 때문이다."[33] 이처럼 칼빈의 종말론은 그리스도 중심적이다.

---

31) T. F. Torrance, *Kindom and Church: A Study in the Theology of the Reformation* (Edinburgh & London: Oliver and Boyd, 1956), 89: "If Luther's escatology can be described as the eschatology of faith, and Calvin's as the eschatology of hope, Butzer's is certainly to be described as the eschatology of love." 세 장으로 구성되어 있는 이 책은 저자의 이러한 생각을 근거로 1장에서 루터의 종말론인 믿음의 종말론을, 2장에서 부써의 종말론인 사랑의 종말론을, 3장에서 칼빈의 종말론인 소망의 종말론을 각각 다루고 있다.

32) *CO* 45, 678sq. (=마태복음 24:43)

33) *CO* 55, 451 (베드로후서 1:10): "Regnum Christi appellat: quia nonnisi eo duce et auspice, in coelum contendimus."

1) 영혼불멸[34]과 종말론

칼빈은 영혼과 몸을 출처와 기원이 다른 것이며 서로 독립적인 존재로 이해한다. 왜냐하면 칼빈에 따르면 "확실히 혼 혹은 영이란 육체와 구별된 인간의 본질이기"[35] 때문이다. 그렇다면 칼빈은 영혼과 육체를 어떻게 정의하는가? 제네바 종교개혁가는 자주 육체 즉 몸을 "영혼의 감옥"으로 묘사한다. 그리고 죽음을 영혼과 육체의 분리, 즉 죽을 수밖에 없고 썩어질 몸으로부터 불멸하는 영혼의 해방이라고 말한다. 이러한 칼빈의 사상은 학자들에 의해 종종, 불멸하는 이데아 세계에 속한 본질을 지닌 영혼과 사멸하는 창조세계에 속한 육체의 결합을 지상의 인간으로 보는 플라톤의 이원론으로부터 영향을 받은 것이라고 평가된다. 그래서 그들은 칼빈 역시 플라톤처럼 육체를 무시하고 평가절하 한다고 보는 것이다. 하지만 이런 평가는 영혼과 육체에 대한 칼빈의 사상을 오해한 것에서 기인한다.

물론 칼빈은 두 실체, 즉 육체라는 실체와 영혼이라는 실체를 상호 비교하면서 육체는 영혼과 그 기원이 다르기 때문에 영혼이 육체보다 비교할 수 없을 정도로 고귀한 것으로 본 것은 사실이다. 하지만 육체와 영혼에 대한 바울의 성경적 사상을 플라톤의 이원론에 대입시킬 수 없듯이 칼빈의 사상 역시 헬라철학의 이원론과 근본적인 차이가 있다. 이러한 차이는 성경이 가르치는, 특히 바울 사도가 가르치는 영혼과 육신에 대한 구분에서 비롯된다. 먼저 칼빈에게 있어서 육신이

---

34) 퀴스토르프는 자신의 책 2장 전체를 이 주제에 할애한다. 참고. Quistorp, *Die letzten Dinge im Zeugnis Calvins*, 50-107. 한글번역:『칼빈의 종말론』, 77-149. 황정욱은 칼빈의 『싸이코파니키아』를 분석한 자신의 책에서 이 주제에 대해 상세하게 다룬다. 황정욱, 『칼빈의 초기사상연구』(서울: 한신대학교출판부, 2000), 254-98.

35) Zimmerli, ed., *Psychopannychia*, 32: "..., nempe animam aut spiritum hominis substantiam esse a corpore distinctam, ..."

아래로부터 온 것인 반면에 영혼의 기원은 하늘이다. 또한 동물의 영혼, 즉 산 영혼을 생산하는 것이 땅이며, 따라서 땅에서 난 것들은 땅으로 돌아가지만, "그러나 인간의 영혼은 땅에서 나오는 것이 아니라 하나님의 입으로부터, 즉 은밀한 능력으로부터 나온다."[36] 칼빈은 생각하기를 인간을 포함하여 모든 동물의 생명력이 영혼으로부터 나오지만 동물의 영혼과 같이 땅으로 돌아가는 것이 있는 반면에 인간의 영혼처럼 하늘로 올라가는 것도 있다. 이러한 구분은 플라톤의 사상에서 발견되지 않는다. 뿐만 아니라 칼빈이 육신을 영혼의 감옥으로 묘사한 것은 인생이 죄 아래 놓여 있는 한 죄의 지배를 벗어날 수 없는 육신의 죄악 됨을 의미하는 것이지, 하나님의 피조물로서 생령이 된 육신 자체를 폄훼하려고 한 것은 아니다.

　죽음이란 타락, 즉 아담이 하나님과의 약속을 어긴 죄로부터 온 것이다. 칼빈은 죽음, 즉 영혼과 육신의 분리로 인한 육신의 부패를 그와 같은 죄의 결과라고 본다. 하지만 그는 사멸하는 육신과는 다른 영혼의 불멸(*animae immortalitas*)을 믿는다. "저 영혼 자체는 육체의 죽음으로부터 살아서 감각과 지각을 가진 채 남아 있다."[37] 여기서 또한 칼빈의 영혼 불멸 사상이 흔히 플라톤의 영혼 불멸 사상과 같은 것이라고 판단하는 것은 잘못이다. 왜냐하면 플라톤에게 있어서 영혼은 영원한 이데아 세계로부터 유출된 것이지만 칼빈에게 있어서 영혼은 무로부터 창조된 하나님의 피조물이기 때문이다.[38] 칼빈이 인간 영혼

---

36) Zimmerli, ed., *Psychopannychia*, 28: "Anima vero hominis non de terra est, sed ex ore domini, hoc est ex virtute secreta."

37) Zimmerli, ed., *Psychopannychia*, 33: "...: Eam ipsam animam ab interitu corporis superstitem manere sensu ac intelligentia praeditam."

38) 플라톤 뿐만 아니라, 신플라톤주의자들도 영혼의 유출설을 주장하는데 바로 이것이 칼빈의 영혼 창조설과 본질적인 차이점이다. 참고. Quistorp, *Die letzten Dinge im Zeugnis Calvins*, 66. 한글번역:『칼빈의 종말론』, 97.

의 불멸성, 즉 영혼이 죽지 않는다고 주장한 것은 인간이 불멸하시는 영적 존재이신 하나님 자신의 형상을 따라 지음을 받은 유일한 영적 존재라는 점을 고려했기 때문이다.[39] 칼빈에 따르면 인간 영혼의 불멸성은 하나님의 형상으로 지음 받았다는 사실에서 그 기원을 찾아야 한다.[40]

칼빈이 영혼의 죽음(*animae mors*)에 대해서도 논하는데 그것은 과연 무엇인가? 영혼의 죽음이란 "하나님이 없고, 하나님으로부터 소외되어 있고, 자기 자신에게 남겨져 있는 것이다. 왜냐하면, 만일 하나님께서 그것의[=영혼의] 생명이시라면 그것은[=영혼은] 하나님의 임재를 상실할 때 자기의 생명을 잃기 때문이다."[41] 생명의 근원과 샘이신 하나님과의 관계가 끊어진 상태가 곧 칼빈이 말하는 영혼의 죽음이다. 우리는 살아 있으나 죽은 것이라는 바울의 말은 바로 여기에 해당된다. 따라서 탐욕과 죄를 먹고 마시며 사는 자는 살아 있으나 죽은 자, 즉 생명이신 하나님에 대해 죽은 자이다.

칼빈에 따르면 이와 같은 영혼의 죽음이 죄지은 하나님의 형상 아담에게 속한 것이라면 영혼의 삶, 즉 생명은 죄 짓지 않은 하나님의 형상 그리스도께 속한 것이다.[42] 바울 사도의 말씀처럼 죄는 사망을 지배하지만 은혜는 영생을 지배하기 때문에, 만일 은혜가 죄를 능가

---

39) 참고. Quistorp, *Die letzten Dinge im Zeugnis Calvins*, 65. 한글번역: 『칼빈의 종말론』, 96.

40) Zimmerli, ed., *Psychopannychia*, 30: "..., vocavit hominem inexterminabilem, qui creatus esset ad imaginem dei (Sap. 2:23)" "그는 하나님의 형상을 따라 창조된 그 사람을 멸절되지 않는 존재라고 불렀다." 여기서 칼빈은 자신의 주장을 위해 외경에 호소한다.

41) Zimmerli, ed., *Psychopannychia*, 68: "Deo carere, a deo desertam esse, sibi relictam esse. Si enim deus eius vita est, perdit vitam suam, cum perdit dei praesentiam."

42) Zimmerli, ed., *Psychopannychia*, 69: "... ex Adam ... esse mortem, ... rursum vitam a Christo, ..."

한다면 그것은 죽음에 어떤 여지도 남겨놓지 않아야 한다고 결론 내릴 수 있다. "따라서 우리는 하나님의 택자들이 이제 아담이 범죄 이전에 존재했던 것과 같다고 주장한다. 그가 멸절될 수 없는 존재로 창조된 것처럼, 이제 또한 예수 그리스도로 말미암아 보다 나은 본성을 따라 재창조된 자들도 그러하다."[43]

그리스도께서는 죽음을 이기신 승리자이시고 이 승리는 그리스도인들에게도 주어진다. 죽음에 대한 승리는 이미 영혼에서 시작되었기 때문에 반드시 육체 속에서도 이루어진다. 칼빈은 이보다 더 나은 표현을 발견했다: "그것은 영혼과 동시에 육체 속에서도 성취될 것인데, 그 이유는 그것이 최소한 이미 영혼 속에서 시작되었기 때문이다."[44] 그리스도께서 이미 이루신 그 죽음에 대한 승리는 이제 신자들의 영혼을 죽음에서부터 구원했기 때문에 신자들의 영혼과 육체 속에서 반드시 성취될 것이다. 그러므로 모든 사람에게 일어나는 공통적인 육체의 죽음 그 자체가 악이요 하나님의 형벌과 저주임에도 불구하고, 그 죽음이 하나님께서 택하신 자신의 백성에게는 악이나 형벌이 아니라 "불멸의 최고 단계를 향한 일종의 자연스러운 전환"(*naturalis quidam transitus ad summum gradum immortalitatis*)이다.[45] 칼빈은 이와 같이 육신의 죽음이라는 개인적인 종말을 결코 두려움의 대상으로 보지 않았기 때문에 제네바 개혁에 자신의 목숨을 걸 수 있었던 것이다.

---

43) Zimmerli, ed., *Psychopannychia*, 71: "Obtinemus igitur electos dei tales nunc esse, qualis fuerit ante peccatum Adam. Et ut ille creatus est inexterminabilis, ita et nunc eos esse, qui per Christum in meliorem naturam recreati sunt."
44) Zimmerli, ed., *Psychopannychia*, 71: "Vel potius in anima simul et corpore implebitur, quod in anima duntaxat inchoatum est."
45) Zimmerli, ed., *Psychopannychia*, 71.

칼빈에게 있어서 신자 개인의 죽음은 개인주의적인 구원과 연결되기 보다는 오히려 하나님 나라의 공동 상속이라는 교회론적이고 집합적인 구원과 연결된다. 즉 칼빈이 말하는 종말론적인 구원이란 "각기" 내지는 "따로따로"의 구원이 아니라 "더불어"와 "함께"의 구원을 의미한다. 따라서 개인의 종말은 세계의 종말, 즉 교회의 머리이시며 모든 신자들의 대장이신 그리스도의 재림으로 인한 마지막 심판의 날과 무관하지 않다. 왜냐하면, 비록 신자가 지금 여기서 하나님의 복과 영광을 누림에도 불구하고, 장차 누릴 완전한 영광과 복은 마지막 날에 일어날 "하나님과 완전한 결합"(*perfecta cum deo coniunctio*) 상태에서만 발견될 수 있기 때문이다.[46] 하나님의 나라는 이미 시작되었음에도 불구하고, 결국 마지막 날이 되어서야 완전하게 이루어질 것이라고 칼빈은 말한다.[47] 즉 하나님께서는 이제부터 그 자신의 영으로 인도하고 다스리는 자신의 백성들 안에서 통치하시기 시작하시지만 그의 나라는 그것이 완성되어질 때 비로소 임할 것이다. 그러므로 아직 도래하지는 않았지만, 그럼에도 불구하고 부분적으로 볼 수 있는 "즉 이 나라는 전적으로 교회 건설 내지는 신자들의 성장인데, 이것에 대해[=건설과 성장에 대해] 바울이 우리에게 묘사하는 바는, 이들이 모든 시대에 걸쳐 온전한 사람으로 성장한다는 것이다."[48] "이는 너희가 죽었고 너희 생명이 그리스도와 함께 하나님 안에 감추었음이니라. 우리 생명이신 그리스도께서 나타나실 그 때에 너희도 그와 함께 영광 중에 나타나리라."(골 3:3,4) 그리스도께서 재림하실 때

---

46) Zimmerli, ed., *Psychopannychia*, 77.
47) Zimmerli, ed., *Psychopannychia*, 78.
48) Zimmerli, ed., *Psychopannychia*, 79: "Ut prosus regnum istud sit ecclesiae aedificatio seu profectus fidelium, quem nobis describit Paulus, qui per omnes aetatum gradus adolescunt in virum perfectum (Eph. 4:13)."

신자의 불멸하는 영혼은 부활하여 새롭게 된 육신과 더불어 완전한 인격체로 거듭날 것이다.

2) 그리스도인의 종말론적인 삶

칼빈에 따르면 종말을 기다린다는 것이 유기된 자들에게는 끔찍스러운 것이겠지만 선택받은 신자들에게는 분명 유쾌하고 복된 일이다.[49] 그리스도 안에서 하나님과의 연합과 친교(*cum Deo coniunctio et communio*)를 통해 새사람으로 거듭난 모든 신자들에게 제시된 모범, 즉 따라야 할 본보기는 다름 아닌 예수 그리스도시다. 하나님의 양자로 받아들여진 유일한 조건은 바로 양자됨의 끈이신 그리스도를 그들의 삶에서 나타내 보이는 것이다. 즉 "우리는 우리의 영혼뿐만 아니라 육신까지도 천상적인 타락하지 않음과 시들지 않는 면류관의 자리에 선정되었기 때문에 주의 날까지 그것들이[=우리의 영혼과 육신이] 순수하고 썩지 않게 보존되도록 열심히 노력해야 한다."[50] 이렇게 하기 위해서는 먼저 우리가 그리스도를 바르게 알아야 하는데, 이것이 곧 복음이다. 칼빈은 그리스도를 바르게 아는 것, 즉 복음을 단순히 설명에 의한 이해의 문제보다는 오히려 삶을 통한 경험의 문제로 본다. "왜냐하면 그것은 말의 가르침이 아니라, 삶의 가르침이기 때문이다."[51] 칼빈에게 있어서 "가르침" 즉 "교리"는 언제나 논리적인 이론이기 보다는 신앙적인 경험과 밀접하게 연결되어 있으며 이러한

---

49) Zimmerli, ed., *Psychopannychia*, 81.
50) 『기독교 강요』 3.6.3. = *OS* 4, 149: "Ex quo et anima nostra et corpus caelesti incorruptioni et immarcescibili coronae destinata sunt, strenue enitendum esse ut pura et incorrupta in diem Domini conserventur."
51) 『기독교 강요』 3.6.4. = *OS* 4, 149: "Non enim linguae est doctrina, sed vitae: ..."

신앙 경험을 일으키는 주체는 바로 성령 하나님이시다. 하지만 칼빈이 말하는 이와 같은 신앙 경험이 결코 신앙의 주관주의와 영성주의로 귀결되지 않는 이유는 그가 그러한 경험의 진정성이 언제나 가시적이고 객관적인 말씀인 성경에 의해 시험되고 평가되어야 한다고 보았기 때문이다.

칼빈은 어디에서도 그리스도인들에게 흠도 점도 없는 완전한 삶, 즉 "복음적인 완전함"(*evangelica perfectio*)을 요구하는 완벽주의(perfectionism)를 말하지 않는다. 오히려 그는 육신을 입고 사는 인간의 연약함, 즉 자신의 연약한 능력의 정도를 충분히 고려하기 때문에 매일 조금씩 앞으로 주님의 길을 따라 나아가기 위해 노력하기를 권고한다. 이것은 완벽한 삶이 아니라, 어제보다 오늘이 조금 더 나은 삶을 추구하도록 가르치는 것이다. 이와 같은 매일 조금씩 전진하기 위해 노력하는 일은 언제까지 지속되어야 하는가? "그것은 선함 그 자체에 도달하게 될 때까지이다. 전 생애에 걸쳐 우리가 이것을[=선함을] 찾고 추구하지만 우리는 육신의 연약함을 벗어버린 후에 그것[=선함]과의 충만한 교제에로 받아들여 질 그 때에야 비로소 이해하게 될 것이다."[52]

칼빈에게 있어서 우리가 그리스도와 교제하고 하나님과 교제한다는 것은 곧 우리 자신을 부인하는 것(*nostri abnegatio*)을 의미한다.[53] 자신을 포기하는 것에서부터 그리스도인의 삶은 시작된다. 이러한 자기 부인은 곧 자신을 죽이는 것, 즉 자기 죽임(*sui mortificatio*)으로 나타나는데, 이것은 원수 사랑을 의무감이 아닌, 사랑의 순수한

---

52) 『기독교 강요』 3.6.5. = *OS* 4, 150: "…, donec ad ipsam perventum fuerit bonitatem: uam quidem 새새 vitae spatio quaerimus ac sequimur, tum apprehendemus quum nos carnis infirmitate exuti, in plenum eius consortium recepti fuerimus."
53) 『기독교 강요』 3.7.2. = *OS* 4, 152–53.

감정(*sincerus amoris affectus*)으로 실천하는 자가 이룰 수 있는 것이다. 그리고 원수를 사랑하는 일은 그의 악함을 생각하지 않고 그 안에 있는 하나님의 형상을 바라볼 때 실천 가능한 것이 된다.[54] 칼빈에 따르면, 다른 한 편으로, 자기 부인은 자신의 십자가를 지는 것을 의미한다. 우리를 위해 십자가를 지심으로 인내의 모범이 되신 그리스도와 더불어 우리가 교제할 때 우리 자신의 십자가로 인한 고통은 그 자체로 오히려 우리에게 복이 될 뿐만 아니라 우리의 구원을 증진시키기도 한다.[55]

칼빈에 따르면 그리스도인이 삶에서 겪는 고난과 고통은 이 세상의 삶을 무시하고 내세의 삶을 명상하도록 하기 위한 하나님의 뜻이 반영된 것이다. 즉 고난과 고통은 신자들이 지금 이 세상 속에 만연한 죄를 멀리하고 미래에 대한 영생의 약속을 소망하며 살도록 하기 위한 하나님의 특별한 장치이다. 그리고 장차 다가 올 삶과 비교하게 될 때 현재의 삶은 무시해 버려도 좋을 뿐만 아니라 오히려 전적으로 멸시하거나 싫어해야 한다.[56] 이 땅에서의 삶은 우리를 죄에 속하도록 만들기 때문이다. 그러므로 신자들은 먼저 마치 이 땅에서 영원토록 살아 갈 것처럼 세상의 한시적이고 덧없는 것에서 최대의 안전과 평화와 즐거움을 찾으려고 하는 욕망을 억제하고 멀리해야 하는 것이다. "나아가 이생에 대한 왜곡된 사랑에서 벗어나게 되는 모든 것은 더 선한 삶에 대한 열정으로 타올라야 한다."[57]

칼빈이 우리를 죄에 속박하려고 하는 이 세상의 삶을 무시해야 한

---

54) 『기독교 강요』 3.7.6-7. = *OS* 4, 156-58.
55) 『기독교 강요』 3.8.1. = *OS* 4, 161-62.
56) 『기독교 강요』 3.9.4. = *OS* 4, 174.
57) 『기독교 강요』 3.9.4. = *OS* 4, 173: "Porro quicquid detrahitur pravo eius amori, debet melioris vitae desyderio accedere."

다고 강조함에도 불구하고 그는 결코 이 세상의 삶 자체를 증오해도 안 되며, 또한 하나님께 감사할 줄 몰라도 안 된다고 가르치면서 다음과 같이 말한다. "이생이, 비록 한없는 불행들로 가득 차 있을지라도, 거절되지 말아야 할 하나님의 강복 아래 있는 것으로 여기는 것이 당연하다."[58] 그래서 우리는 이 세상의 삶을 "결코 배척되지 말아야 할 신적인 호의의 선물들 아래에 놓도록" 해야 하는데,[59] 그 이유는 "우리가 지상적인 삶을 사는 것은 신적인 관용의 직무이기" 때문이다.[60] 또한 이 세상은 하늘나라의 영광을 위해 준비하는 장소이며 최후의 승리를 얻을 때까지 전투해야 할 전쟁터이다. 그리고 우리가 이 세상에서 여러 가지 선행으로 말미암아 하나님의 자비의 감미로움을 맛보기 시작함으로써 우리의 소망과 열정은 그분의 충만한 계시를 열심히 추구하도록 단련되는 것이다.[61]

신자들, 즉 모든 하나님의 백성은 지상에 거하는 동안 자신들의 머리이신 그리스도처럼 되기 위해 도살할 양처럼 되어야 한다. 지상의 고난과 고통을 참고 인내한 신자들을 하나님은 결국 자신의 행복을 나누는 동참자로 삼으실 것이기 때문이다. 또한 주 예수께서 하늘로부터 나타나실 때 비참하고 부당하게 괴롭힘을 당한 모든 자신의 백성에게 안식을 주실 것이고 반대로 그들을 괴롭힌 원수들을 심판하실

---

58) 『기독교 강요』 3.9.3. = *OS* 4, 172–73: "Siquidem haec vita, utcunque infinitis miseriis referta sit, censetur tamen merito inter non aspernan[173]das Dei benedictiones."
59) 『기독교 강요』 3.9.3. = *OS* 4, 173: "…, ut ipsam reponamus inter minime respuenda divinae benignitatis dona."
60) 『기독교 강요』 3.9.3. = *OS* 4, 173: "…, divinae clementiae munus esse quod terrenam vitam vivimus, …"
61) 『기독교 강요』 3.9.3. = *OS* 4, 173: "…: quod variis beneficiis divinae benignitatis suavitatem delibare in ea incipimus: quo spes ad desyderium nostrum acuatur ad plenam eius revelationem expetendam."

것이다. "이것은 참으로 우리의 유일한 위로이다. 왜냐하면, 만일 이것이 제거된다면, 반드시 마음을 낙담하도록 하거나 아니면 이 세상의 헛된 위로들로 우리를 재난에 빠트리도록 할 것이기 때문이다."[62] 여기에 칼빈은 덧붙여 말하기를 신자들이 부활의 능력을 바라봄으로써 모든 고난과 고통을 물리치고 최후의 승리를 거두게 될 것이라고 한다.

3) 종말론과 기도

인내를 요구하는 그리스도인의 종말론적인 삶은 기도하는 삶이다. 신자들은 끊임없이 참고 기도해야 하는데, 이 기도를 통해 하나님께서는 자신의 백성에게 위로를 주신다. 종말론적인 기도는, 특별히, 주님께서 가르쳐주신 기도 가운데 "나라가 임하옵시며"에 대한 칼빈의 해설에서 찾아볼 수 있다. 칼빈은 하나님의 나라와 기도의 상관관계를 다음과 같이 설명한다.

즉 하나님께서는 자기 자신들을 부인하고 세상과 이 땅의 삶을 무시함으로써 하늘의 생명을 사모하기 위하여 하나님의 의에 이르게 하신다. 이와 같이 이 나라에는 두 부분이 있다. 첫째로, 하나님께서는 집단으로 그를 대적하여 싸우는 육신의 모든 욕망들을 자신의 영의 능력으로 교정하신다. 둘째로, 하나님께서는 그의 다스림에 순종하도록 우리의 모든 생각들을 형성시키신다.

...

---

62) 『기독교 강요』 3.9.6. = *OS* 4, 176: "Haec profecto unica est nostra consolatio: quae si auferatur, aut necesse erit despondere animum, aut vanis mundi solatiis in exitium nostrum delinire." 이러한 위로는 하이델베르크 교리문답 제1문과 일맥상통한다.

따라서 이 기도는 우리를 세상적인 부패로부터 물러서게 해야만 하는데, 이러한 부패는 우리를 하나님으로부터 분리시킴으로써 하나님의 나라가 우리 안에 번성하지 못하게 한다. 동시에 이 기도는 육신을 죽이려는 열심에 불을 붙여야만 한다. 끝으로, 기도는 우리에게 십자가를 지도록 가르쳐야만 한다. 왜냐하면 하나님께서는 이런 방식으로 그의 나라를 확장시키기를 원하시기 때문이다.

그러나 우리는 속사람이 새로워진다면 겉사람이 쇠해지는 것을 나쁘게 생각해서는 안 된다. 왜냐하면 다음과 같은 하나님 나라의 조건이 있기 때문이다. 즉 그 조건은 우리가 하나님의 의에 굴복하게 되면 그는 우리를 그의 영광의 참여자로 만드신다는 것이다. 이 일이 이루어지는 것은, 하나님께서 그의 빛과 진리를 언제나 점점 더 빛나게 하심으로써 사탄의 왕국의 어두움과 거짓된 것들이 사라지고 꺼지고 없어지게 될 때이다.

한편 하나님께서는 그 자신의 백성들을 보호하시며, 그의 영의 도우심을 받아 그들을 의에로 인도하시며 또한 그들을 인내할 수 있도록 강하게 만드신다. 그러나 그는 원수들의 사악한 음모를 뒤집어엎으시며 그들의 계략과 속임수를 폭로하시며 그들의 악의에 대항하시고 그들의 완고함을 억압하시며 또한 마지막에 가서는 드디어 그의 입의 성령으로 적그리스도를 죽이시며 그가 강림하실 때의 광채로 모든 불경건을 파괴시키실 것이다.[63]

---

63) 『기독교 강요』 3.20.42. = *OS* 4, 352-53. 『기독교 강요』 3권 하, 고영민 역(서울: 기독교문사, 2007), 265-67.

4. 결론

신학과 영성의 관계는 마치 이성적인 머리와 감성적인 마음의 관계요, 지식과 믿음의 관계와 같기 때문에 참된 신학은 참된 영성 없이는 결코 세워질 수 없다.[64] 또한 영성이 성령께서 우리의 마음을 주장하셔서 우리의 영을 깨우시며 우리의 삶 전체를 주관하시는 것을 내포한다는 점에서 영성의 의미는 경건이 의미하는 것보다 포괄적이다. 경건이 영성의 핵심이라면 영성은 경건의 결과요 열매일 것이다.[65]

비록 칼빈이 영성이란 단어를 사용한 적은 없지만 그렇다고 오늘날 정의되는 영성의 내용을 그의 삶이나 가르침에서 전혀 찾아볼 수 없는 것은 아니다. 오히려 칼빈은 당대의 어떤 종교개혁가보다 더욱 깊은 영성의 삶과 가르침을 보여준다. 칼빈에게 있어서 영성의 근거와 원동력은 믿음(*fides*)과 경건(*pietas*), 신앙심(*religio*), 자기 부인(*sui abregatio*), 기도(*oratio*), 그리고 그리스도와의 연합(*unio cum Christo*) 등이다. 그리고 이 모든 개념들은 칼빈의 종말론과 밀접하게 연결되어 있다. 그리고 이 종말론은 그리스도의 나라와 하나님의 나라를 지향한다. 그러므로 개인적인 영성의 차원에 머물지 않는다. 이런 점에서 칼빈의 영성은 종말론적이면서 동시에 교회론적이다.

---

64) 참고. W. van 't Spijker, "Spiritualiteit en theologie," in *Spiritualiteit*, 385.
65) W. H. Velema, *Nieuw zicht op gereformeerde spiritualiteit* (Kampen: Kok Voorhoeve, 1990), 74.

칼빈의 기도론의 영성 유형과 기도 모델

김 순 성 교수 (고려신학대학원)

1. 서론

21세기 한국교회가 총체적 위기에 처해 있음에 대해 의심의 여지가 없다. 교회성장의 정체 위기, 리더십의 위기, 예배와 강단의 위기, 영성과 도덕성의 위기, 세속화의 위기 등등 위기 상황이 다양한 관점에서 여러 매체를 통해 지속적으로 거론되고 있다. 문제는 대부분의 현실 인식과 진단이 자기 성찰적 의의를 지니고 있음에도 불구하고 현상론적 접근의 한계를 벗어나지 못하고 있다는 점이다. 이 때문에 위기진단과 함께 언급되는 대안 제시 역시 피상적이거나 실용적인 방법론 수준을 넘지 못하고 있다. 본질적 측면에서 볼 때 한국교회의 총체적 위기상황을 영성의 위기라는 용어로 간단히 표현할 수 있을 것이다. 영성이란 믿음에 기초한 신자 개인과 공동체의 삶의 방식을 의미하기 때문이다.

하지만 영성의 위기라는 표현 역시 충분치 않다. 영성이라는 용어가 지니는 포괄성 때문이다. 영성을 영성 되게 하는 것이 무엇인지에 대한 보다 근원적인 접근이 필요하다. 영성을 영성답게 하는 것이 무엇인가? 영성이란 신앙을 전제한 하나님 인식과 윤리적 실천이라는 양면과 관련되는 바, 바로 하나님 인식의 실천적 방편인 기도가 중요한 것이다. 프락시스(praxis) 개념상 하나님 인식과 윤리적 실천의 관계가 상호적이지만, 논리적 관점에서는 전자가 후자에 선행된다는 점에서 기도는 영성형성의 중심에 자리하고 있다고 해도 과언이 아니다. 믿음의 실제적 표현인 기도를 통해 하나님을 경험하고 그 결과로 영성이 형성되기 때문이다. 그러므로 바른 기도를 떠나서 바른 영성은 불가능하다. 기도의 약화는 필연적으로 영성의 약화로 이어지며, 기도의 변질은 영성의 변질과 직결된다. 이런 점에서 살펴 볼 때 오늘날 한국교회의 위기로 인식되고 있는 신앙과 윤리적 문제는 근본적으로 영성의 문제이며 그 근저에 기도의 문제가 도사리고 있다. 요컨대 오늘날 한국교회가 직면한 위기란 본질적으로 기도의 위기이다.

기도의 위기가 두 가지 현상으로 나타나고 있는데, 첫째는 물질적 풍요와 함께 이전에 비해 오늘날 교회 안에 기도가 현저히 약화되거나 사라지고 있다는 점이며, 둘째는 그나마 현존하는 기도조차도 시대문화와 가치에 오염되거나 영합하여 그 내용이 왜곡 변질되는 현상을 보이면서 각종 비성경적, 혼합주의적인 형태의 기도가 교회 안에 무분별하게 유입되고 있다는 점이다.[1] 결국 기도의 상실과 변질이 한국교회가 당면한 위기의 실체인 것이다.

이 같은 한국교회의 현실 상황에 유의하면서 본 논문은 기도의 위기에 대한 문제점 진단 및 해답을 칼빈의 기도론에서 찾고자 한다. 교회사적으로 칼빈의 기도론은 시대를 뛰어넘어 그 탁월성을 인정받아 왔다. 본고에서는 칼빈의 기도와 영성의 신학적 토대와 그가 제시하

---

1) 대표적으로 관상기도(觀想祈禱)에 대한 논의와 세미나 등이 신학적 성찰이 전혀 없이 무분별하게 수용되고 있다.

는 기도의 원리와 실제를 고찰하고, 그가 제시하는 기도의 특징과 방법을 영성 유형 및 기도 모델의 관점에서 분석, 평가함으로써 오늘날 한국교회에 회복되어야 할 바른 기도가 무엇인지 제시하고자 한다.

2. 본론

1) 칼빈의 영성과 기도의 신학적 토대

① 그리스도와의 신비한 연합(*unio mystica cum Christo*)

칼빈의 기도론을 논함에 있어 먼저 『기독교 강요』에서 기도론의 위치를 주목해 볼 필요가 있다. 기도론은 "그리스도의 은혜를 받는 방법"을 서술하는 제3권의 후반부 20장에 위치하고 있다. 칼빈은 3권에서 "아버지께서 그의 독생자에게 주신 여러 유익들을 우리가 어떻게 받을 수 있는가"를 설명하면서, 그리스도인의 영성과 윤리의 근거를 제시하는 맥락에서 전체 내용을 기술하고 있다. 여기서 우리의 주목을 끌고 있는 표현이 바로 '그리스도와의 연합'이라는 개념이다.[2] 바로 3권 1장 1절 주제가 "성령은 우리를 '그리스도와 연합' 시켜주는 띠"라는 말로 시작된다. 그리고 이어서 다음과 같이 설명한다.

---

2) 그리스도와의 연합 교리는 일반적으로 칼빈 신학의 중심으로 받아들여지고 있으며 그의 구원론의 기초를 이루고 있다. Cf. K. Runia, "Sprirualiteit bij Calvin," in *Spiritualiteit*, (ed), W. van't Spijker et al, (Kampen: De Groot Gouderiaan, 1993), 172; Charles Partee. "Calvin's Central Dogma Again," *The Sixteenth Century Journal 18*, (1987): 196. 원종천, 『칼빈과 청교도 영성』(서울: 도서출판 하나, 1994), 28. 재인용.

그리스도께서 우리 밖에 계시는 한 우리는 그로부터 분리된 것이고 그가 당하신 모든 고통과 인류의 구원을 위해 이루신 모든 사역이 우리에게는 상관도 없고 아무 소용이 없다. 그러므로 아버지에게서 받으신 것을 우리에게 나눠주시기 위해서는 그가 우리의 것이 되며 우리 안에 계셔야 했다. 이러한 이유로 인해 그는 "우리의 머리"(엡 4:15)로 불리며, "많은 형제들 중에서 맏아들"(롬 8:29)이라 불려진다. 또 우리 편에서는 우리가 그에게 "접붙임"을 받으며(롬11:17), "그리스도로 옷 입는다"(갈 3:27)고 하였다. 이는 이미 말한 바와 같이 그와 한 몸이 되기까지는 그가 가지신 것이 우리와 아무런 상관이 없기 때문이다.

나아가 3권 전체를 통해 그리스도와의 연합은 그리스도의 은혜와 유익이 우리에게 오는 길로 이해되면서 믿음, 칭의, 성화, 기도 등이 바로 이 신비한 연합과 함께 설명되고 있다. 이처럼 칼빈에게 그리스도와의 연합개념은 그의 구원론의 기초를 이룬다. 『기독교 강요』 3권 11장에서 믿음에 의한 칭의를 설명하면서 칼빈은 다음과 같이 말한다.

> 그러므로 머리와 지체들의 결합, 그리스도께서 우리의 마음속에 거하심 – 간단히 말해서 신비한 연합(*mystica unio*) – 은 우리에게는 가장 중요한 것들이다. 왜냐하면 그리스도께서 우리의 것이 되시기만 한다면 그가 부여받은 선물들을 우리도 함께 나누어 가지게 될 수 있기 때문이다.

이 신비한 연합을 설명하기 위해 위에서 언급한 4가지 비유(머리되심, 형제관계, 접붙임, 옷입음)외에 칼빈은 이어서 결혼의 비유를 통해 우리가 받은 구원이 그리스도와 하나 되는 것임을 생생하게 묘사한다.

> 그러한 연합은 거룩한 결혼으로 설명될 수 있는데, 이러한 결혼을 통해 우리
> 는 그의 살 중의 살과 뼈 중의 뼈가 되어(엡 5:30) 그와 하나가 된다(3.1.3).

그리스도와 우리와의 이러한 연합으로 인하여 그는 자기 자신을 우리에게 모두 쏟으셨다. 그를 통해 우리에게 생명을 주시기 위해 그는 우리와 같이 인간이 되셨을 뿐만 아니라, 성령의 능력으로 우리를 그에게 접붙여 우리는 그의 뼈 중의 뼈요, 살 중의 살이 되는 것이다.[3] 칼빈에게 이러한 연합은 우리가 그리스도와 갖는 신비한 교제에 관한 엄청난 말씀으로서 인간의 이성과 지성의 영역을 넘어서 있고, 이해에 속하는 것이 아니라 신비적인 것이며, 영적인 경이에 속한다.

> 내가 알고 있는 것은 성령의 능력을 통해 천상의 삶이 지상에 넘쳐나는 것이다.
> 그리스도의 육체는 성령의 측량할 수 없는 사역이 없이는 우리에게 생명이나
> 효력을 줄 수가 없다. 그리스도를 우리 안에 내주하게 하시는 분은 성령이며 그
> 분이 우리를 지탱하고 양육하며 머리이신 그리스도를 위해 모든 것을 성취해
> 나가신다..... 이것이 얼마나 나의 이해의 한계를 넘어선 일인지? 내가 고백할
> 수 있는 것이라곤 신비란 말 이외에 달리 표현할 수가 없다[4]

칼빈이 주장하는 이 신비한 연합은 물론 '경건한 인간 본질의 신적 존재로의 몰입 또는 내지 합일'이라는 중세 신비주의적인 연합과는 거리가 멀다. 다시 말해서 그리스도의 신적 본질과 우리의 본질이 섞

---

3) John Calvin, *The Epistles of Paul the Apostle to the Galatians, Ephesians, Philippians and Colossians*, tr. T. H. L. Parker (Grand Rapids: Eerdmans, 1993), 209

4) John Calvin, Letter 2266 to Peter Martyr Vermigli, 8 August 1555, *CO*. 15:723. 정승훈, 『종교개혁과 칼빈의 영성』(서울: 대한기독교서회, 2000), 68에서 재인용.

이는 '하나님과 인간 본질의 범신론적 혼합'으로 이해되어서는 안 된다.[5] 이것은 성령의 역사에 의한 그리스도와 신자간의 '영적'(spiritual)이면서도 '실제적인'(real) 연합을 의미하는 것으로 여기서는 신자의 육체와 영혼이 그리스도의 몸에 접붙임으로써 그와 하나가 되지만 존재론적으로 그리스도와 신자간의 경계가 결코 무너지지 않는다.[6] 이 연합의 신비한 성격과 관련하여 칼빈은 "이 교제의 성격을 발견하려고 애쓰기보다 그리스도가 우리 안에 계심을 느끼도록 노력하자"[7]고 하며 합리적인 이해나 설명보다는 체험에 호소한다.

이 신비한 연합을 통해 신자는 그리스도와 깊고도 본질적인 교제를 나누게 되는데 이것은 이중적 교제(communion)로 나타난다. 첫 번째 교제는 성령의 능력을 통해 그리스도가 우리 안에 사는 것으로 칭의와 관련된다.

> 나는 이 사실만은 알고 있다. 그리스도의 육체는 그 자체로 생명을 줄 수 없으며, 성령의 측량할 수 없는 사역이 아니고는 그 생명의 효력이 우리에게 이를 수 없기 때문에 성령의 능력을 통해서 하늘의 생명이 땅으로 흘려 내려 온다는 사실을 알고 있다. 이처럼 그리스도를 우리 안에 사시게 하고, 우리의 생명을 유지하고 양육하며, 머리이신 그분을 대신하여 모든 것을 이루시는 분은 성령이시다.[8]

---

5) *Inst.* 3.11.5. Cf. Dennis E. Tamburello, *Union with Christ: John Calvin and the Mysticism of St. Bernard* (Louisville, Kentucky: Westminster John Knox Press, 1994), 87ff.

6) *Inst.* 3.11.5. Cf. Tamburello, *Union with Chris*, 89. 참고로 신플라톤주의 철학에 기초한 이런 범신론적 연합 또는 합일 개념이 중세 가톨릭 교회에서 시행된 관상기도(contemplative prayer)의 이론적 배경이 된다.

7) *Com. on Ephesians* 5:32.

8) Calvin, Letter 2266 to Peter Martyr Vermigli, 8 August 1555, *CO.* 15:723.

두 번째 교제는 그리스도께서 성령의 은사들로 우리를 부요하게 하는 교제로서 첫 번째 교제의 열매이자 효과이다. 이 교제는 성화와 관련된다. 따라서 첫 번째 교제는 "전체적"(total)이며, 두 번째 교제는 "부분적"(partial)이며 "자라는"(grow) 것이다.[9] 전자는 그리스도와의 연합을 통해 가장 으뜸 되는 선물인 그의 의(義)에 참여하는 것이요, 후자는 그가 이루신 모든 것을 믿음의 교제를 통해 우리가 함께 나누는 것이다. "그의 모든 은혜뿐만 아니라 그리스도 자신을"(3.2.24) 선물로 받아 그와의 교제를 통해 하나의 몸으로 자라가게 되는 것이다. 이처럼 이중적 교제를 통해 성령은 우리를 하나님의 의로 의롭게 하시며, 동시에 거룩한 삶을 위하여 우리를 거룩하게 하신다.

② 신비한 연합과 영성

신비한 연합을 통한 그리스도와의 교제에 있어 성령의 역할에 대한 칼빈의 강조는 앞서 언급한 바와 같이 기독교 영성과 윤리의 근거가 된다. 성령이 우리의 주관적인 신앙을 신앙의 객관적인 대상인 그리스도와 효율적으로 맺어줌으로써, 그리스도 안에 계시된 하나님 체험을 통해 그리스도의 구원의 실제적인 참여자로 살아갈 수 있기 때문이다(3.1.4). 그러므로 하나님 체험으로서의 기독교 영성에 그리스도를 닮아 가는 성화는 필수적이며 특별히 칼빈에게 영성은 성화와 직결되어 있다. 그에게 영성이란 "신자의 구체적인 삶 속에서 나타나는 거룩(holiness)의 양식(樣式)"을 의미하며, 이 영성은 "거룩에 있어서 진보의 가능성"과 함께 "완전을 향한 역사(working)의 필요성" 및

---

9) Tamburello, *Union with Christ*, 87.

"완전에 이르는 방편과 길"이 있다.[10] 그런데 여기서 간과되어서는 안 될 중요한 점은 그리스도와의 신비한 연합을 통해 형성되는 영성과 윤리의 범위가 구원의 전 영역과 관련된다는 점이다. 일반적으로 영성을 개인적, 내면적인 영역으로 국한시켜 이해하는 경향이 있는데 칼빈이 강조하는 신비한 연합의 개념은 그것을 거부한다. 여기에는 개인적 내면적 종교적 영역뿐만 아니라, 인간 삶의 외적인 영역 즉 사회, 문화, 정치, 역사적 영역도 포함된다.[11] 다시 말해서, 칼빈의 신비한 연합이 개인적, 교회적 성례의 삶에 국한되는 것이 아니라, 세상 속에 현존하시는 그리스도를 향한 정치적, 사회적 봉사(political, social diakonia)의 차원을 가지고 있음을 간과해서는 안 된다. 앞서 언급한 거룩의 개념 역시 개인적 차원은 물론 사회 정치적 차원을 포함하고 있음을 또한 유념할 필요가 있다.[12] 성화와 직결된 칼빈의 영성에 윤리적 요소와 책임이 수반됨은 말할 것도 없다. 칭의와 성화의 성령이 인간으로 하여금 하나님 사랑과 이웃 사랑으로 향하게 하기 때문이다.

③ 신비한 연합과 기도

그리스도와의 신비한 연합을 통해 그리스도로부터 신자에게 전달되는 영적 생명을 자신의 것으로 경험하는데 필수적인 것이 기도를

---

10) Lucien Joseph Richard, *The Spirituality of John Calvin* (Atlanta: John Knox Press, 1974), 1.

11) Paul Chung, "Calvin and the Holy Spirit: A Reconsideration in Light of Spirituality and Social Ethics," *Pneuma*, 24 (2002): 45.

12) 이 주제에 대해서는 다음 논문을 참조하라. Jung Suck, Rhee, "Secularization and sanctification : a study of Karl Barth's doctrine of sanctification and its contextual application to the Korean Church," (Ph. D. diss., Vrij Universiteit, Amsterdam, 1997).

통한 하나님과의 교제이다. 중보자이신 그리스도를 통해 성령 안에서 성부 하나님께 나아감으로써 하나님과 우리가 교제하게 된다. 다시 말해서 하나님께 나아 갈 자격을 부여하는 그리스도의 구속과 그분께 나아 갈 능력을 부여하는 성령에 의해 하늘 보좌에 계신 거룩하신 하나님께 나아가 교제하는 것이 가능하게 되는데 하나님과의 지속적인 교제의 방편이 곧 기도이다.[13] 칼빈에 의하면 기도란 그것을 통해 하나님의 은택을 받는 "믿음의 주요한 실천"이다.[14] 즉 우리 속에 참되고 살아 있는 믿음이 있으면 기도가 저절로 터져 나오게 된다.[15] 기도란 살아 있는 믿음의 표현이며, 하나님께 대한 사랑과 필요를 말로 알리는 믿음이다.[16] 아울러 기도는 하나님이 우리를 위해 쌓아 두신 부요에 이르는 길이다.

> 하나님과 사람들 사이에는 교제가 있는데, 이러한 교제에 의해 하늘 성소에 들어감으로써 직접 하나님께 그 약속에 대해 간구하는 것이다. ... 그러므로 하나님께서 주시겠다고 약속하신 것은 또한 기도를 통해서 무엇이든지 하나님께 구하라고 하셨다. 주의 복음은 보화가 묻혀 있는 곳을 가리켜 주었고, 우리는 믿음의 눈으로 본 그 보화를 기도로 캐내야 하는 것이다(3.20.2).

칼빈은 기도와 믿음의 관련성을 강조한다. 그가 말하는 믿음은 우리를 향한 하나님의 자비, 즉 그의 부성적 은총과 돌보심에 대한 확실한 지식을 뜻한다. 이 믿음에 근거하여 하나님을 아버지라 부르며 우

---

13) B. M. Palmer, *Theology of Prayer* (Harrisonburg, Virginia: Sprinkle Publication, 1980), 314.
14) *Inst.* 3권 20장 제목.
15) *Com. on Matthew* 21:21.
16) *Com. on Psalms* 54:6.

리에게 필요한 것과 우리에게 없는 모든 것을 기도로 하나님께 구하
는 것이다.

> 우리로서는 여전히 그리스도 안에 있다고 배운 그 모든 것들을 구해야 하며,
> 기도로 간구해야 한다. 하나님이 모든 좋은 것을 베푸시는 주권자이시라는
> 것을 알게 되면 우리는 그것들을 위해 그 하나님께 구하게 된다. 그런데도
> 하나님께 나아가거나 구하지 않는다면, 그것은 우리에게 유익이 되기는커녕,
> 마치 보물이 있다는 이야기를 듣고도 그것을 땅 속에 묻혀 있는 채로 내버려
> 두는 것이나 마찬가지일 것이다(3.20.1).

기도는 하나님이 어떤 분인지 그분에 대한 지식의 표현이며, 따라
서 하나님을 향한 기도가 없는 믿음은 진정한 믿음일 수가 없다. 같은
맥락에서 칼빈은 기도의 목적을 언급하면서 "기도가 하나님을 위한
것이 아니라, 우리 자신을 위한 것"이라고 말한다. 그러면서 기도가
주는 여섯 가지 유익을 다음과 같이 설명한다(3.1.3).

첫째, 기도는 하나님을 찾고 그를 사랑하며 섬기고자 하는 진지하
고 열렬한 소원으로 우리 마음이 항상 불타오르게 해 준다. 둘째, 기
도는 하나님 앞에 내어 놓기 부끄러운 욕망이나 바람이 우리 마음에
들어오지 못하도록 막아 주며, 그것을 통해 우리의 소원과 마음을 하
나님 앞에 쏟아 놓는 법을 배우게 된다. 셋째, 기도는 하나님이 베푸
시는 모든 은택들을 진정한 감사와 찬송으로 받게 해 준다. 넷째, 기
도를 통해 하나님의 응답을 경험하고 나면 하나님의 긍휼하심을 더욱
더 간절하게 바라게 된다. 다섯째, 기도로 말미암아 얻어진 그 축복들
을 더욱 더 큰 기쁨으로 환영하게 된다. 여섯째, 기도는 하나님의 섭
리를 체험을 통해 확증하게 해 준다.

칼빈의 이 설명에 의하면 기도를 통해 우리는 하나님을 더 깊이 알

아가며 궁극적으로 바울이 자신의 기도에서 표현하고 있는바 대로 "하나님의 충만"으로 채워지게 된다(엡 3:19). 즉 하나님의 능력, 지혜, 공의, 자비, 거룩, 영광으로 충만해지는 것이다.[17] 이 점에서 칼빈에게 기도는 성화와 직결된다. 기도란 단지 인간의 필요를 채우는 수단이 아니라, 그것을 통해 하나님을 닮아가는 것이 궁극적인 목적이다. 또한 "믿음의 영속적인 행사"(3.1.20)로서의 기도는 하나님의 말씀, 즉 그의 명령과 약속에 기초해야 함을 칼빈은 강조한다. 하나님의 말씀에 의해 믿음이 생겨나고 믿음을 통해서 기도의 문이 열리기 때문이다. 그러므로 하나님의 말씀이 기도가 시작되기 전에 선행되어야 하고 동기를 제공해야 할 뿐만 아니라, 우리의 기도는 그 방향과 세부적인 사항에서 바로 이 말씀에 의하여 지배되고 억제되어야 한다고 그는 주장한다.[18] 만약 우리의 기도가 말씀에 기초한 바른 기도라면 그 내용이 결코 자기중심적일 수 없다. 기도의 성경적 모델인 주기도문에 나타난 바와 같이 바른 기도는 자신의 유익을 구하기에 앞서 먼저 "하나님의 영광"을 구해야 하고(3.20.35), 나아가 반드시 이웃을 향한 사랑으로 표현되어야 한다(3.20.38). 기도는 개별적으로 행하는 것이지만 성경적 기도란 반드시 공동체, 즉 "우리"를 지향하고 있기 때문이다(3.20.39). 그러므로 성경적 기도란 단지 개인적 차원에서만 이해될 것이 아니라, 공동체적 사회적 차원에서 이해되어야 한다. 칼빈에게 그리스도와 신비한 연합 속에서 하나님께 드리는 기도는 그리스도의 삼중직분과 관련된다. 즉 선지자, 왕, 제사장 직분과 연관되어 하나님의 뜻을 바로 알고 깨닫기 위한 선지자적 기도, 거룩한 삶을 위한 영적인 전투로서의 왕적인 기도, 그리고 교회와 세상권세를 위한

---

17) Palmer, *Theology of Prayer*, 211.
18) *Com. on Psalms* 35:23.

도구로서의 제사장적 기도이다.[19] 나아가 기도의 형식과 내용에 있어서도 간구와 탄원이 기도의 핵심이지만, 하나님이 베푸시는 모든 은혜에 대한 감사와 찬양이 아울러 강조된다(3.20.28).[20] 기도와 관련한 칼빈의 또 다른 강조점은 회개에 대한 강조이다. 이 점은 다음 장에서 상술할 것이다. 바른 기도를 함에 있어 결코 간과해서 안 될 것은 기도에 있어서 성령의 역할이다. 우리를 그리스도와 연합시키는 띠로서의 성령은 기도할 때 믿음을 가지도록 우리를 격려하신다. 또한 기도해야 할 말까지 알려주심으로써 두려움 없이 "아바 아버지!"(롬 8:15, 갈4:6)라고 부르짖게 하시며(3.1.3) 우리의 연약함을 도우신다.

> 성령께서는 올바른 기도를 도우신다. … 그러므로 이렇게 연약한 것을 도와 주시려고 하나님께서는 우리가 기도할 때 가르쳐 주는 교사로서 성령을 보내시어 올바른 것이 무엇인지 말해주며 우리의 정욕을 제어해 주신다. … 그러므로 분명히 올바르게 기도를 드린다는 것은 보기 드문 은사이다(3.20.5)

이처럼 하나님이 자신의 영으로 우리를 앞서 이끌어 주지 않으면 우리는 올바로 기도할 수 없다. 그러므로 하나님이 우리의 심령 속에서 주도권을 가지고 기도를 고취하게 해야 한다.

2) 칼빈이 제시한 기도의 실제

그렇다면 구체적으로 어떻게 기도해야 하는가? 칼빈은 올바른 기

---

19) 권호덕, "칼빈의 기도 이해와 그 실제에 대하여," 『백석신학저널』 16 (2009): 172-74.
20) Ronald S. Wallace, *Calvin's Doctrine of the Christian Life* (Edinburgh and London: Oliver and Boyd, 1959), 281, 284.

도의 법칙으로 네 가지 원리를 제시한다(3.20.4-13).[21] 여기에는 주로 기도자의 내적인 마음의 태도와 자세에 초점이 맞추어 있다.

첫째, 하나님을 경외함으로 기도해야 한다. 기도의 대상이 누구인지에 대한 신인식(神認識)의 중요성이 그 무엇보다도 강조된다. 그리고 이에 합당한 마음의 자세가 우선적으로 요구된다. 여기에 요구되는 핵심적인 자세는 하나님께 대한 경외의 태도이다. 칼빈에게 경건이란 하나님을 향한 경외와 사랑의 태도가 결합된 것이다.[22] 경외가 존재론적으로 피조물인 인간이 창조주 하나님에 대한 근본적인 태도라면, 사랑은 구원받은 성도가 그리스도와 연합된 자녀로서 성부 하나님을 향해 가지는 태도라고 할 수 있다. 칼빈의 기도론에는 이 두 가지가 이론적으로 뿐만 아니라, 실천적으로 긴장 속에서 균형을 이루고 있다. 구원받은 신자가 기도로 하나님께 나아갈 때, 하나님의 거룩성에 대한 의식과 하나님께 대한 사랑이 어느 한쪽으로 치우쳐서는 안 된다는 것이다. 그러므로 여기에는 존재론적인 합일개념으로서의 소위 중세 가톨릭적 관상기도(觀想祈禱: contemplative prayer)가 용납될 수 없다. 칼빈의 첫 번째 기도법칙에서 유념해야할 두 가지가 실천적으로 제시되고 있는데 하나는 하나님을 향한 경외심으로 모든 생각과 감정을 하나님께 집중하는 것이다(3.20.5). 세상 걱정거리와 온갖 잡다한 생각으로 진흙탕 속에서 뒹굴며 하나님의 임재 앞에 나아가는 것은 하나님의 은혜를 욕되게 하는 것이라고 그는 강조한다. 오직 하나님의 그 크신 위엄에 감동하여 땅에 속한 근심과 정욕에서

---

21) 칼빈이 제시한 네 가지 기도의 법칙은 그가 첫 제네바 사역 시기(1536년 9월-1538년 4월)에 작성된 것으로 보인다. 권호덕, "칼빈의 기도 이해와 그 실제에 대하여", 167.
22) *Inst.* 1.2.1

자유한 자만이 기도를 위한 정당한 준비를 갖춘 것이라고 말한다. 물론 이런 준비에는 성령의 도움이 전제된다. 기도에 임할 때 유념해야 할 또 한 가지는 하나님께서 허락하시는 한도 안에서만 구해야 한다는 것이다. 기도자가 무지하고 어리석고 부패한 정욕에 사로잡혀 기도하는 것은 "악행"이라고 칼빈은 정죄한다. 하지만 현실적으로 우리의 마음과 정신이 언제나 하나님의 뜻과 반대 방향으로 이끌려가는 성향이 있으므로 우리의 기도를 올바른 방향으로 이끄시는 성령의 도우심을 간절히 사모해야 한다. 성령은 우리 자신의 본성적인 능력으로는 결코 가질 수 없는 그런 탄식과 소원과 신뢰를 우리 속에서 불러 일으키시기 때문이다(롬 8:26). 물론 성령의 역사가 우리의 수고와 노력을 가로막거나 무력화시켜서 우리가 수고와 노력을 기울일 필요가 없다는 뜻이 결코 아니라고 칼빈은 설명한다.

두 번째 기도의 원리는 필요를 절감하며 통회함으로 기도해야 한다는 것이다. 여기서 강조되고 있는 것은 기도자 자신이 누구인지에 대한 바른 인식과 이에 합당한 태도이다.

하나님께 구할 때에 언제나 우리의 부족함을 진정으로 느껴야 하고, 또한 우리가 구하는 모든 것들이 과연 우리에게 필요한 것인지를 진지하게 생각하여 기도를 하되, 항상 구하는 바를 얻고자 하는 진정한, 아니 열정적인 소원을 갖고 해야 한다는 것이다. … 스스로 죄인이 아니라고 생각하면서, 혹은 스스로 죄인이라는 생각을 하지 않으면서, 자기의 이런저런 죄를 용서해 달라고 거짓으로 구한다면 그것보다 하나님께 가증되고 망령된 것이 어디 있겠는가? 그런 거짓이야말로 하나님을 분명하게 조롱하는 것이 아니겠는가?(3.20.6).

칼빈은 기도자가 하나님의 도우심 없이는 치명적으로 부족한 상태
에 처해 있음을 인식해야 할 것과 인간이 부패성으로 인해 자신의 영
적 실상에 대해 무지한 채 가증스럽게 구하는 것을 지적하면서 인간
의 전적 무능과 결핍을 주지시키고 있다. 그러므로 기도자는 자신이
구하는 것에 대해 진정한 필요를 절감하며 열정을 가지고 주리고 목
마른 상태로 그것들을 구해야 한다. 그런 마음이 결여된 겉모양의 습
관적인 기도, 생각 없이 중언부언하는 기도는 하나님 앞에 가증되고
망령된 기도에 불과하다. 어떤 순간에도 하나님께 대한 전적 의존의
자세로 항상 기도해야 한다. 뿐만 아니라, 영적으로 자신의 갖가지 죄
들을 늘 의식하며 살아가는 우리에게 회개가 반드시 필요하다
(3.20.7). 하나님은 악인의 기도를 듣지 않으시기 때문이다.

> 악한 양심은 기도의 문을 닫아 버린다. 그러므로 오직 하나님께 진정으로 예
> 배하는 자만이 바르게 기도하며, 또한 하나님께서는 그런 자의 기도를 들으
> 신다. 자, 우리 모두 각자 기도하고자 할 때에 우리 속의 그릇된 것들을 혐오
> 하며, 불쌍한 거지의 모습과 그런 심정으로 – 회개가 없이는 이런 심정이 될
> 수가 없다 – 기도해야 할 것이다(3.20.7).

세 번째 기도의 원리는, 나 자신에 대한 모든 신뢰를 버리고 겸손하
게 용서를 구해야 한다. 올바른 신인식과 자신에 대한 바른 지식을 가
지고 하나님의 임재 속에 나아가 제일 먼저 구해야할 것이 하나님의
긍휼과 죄 사함이다. 여기서는 하나님께 기도하는 믿음의 근거가 자
신에게 있지 않고 전적으로 하나님께 있음이 강조된다. 기도에 있어
서 자기 의(義) 사상이 전적으로 배격되고 하나님 앞에서 자신을 낮추
는 겸손의 자세가 요구되고 있다.

하나님의 임재 속에 나아가 기도하는 사람은 온갖 헛된 망상을 버리고 자기 자신이 가치 있는 존재라는 생각을 모두 버려야 한다. 간단히 말해서 자기 자신에 대한 신뢰를 모두 버리고 겸손히 하나님께 모든 영광을 돌려야 한다는 것이다. 이는 혹 티끌만큼이라도 하나님 앞에서 무언가 우리의 권리를 주장하게 되면 헛된 교만이 생기게 되고, 그렇게 되면 하나님께서 우리에게서 얼굴을 돌려 버리실 것이기 때문이다(3.20.8).

이처럼 자신의 죄과를 겸손히 진정으로 고백하며 죄 용서를 구하는 일이 올바른 기도의 준비요 또한 시작이라고 칼빈은 주장한다(3.20.9). 칼빈이 올바른 기도의 전제 조건으로서 하나님과의 올바른 관계 형성을 위해 죄 사함을 얼마나 중요시하는지 보여준다. 죄 사함을 통한 하나님과의 화목이 기도의 문을 여는 열쇠가 된다. 우리의 기도가 하나님의 긍휼에 근거하지 않으면 절대로 하나님께 상달되지 않기 때문이다. 그러므로 칼빈은 기도자가 하나님 앞에 나아갈 때마다, 예수 그리스도의 속죄를 의지해야 할 것을 말한다.

> 순결하고 깨끗하게 되기 위하여 그리고 향기 나는 제물로 하나님에게 받아들여지기 위해서, 그들은 자신의 기도에 우리 주 예수 그리스도의 피가 뿌려지는 것을 느껴야 한다.[23]

날마다 짓는 죄는 물론이고 기억 속에 사라진 것 같은 과거의 죄들까지도 하나님 앞에 내어놓아야 한다고 그는 강조한다. 죄 용서를 통해 하나님의 진노가 누그러짐을 양심으로 느껴야만 기도자가 진정으

---

23) John Calvin, *The Gospel According to Isaiah*, trans. Leroy Nixon (Grand Rapids: Eerdmans, 1953), 129.

로 하나님을 사랑스런 분으로 여길 수 있게 되기 때문이다. 칼빈의 기도론에서 지속적인 회개를 통한 성화가 얼마나 강조되고 있는지 알 수 있다.

네 번째 기도의 원리는, 확실한 소망을 가지고 기도해야 한다는 것이다. 칼빈은 마지막 원리로서 기도자가 적극적인 믿음의 자세로 하나님께 나아가야 할 것을 제시한다.

> 우리가 그렇게 참된 겸손으로 눌리고 압도된다고 할지라도 우리의 기도가 응답받게 될 것이라는 확실한 소망을 가지고 기도하는데 용기를 내어야만 한다는 것이다(3.20.11).

우리 자신의 비참한 상태와 궁핍함과 부패성에 대한 인식과 아울러 하나님의 약속에 기초한 적극적인 믿음이 기도의 중요한 원리로 제시된다. 칼빈에게 하나님의 공의로운 보응과 은혜로우심에 대한 확신, 회개와 믿음은 서로 뗄 수 없는 관계로 연합되어 있어 언제나 함께 나아가며, 기도에도 이 두 가지가 함께 존재한다. 기도로 인도하는 최선의 자극제인 고난 속에서 기도하는 자에게 절망과 두려움의 감정과 함께 하나님의 선하심에 대한 믿음을 통해 소망과 기쁨의 감정이 동시에 공존한다. 그에 의하면 이 두 가지는 서로 모순되는 것처럼 보이지만 죄에 완전히 압도되어 있는 자들을 일으키시는 하나님의 선하심 때문에 상호 완전한 조화를 이룬다. 아무리 비참한 경우에 처한 사람이라도 하나님은 모든 사람의 간구를 들으시고 은혜 베푸실 것을 선언하시므로 그 구하는 것을 얻으리라는 소망을 갖게 되는 것이다 (3.20.14). 그러므로 기도자는 하나님의 명령과 약속을 의지하여 기도 응답에 대한 담대한 확신을 가지고 기도해야 한다(3.20.12).

기도자의 내적인 마음의 태도와 자세에 초점을 맞춘 이상의 네 가지 기도 법칙 외에 기도와 관련한 외적인 요소와 방법들에 대해서도 칼빈은 언급하고 있다.

먼저, 기도의 언어와 관련하여 공적으로나 사적으로나 사람들이 이해할 수 있는 모국어로 기도해야 할 것을 주장한다(3.20.33). 바른 생각에 기초한 언어를 쓰는 것이 합당하며 그런 의미에서 방언으로 기도하는 것에 대해 칼빈은 부정적이다. 물론 방언이 저절로 터져 나오는 경우는 예외적으로 인정하지만 가능하다면 말로 발설되는 것을 바람직한 것으로 본다. 또한 목소리와 마음으로 노래하는 것이 기도에 열심과 열정을 일으키는데 유익함을 인정하면서도 노래 가사의 영적 의미보다 곡조에 더 솔깃해지지 않도록 조심할 것을 말한다(3.20.22).

둘째, 기도할 때 몸의 자세와 관련하여 무릎을 꿇는 것, 손을 드는 것, 머리에 쓴 것을 벗는 것 등에 대해 언급하는데 이런 자세들이 하나님을 더 높이 받들고자 하는 마음에서 비롯될 때 의미를 갖는 것으로 설명한다(3.20.33).

셋째, 기도의 시간과 관련하여 항상 하나님을 사모하며 쉬지 않고 기도해야 마땅하지만, 우리 자신의 게으름과 연약함을 훈련하기 위해 시간을 정해서 규칙적으로 기도할 것을 권한다(3.20.50). 수시 기도와 정시 기도를 동시에 언급하고 있다. 하지만 시간 자체를 미신적으로 지키려는 태도는 배격하며, 하나님을 특정 상황이나 특정 시간, 특정 장소, 특정 방법에 묶어두지 않도록 조심해야 할 것을 말한다.

마지막으로, 칼빈은 기도에 있어 인내의 중요성을 언급한다(3.20.51). 기도 응답이 더딜지라도 실망하거나 낙심해서는 안 되며 소망을 가지고 인내하며 기도해야 한다. 때로는 오랫동안 기다린 후에도 기도의 결과나 혹은 기도에서 얻는 유익을 우리의 감각으로 지각하지도 못하고 느끼지도 못한다 할지라도 믿음을 통해 응답에 대한 확신을 얻게 된다고 그는 주장한다.

3) 영성유형으로 본 칼빈의 기도

본 장에서는 앞서 고찰한 칼빈의 기도 원리와 실제를 놓고 그 영성 유형의 관점에서 비교 분석하고자 한다. 여기서는 도널드 블러쉬(Donald G. Bloesch)가 소개한 프리드리히 하일러(Friedlich Heiler)의 기도 유형론을 분석기준으로 삼고자 한다. 하일러가 제시하는 기도의 최상의 두 형태는 신비적(mystical) 기도와 예언적(prophetic) 기도이다.[24] 전자는 성경적 경건이 역사적으로 신플라톤주의와 혼합되면서 형성된 기도 형태이며, 후자는 성경의 예언자들에 의해 전형화 되고 칼빈을 위시한 개신교 개혁주의자들에 의해 재발견된 기도 형태이다.

① 영성의 두 가지 유형

블러쉬에 의하면 기독교 신앙의 현상학에는 영성의 두 가지 뚜렷한 유형, 즉 성경적 개인주의(biblical personalism)와 기독교 신비주의(Christian mysticism)가 존재한다.[25] 전자는 성경의 예언적 전통에서 유래되었고, 후자는 그리스 신비종교와 동양철학에서 유래되었는데 주로 기독교적인 모티브와 신플라톤주의적인 모티브가 혼합된 것

---

24) Donald G. Bloesch, *The Struggle of Prayer* (San Francisco: Harper & Row publishers, 1980), 4f.
25) Bloesch, *The Struggle of Prayer*, 98f. 블러쉬는 하일러의 예언적 기도를 신앙의 경험적 분석 보다는 성경 자체에 기초를 두려는 뜻에서 성경적, 복음적(biblical, evangelical) 기도라는 용어로 대신하고 있는데 본 논문에서는 영성유형의 측면에서 접근하므로 예언적 기도라는 용어를 그대로 쓰기로 한다.

이다. 블러쉬는 프리드리히 하일러의 기도에 관한 책에서 제시된 "예언적 신앙(prophetic religion)"과 "신비적 신앙(mystical religion)"에 대한 차이를 기초로 두 가지 영성을 분석한다. 이 두 가지 종교는 하나님과 사람과 세상에 대해 근본적으로 상이한 태도와 관점을 가지면서 독자적인 영성을 특징짓는다.[26]

첫째, 하나님에 대해서 예언적 신앙은 하나님을 인격적인 영으로서 피조물인 그의 자녀들과 교제하려고 애쓰는 신인(神人; Person)으로 이해하지만, 신비주의에서는 하나님을 존재의 초인격적 근원으로서 피조물이 천국을 향한 신비한 사랑의 사닥다리를 올라간 후에야 접근할 수 있는 초월적 존재로 이해한다. 이러한 신비주의는 범신론, 만유재신론(萬有在神論; panentheism)과 유사성을 가지며 신(神)과의 합일체험을 통해 존재론적으로 하나님과 인간과의 경계가 무너진다고 주장한다. 예언적 신앙에서 하나님은 중보자이신 예수 그리스도를 통해서만 만남과 교제가 가능하지만 신비주의 신앙에서는 하나님과의 직접적인 체험을 강조한다. 헨드릭 크레머(Handrik Kraemer)는 이런 신비주의가 인간의 죄에 뿌리박고 있다고까지 주장하며 '하나님과 같아지려는' 인류의 원죄를 고상한 방법으로 범하고 있다고 비판한다.[27] 예언적 신앙에서 성경의 하나님은 인간에게 순종과 결단을 요구하는 능동적인 하나님이지만, 신비주의의 하나님은 피안의 세계에 존재하는 수동적 하나님이다. 뿐만 아니라, 예언적 신앙에서 하나님은 역사 속에서 행동하는 분이지만 신비적 신앙의 하나님은 성경적 계시의 역사적 독특성을 강조하지 않거나 무시한다는 점에서 비역사

---

26) Bloesch, *The Struggle of Prayer*, 99-108.
27) Hendrik Kraemer, *Religion and the Christian Faith* (London: Lutterworth Press, 1956), 335. Bloesch, *The Struggle of Prayer*, 135에서 재인용.

적(ahistorical)이다. 그러므로 신비주의자가 찬양하는 사랑은 일부 예외를 제외하고 대체적으로 낮은 자를 섬기는 데에 관심이 없고 하나님과 자신과의 완전한 연합에 이르기 위해 영적 상승, 즉 지극히 높아지는 것에만 관심이 있다.

둘째, 인간과 악에 대해 신비주의자들은 예언적 신앙과 본질적으로 다른 개념을 가지고 있다. 그들은 인간의 악에 대해 유한함, 무지, 혹은 약함이라는 용어로 표현하는데 익숙해 있다. 성경에 기초한 예언적, 복음적 신앙에서 인간의 악이란 하나님께 대한 적극적인 반항이며 의지의 사악함이다. 그러므로 죄 아래 있는 인간은 중보자 예수 그리스도의 대속에 기초한 믿음 없이 하나님 앞에 나아가는 것이 불가능하다.

셋째, 세상에 대해 예언적 신앙에서는 세상에 대한 사명과 함께 세상을 하나님 나라로 변화시키는 것을 강조하는 반면, 신비주의 신앙에서는 세상으로부터의 은둔 내지 도피를 강조하며 감각세계에 대한 초연함이 강조된다.

② 신비적 기도와 예언적 기도

앞서 언급한 두 가지 형태의 영성은 기도에 있어서 그 관점과 실천적 접근에서 명백한 차이를 보인다. 그 차이를 비교 분석하면 다음과 같다.

첫째, 신비주의적 기도는 본질적으로 인간의 영혼이 하나님에게로 들려 올리어지는 하나님을 향한 마음의 상승이다. 물질적인 것으로부터 영적인 것으로, 보이는 것으로부터 보이지 않는 것으로 상승하는 것으로 이해되며 무한한 존재와 하나가 되는 것이 그 목표다. 그러므로 신비주의에서 기도란 영원한 존재와 하나 됨을 촉진시키는 기술이 된다. 반면에 예언적 기도는 신비주의에서처럼 신적 존재에 흡수되거나 동화되는 것이 아니라, 칼빈의 첫 번째 기도법칙에서 강조된 것과 같이 하나님과의 친밀한 교제에 그 초점이 있다(참고 3.20.5). 여기서 기도는 성령 안에서 자유로움과 자발적인 특성을 가지며, 영적인 기술이나 방법이 아닌 인간의 삶 속으로 예기치 않게 갑자기 찾아오는 신적 개입이 강조된다.[28]

둘째, 기도의 방법과 형식에 있어서도 큰 차이가 있다. 신비주의적 기도는 내면적인 마음의 상승을 위해 예비단계로서의 언어의 단계를 넘어 정신적인 사고의 단계인 명상(meditation)의 단계를 거쳐 마지막으로 하나님과의 하나 됨이 경험되는 관상(contemplation)의 단계에 이르는 것이 강조된다. 그러므로 이 기도에서는 간구나 회개와 같은 요소는 배제된다. 영적 실재를 체험하는 것이 목표이기 때문이다. 대신에 하나님의 존재에만 오로지 집중하는 영혼의 응시, 즉 하나님을 고요히 바라보는 것이 강조된다. 반면에 예언적 기도에서는 말로서 하는 기도(verbal prayer), 즉 발성기도가 강조된다. 개혁주의 신학자 아브라함 카이퍼(Abraham Kuyper)는 발성기도의 중요성을 다음과 같이 말하고 있다.

> 말없는 기도(prayer without words)는 거의 영혼을 만족시키지 못한다. 정신적으로만 하는 기도(mental prayer)는 필연적으로 불완전하다. 진지하고 열렬한 기도는 말로 표현하도록 우리를 강요한다.[29]

뿐만 아니라, 예언적 기도에서는 간구와 회개가 강조된다. 앞서 칼빈의 기도의 두 번째 법칙에서 살펴본 바와 같이 기도란 하나님 앞에

---

28) Bloesch, *The Struggle of Prayer*, 115.
29) Abraham Kuyper, *The Work of the Holy Spirit*, trans. Henri De Vries (Grand Rapids: Eermans, 1900), 623. Bloesch, *The Struggle of Prayer*, 113.

서 본질적으로 전적 무능과 결핍에 처한 인간이 필요를 절감하며 하나님께 도움을 구하는 것이기 때문이다. 또한 두 번째와 세 번째 법칙에서 강조된 바와 같이 기도자는 끊임없이 자신의 무가치함과 죄를 고백하며 예수 그리스도의 속죄의 은혜를 의지하고 죄 용서를 통해 하나님께 나아가야 한다. 예언적 기도에서는 하나님의 의지에 수동적으로 자신을 내맡기지 않는다. 그보다는 마음으로부터 우러나오는 간구로 하나님의 의지를 발견하기 위해 능동적으로 구한다. 그러므로 여기에는 하나님에 대한 간구뿐 아니라, 자신의 의지를 변화시키거나 변경시키는 노력으로 하나님과 겨루고 씨름하는 것도 포함된다.[30] 이런 요소는 신비적 기도에서는 결코 찾아볼 수 없는 것이다.

셋째, 하나님께 나아가는 방식에 있어서 신비주의적 기도는 하나님의 말씀을 매개로한 대화적 방식보다는 고독과 침묵 속에서 하나님과의 직접적인 만남을 강조한다. 이 점에서 신비주의적 기도가 강조하는 고독과 침묵이란 단지 기도를 위한 환경이 아니라, 기도의 방식 자체이다. 이런 접근방식이 말씀에 기초한 믿음이 전제된 칼빈의 기도관과는 정면으로 배치되는 것임은 말할 것도 없다.

넷째, 기도의 범위에 있어서 신비적 기도의 특징은 개인적, 비사회적이며, 윤리성에 대한 강조가 약하다. 반면에 예언적 기도는 앞서 고찰한 바와 같이 사회적이며, 공동체적이다. 또한 신비적 기도가 궁극적인 지고(至高)의 선과 정적(靜的)인 최후의 선(善) 혹은 선과 악 너머의 실재를 열망한다면, 예언적 기도의 목표는 주기도에 나타난 바와 같이 모든 윤리적 영적 가치 및 역동적인 하나님 나라의 도래를 실현하는 것이다.[31] 나아가 예언적 기도의 궁극적인 목적은 앞서 칼빈이

---

30) Bloesch, *The Struggle of Prayer*, 113.
31) Bloesch, *The Struggle of Prayer*, 117.

강조하고 있는 바대로 하나님을 영화롭게 하고 하나님께 영광을 돌리는 것이다.

그런데 여기서 고려해야 할 점이 있다. 그것은 칼빈의 기도론이 신비주의적 기도와는 대조되는 예언적 기도의 유형에 속하지만, 그렇다고 해서 그의 기도론이 신비적 요소를 배제하지 않는다는 점이다. 신비주의는 배격하지만 믿음 자체에 담긴 개인의 주관적 신비적 체험의 요소를 칼빈은 결코 무시하지 않는다(각주 5 참조). 다시 말해서 칼빈의 기도론에는 신비주의적 기도가 추구하는 의미의 관상이 아닌, 믿음에 기초한 하나님과의 친밀하고도 신비한 연합의 경험적 차원이 열려 있다.[32] 기도의 형식과 방법에 있어서도 말로서 하는 기도를 이상적인 것으로 제시하지만, 기도의 첫 번째 법칙에 나타나 있는 바와 같이 하나님과의 대화에 있어서 정신(mind)과 마음(heart)이 동원된 묵상 또는 명상 형태의 기도형식을 부정하지도 않는다(3.20.5)는 점에 유념할 필요가 있다.

---

32) 17세기 초기 화란의 경건주의자인 테오도르 브라켈(Theodore G. Brakel)은 일상생활 속에서 그리스도를 따르는 것을 한편으로 강조하면서도, 개인적인 기도와 명상을 통해 하나님과의 연합의 신비적인 체험을 했다:

> "나는 특별한 방식으로 기도하고 하나님께 그의 약속을 상기시킴으로써 마침내 나는 기뻐서 어쩔 줄 모르는 상태로 들어갔으며, 내 영혼의 눈으로 하나님을 바라보면서 그와 하나 됨을 느끼게 될 만큼 내 사고는 높이 끌어 올려졌다. 나는 내 자신이 하나님의 존재 안으로 옮겨지는 것을 느꼈으며, 동시에 기쁨과 평화 그리고 감미로움으로 너무도 충만한 것을 느꼈으나 그것을 표현할 수는 없다. 의식이 있는 가운데 나는 2, 3일간 완전히 천국에 있었다." Bloesch, *The Struggle of Prayer*. 120f.

이런 종류의 체험은 일제 신사참배 반대운동으로 투옥되어 숨이 끊어질 정도의 극한 고문 중에서 "주님을 향하여 다른 세계에서 주님과 교제"하며, 샘솟듯 넘치는 주님의 사랑에 감격하여 울었던 한상동 목사의 삶에서도 찾아 볼 수 있다. 이것은 하나님의 말씀에 순종하기 위해 사선을 넘는 고난 속에서 경험한 개혁주의적 관상체험이라 할 수 있다. 이상규, 최수경 (편), 『한상동 목사, 그의 생애와 사상』 (부산: 글마당, 2000), 255f.

③ 칼빈의 기도 모델

끝으로 칼빈의 기도론을 스티븐 체이스(Steven Chase)가 제시한 다섯 가지 기도 모델에 비추어 간략히 평가해 보고자 한다.[33] 체이스는 기도를 생명나무(the tree of life)에 비유하면서 교회사에 나타난 기독교의 기도를 나무의 각 부분에 적용한 네 가지 모델[34]을 통해 설명한다. 첫째, 대화로서의 기도(prayer as conversation) 모델은 기도의 깊은 뿌리들에 해당되며, 둘째, 관계로서의 기도(prayer as relationship) 모델은 기도의 견고한 줄기에 해당되고, 셋째, 여행으로서의 기도(prayer as journey) 모델은 기도의 많은 가지들에 해당되며, 넷째, 변화로서의 기도(prayer as transformation) 모델은 기도의 새 잎사귀들에 해당되고, 다섯째, 임재로서의 기도(prayer as presence) 모델은 기도의 향기로운 열매들에 해당된다.

첫 번째 대화로서의 기도 모델은 칼빈이 기도의 본질적 성격을 "하나님과의 대화(conversation with God)"(3.20.4)로 표현한 것과 잘 부합된다. "대화"로 번역된 라틴어 colloquium은 말이나 이야기의 나눔, 또는 단순한 담화를 의미하며 "친밀한" 대화라는 말 속에는 아는 사이, 친밀함, 우정, 궁극적으로 가족 내에서 찾을 수 있는 안전하면서도 함께 나누는 사랑의 대화라는 뜻이 내포되어 있다.[35] 이처럼

---

33) Steven Chase, *The Tree of Life: Models of Christian Prayer* (Grand Rapids: Baker Academic, 2005). 미국 장로교 소속 목사로서 Western Theological Seminary 영성신학 교수인 저자는 이 책에서 특정 신학전통과 교파를 뛰어넘어 고대로부터 현대까지 다양한 전통의 기도에 관한 연구를 총망라하고 있다. 필자는 저자가 제시하는 모든 내용과 입장을 수용하지 않으며 단지 은유적으로 제시된 큰 틀을 중심으로 기도의 다양한 측면들을 개혁주의 입장에서 재해석하며 수용하고자 한다.
34) 여기서 말하는 '모델(model)'이란 저자가 인용하고 있는 바와 같이 "경험의 어떤 측면들을 인지하고 해석하게 하는, 특별히 강조된 '유기적 형태의 이미지'(an organizing image)"를 뜻하는 전문용어이다. Chase, *The Tree of Life*, 51.
35) Chase, *The Tree of Life*, 59.

하나님과의 친밀한 대화로서의 기도는 말과 침묵의 형태로 하나님을 향한 영혼의 매일, 매순간의 사랑과 헌신 행위이다. 성경에 나타난 하나님과의 대화의 양식은 경배, 찬양, 감사, 고백, 중보, 간구, 비탄(lament) 등이다. 대화로서의 기도는 기도의 뿌리를 형성하면서 나무 전체에 양분을 공급한다.

두 번째 관계로서의 기도 모델은 인간의 존재 방식으로서의 관계의 두 방향, 즉 하나님과 이웃과의 사랑과 섬김의 관계를 맺는 측면에 기도의 강조점이 있다. 관계의 방식에 있어서 하나님은 성령을 통해 그리스도 안에서 우리에게로 오신다. 즉 기도 속에서 하나님과의 교제를 나누게 되는데 이것은 그리스도의 십자가의 속죄 사역을 통해서만 가능하다. 칼빈이 그의 세 번째 기도 원리에서 죄 용서를 통한 하나님과의 화목을 강조한 이유가 바로 여기에 있다. 이것이 없이 하나님과의 바른 관계가 불가능하기 때문이다. 또한 그리스도 안에서 하늘과 땅의 모든 만물이 하나로 통일되는 것이 하나님의 구원의 경륜이므로 기도 속에서 우리는 하나님과 깊은 관계뿐만 아니라, 이웃과 만물과의 깨어진 관계 회복을 향해 우리 자신을 열게 된다.[36] 관계로서의 기도는 생명나무를 지탱하는 견고한 줄기에 해당된다.

세 번째 여행으로서의 기도 모델은 기도의 단계와 깊이의 다양한 체험에 강조점이 있다. 여행과 관련된 은유로서 방황(wandering), 가정(home), 순례(pilgrimage) 등이 있는데, 이런 모델은 주로 가톨릭 교회의 신비주의적 기도에서 발달되었다. 뿐만 아니라, 칼빈의 기도

---

36) 작년 성탄절(2009. 12. 25)에 미국시민권자인 로버트 박 선교사가 김정일 정권의 불의한 탄압, 고문, 기아로 죽어가는 북한 인민들을 살리기 위해 두만강에서 기도하던 중, 북한으로 들어가야 한다는 영감을 받아 김정일과 지도자들을 향한 메시지를 들고 죽음을 각오한 채, 자진 입북한 것은 '관계로서의 기도 모델' 의 좋은 실례가 된다. 참고. "로버트 박 성경 들고 두만강 건너다" http://cafe.naver.com/pup21/12362

론이 당시 영적으로 타락한 중세 가톨릭 교회 상황을 염두에 두고 개혁자로서 -신학자요 목회자로서- 신학적으로 바른 기도를 제시하는 것에 초점이 맞추어 있기 때문에 이런 부분에 대한 언급이 부재할 수밖에 없음을 이해할 필요가 있다. 체이스의 설명에 의하면, 나무줄기가 가지와 뿌리를 함께 묶으며, 뿌리가 양분을 찾아 어디를 향해 나아가든, 가지가 어떤 모습으로 뻗어 나가든 그들이 견고한 줄기와 연결되어 있듯이, 대화로서의 기도와 여행으로서의 기도는 관계에서 시작되고, 관계로 되돌아오며 관계로부터 다시 외부로 확장한다.[37]

네 번째 변화로서의 기도 모델은 기도에 있어서 하나님의 임재를 통한 깨달음(awakening)과 변화(transformation)의 차원에 초점이 맞추어 있다. 하나님과의 깊은 관계를 통해 자신이 누구이며, 하나님이 누구인지를 알아가며 그분의 형상으로 변화되는 성화의 차원을 말한다. 칼빈이 기도에 있어서 성화를 얼마나 중요시하고 강조했는지는 앞서 이미 언급한 바와 같다. 변화로서의 기도 모델은 체이스에 의하면 모든 기도 모델과 유기적으로 연결되어 온전한 생명나무를 형성한다.[38]

다섯 번째 임재로서의 기도 모델은 "기도의 임마누엘 차원(the Immanuel quality of prayer)"에 강조점이 있다.[39] 기도를 통한 하나님과의 친밀한 사귐은 일상 속에서 그분의 임재체험을 통해 윤리적 현존으로 개인과 공동체와 세상을 향해 흘러간다. 하나님의 임재 방식은 언어, 감각, 자각 때로는 역설적으로 부재(absence)의 형태로 경험되며, 하나님의 임재 체험은 일상 속에서 삶으로 구체화된다. 이것

---

37) Chase, *The Tree of Life*, 172.
38) Chase, *The Tree of Life*, 175.
39) Chase, *The Tree of Life*, 209.

이 곧 기도의 향기로운 열매와 꽃이다. 임재로서의 기도 모델은 칼빈이 언급한 기도의 궁극적인 목적인 하나님의 영광에 해당된다고 볼 수 있다. 이것은 삶의 전 영역에서 하나님께 영광 돌리는 것을 목표로 하는 칼빈 신학의 정수와 직결된다.

이상에서 간략히 살펴본 바에 의하면 칼빈의 기도론에서 강조하고 있는 바가 체이스가 제시한 다섯 가지 모델 중 여행으로서의 모델을 제외하고는 기도의 총체적인 측면을 균형 있게 강조하는 것과 관련이 있다고 평가할 수 있다.

3. 결론

지금까지 칼빈의 기도의 신학적 토대 및 기도의 원리와 실제를 고찰하고 그의 기도의 방법 및 특징을 영성 유형 및 기도 모델의 관점에서 분석, 평가하였다. 그의 기도론은 말씀에 철저히 기초한 균형 잡힌 영성 유형이며 기도 모델이다. 이상의 내용을 바탕으로 오늘날 한국 교회에 회복되어야 할 바른 기도와 영성이 무엇인지 결론적으로 요약 제시하고자 한다.

무엇보다도 우리가 받은 구원의 기초인 그리스도와의 신비한 연합, 즉 그리스도와 하나 됨을 통해 그 안에 있는 모든 부요를 누리게 된 이 영광스런 교리가 기도를 통해 삶 속에서 실제적으로 경험될 수 있도록, 기도의 영광과 중요성, 특권 및 내용과 관련하여 설교 강단에서 부단히 강조될 필요가 있다.

둘째, 칼빈이 가르치는 영성은 그 범위에 있어서 개인적, 내면적, 종교적 차원에 국한되지 않고 구원의 전 영역 즉, 사회, 문화, 정치,

역사적 차원과 관련되며, 아울러 여기에 윤리적 요소와 책임이 필연적으로 수반됨을 일깨워야 한다. 이것은 곧 기도에 대한 이해와 실천에 있어서 우리의 관점과 지평이 확장되어야 함을 의미한다.

셋째, 기도에 있어서 성화의 차원을 회복하는 것이다. 기도란 단지 인간의 필요를 채우는 수단이 아니라, 그것을 통해 하나님과 친밀한 관계를 형성하고 그를 닮아 가는 것이 궁극적인 목적이다. 아울러 여기에는 기도에 있어서 회개의 중요성 및 기도의 공동체성과 사회성 회복이 함께 고려되어야 한다.

넷째, 기도의 대상인 하나님의 거룩성에 대한 의식과 기도자 자신이 누구인지에 대한 바른 인식의 중요성이다. 오늘날 시대정신인 포스트모더니즘으로 인해 하나님의 공의와 거룩성에 대한 인식이 사라지고 하나님께 대한 사랑만 강조되는 치우친 인식에서 돌이켜 우리 자신의 전적 무능과 결핍을 인식하고 죄 용서를 통한 하나님과의 화목의 중요성이 기도에서 강조되어야 한다.

다섯째, 기도의 방법에 있어 신비주의에 기초한 기도를 무분별하게 수용하지 않도록 경계해야 한다. 분주하고 피곤한 이 시대에 관상기도, 집중기도(centering prayer) 등에 관심이 증대되면서 기도를 실용주의적 수단으로 이용하려는 경향에 대해 바른 분별력을 가지고 접근해야 한다.

마지막으로, 물질적 풍요와 과학기술 문명이 지배하는 이 시대에 기도가 신앙인들에게서조차 비합리적인 것으로 점점 외면되거나 일의 성취를 위한 수단으로 전락되고 있는 현실에 경각심을 가져야 한다. 인간 중심의 행위주의가 만연한 이 시대에 신앙과 사역과 삶의 본질인 기도의 회복이 교회 안에 그 무엇보다도 우선적으로 강조되어야 하며 기도의 실천이 목회자들로부터 시작되어 성도들에게 확산되어야 한다

거짓된 영성에 대한 칼빈의 항거
- 금식, 독신, 서약을 중심으로 -

이 성 호 교수 (합동신학대학원대학교)

1. 서론

종교개혁은 기존의 로마가톨릭교회를 없애려고 한 것이 아니라 말씀을 통해서 그것을 새롭게 하려고 하였다. 종교개혁가들의 주 관심은 거짓 교리를 순수한 말씀에 따라서 올바르게 개혁하려는 것이었다. 칼빈의 경우, 『기독교 강요』, 주석, 설교, 신학논문 그리고 강의를 통해서 바른 교리를 전파하는 데 자신의 전 생애를 바쳤다. 바른 교리가 칼빈의 주 관심이었지만 신자들의 삶 역시 칼빈에게 있어서 결코 사소한 것이 아니었다. 칼빈은 바른 교리의 토대 위에서 바른 삶을 추구하려고 하였으며, 이를 위해 교회 안에서 바른 권징의 사용을 대단히 중요하게 생각하였다. 비록 그는 권징을 참 교회의 표지로 보지는 않았으나 권징은 교회의 안녕(well-being)에 필수적인 것으로 보았다.[1] 예를 들어 구원에 필수적인 교리는 몸인 교회의 영혼을 구성한다면, 권징은 그 몸의 각 지체들을 연결하는 근육으로 이해하였다.[2]

『기독교 강요』에서 칼빈은 권징의 본질적인 요소들을 전부 다룬 다음, 권징에 고유한 요소는 아니지만 권징의 부수적인 요소들을 다룬다. 이것들은 대표적으로 금식, 독신, 그리고 서약이었는데, 이것에 관한 규례들은 성경에 명시적으로 규정되지 않았고 교회의 판단에 맡겨졌지만,[3] 교회 역사를 통해 오랫동안 남용되면서 신자들의 삶을 왜곡시키고 있었다. 비록 이 요소들이 권징에 본질적인 요소에 속한 것이 아니었음에도 불구하고 칼빈 당시에는 아주 특별한 대우를 받고 있었다. 실제로 중세기간 동안 이것들은 영성의 핵심적인 요소들로 자리를 잡게 된 것들이었다. 칼빈이 그러한 것들에 도전하였다는 사실은 그가 이해한 영성이 그 이전의 영성과 근본적인 차이가 있다는 것을 보여 준다. 심지어 칼빈은 그러한 요소들의 남용뿐만이 아니라 어떤 경우에는 그 요소 자체를 부인하기도 하였다.[4]

참 신지식과 인간 중심적 거짓 신학을 구분하는 칼빈주의의 중요한 신학적 특징은[5] 참된 영성과 거짓된 영성을 구별하여 후자를 정죄하고 전자를 변증하는 것으로 드러났다. 어떻게 보면 이러한 신학적 작업 자체가 칼빈의 특유한 영성을 잘 나타내 보여 준다고 할 수 있다. 이 에세이에서 우리는 칼빈이 거짓된 영성들을 어떻게 비판하는 지를 고찰함으로써, 그가 생각한 진정한 영성이 무엇인지를 찾아 볼 것이다.

---

1) 개혁파 내에서 권징을 참 교회의 표지로 보아야 하는가에 대해서는 이견이 있었으나 이 차이는 본질적인 신앙과 관련된 것으로 인정되지는 않았기 때문에 개혁파 교회들은 이것으로 인해 서로를 정죄하여 분열의 죄에 빠지지는 않았다. Cf. Glenn Sunshine, "Discipline as the Third Mark of the Church," *Calvin Theological Journal* 33 (1998), 469-80.

2) *Inst.* 4.12.1.

3) *Inst.* 4.12.14.

4) 예를 들어 칼빈은 수도사들의 나쁜 행실만 비판한 것이 아니라 수도원 제도 자체를 공격하였다. 여기에 대해서는 David Steinmetz의 탁월한 논문, "Calvin and the Monastic Ideal"을 참조하라. Cf. David C. Steinmetz, *Calvin in Context* (New York: Oxford University Press, 1995), 187-89.

5) Christopher Elwood, *Calvin for Armchair Theologians* (Louisville: Westminster John Knox Press, 2002), 47.

2. 금식(Fasting)

1) 참된 금식

칼빈은 금식에 대해서 올바른 개념이 우선 정립되어야 할 필요성을 절실히 느꼈다. 그 당시 어떤 사람들은 금식의 유용성을 제대로 파악하지 못해서 금식이 좋은 것이기는 하지만 그렇게 필요한 것은 아니라고 생각하였고, 어떤 사람들은 금식은 불필요한 것이기 때문에 전적으로 거부하기도 하였으며, 다른 사람들은 그 유용성을 과대평가하였기 때문에 그것을 미신으로 전락시키기도 하였다.[6] 사실, 개신교 진영 안에서도 금식에 대한 이해가 크게 두 부류로 나뉘어져 있었다. 쯔빙글리(Zwingli)와 루터(Luther)는 금식에 대해서 과소평가를 하고 있었던 반면, 부써(Bucer)는 금식의 유용성을 인정하고 있었다. 이 점에서 칼빈은 부써를 따르고 있다고 볼 수 있다.[7] 이와 반대로 로마가톨릭교회는 정기적인 금식을 신자들에게 강조하였는데, 특히 사순절 금식은 일반 성도들에게 엄격하게 요구되었고 그것이 하나님께 대한 특별한 섬김으로 이해되었다.

칼빈이 보기에 금식의 유용성을 아예 부정하는 자들의 가장 큰 이유는 그것을 의식법이라고 보았기 때문이다. 금식이 의식법에 속한다고 생각하는 한, 그것은 그리스도 안에서 폐지되었다고 볼 수밖에 없다. 이 견해에 대해서 칼빈은 "아니오!"라고 말하면서 금식은 "항상 그랬던 것처럼 오늘날에도 신자들에게 탁월한 도움"이 된다고 주장

---

6) *Inst.* 4.12.14.
7) *Inst.* 4.12.14. 각주 27에 대한 배틀즈(Battles)의 설명을 참조하라.

하였다.[8] 금식은 특별히 우리의 육체를 약화시켜 복종시키게 하며, 기도를 보다 잘 할 수 있도록 준비시키고, 하나님께 범죄하였을 때 우리 자신의 겸비를 증거하는 역할을 한다.[9] 칼빈은 성경의 여러 곳에서 금식의 예를 들면서 금식이 가져다 주는 유익성을 증명하였다. 그리고 마침내 금식에 대한 정의를 내리면서, "경건한 자들의 삶은 진실로 근검(frugality)과 절제(sobriety)로 단련되어서 가능한 한 그 삶이 금식과 닮은 점이 있도록 하여야 한다"[10]고까지 칼빈은 말한다. 칼빈에 따르면, 영적인 삶 또는 경건한 삶-칼빈 식으로 표현하자면-은 금식과 큰 유사성이 있다. 그것은 바로 자기 겸비 혹은 자기 부인이다.[11] 이것은 금식에 대한 칼빈의 이해에 있어서 가장 중요한 측면이다.

하지만 로마교회는 칼빈이 이해한 성경적 금식을 완전히 달리 이해하고 있었다. 성경의 예를 보았을 때, 금식은 자기 부인 또는 회개의 상징인데도 불구하고, 로마교회는 이것을 하나님의 호의를 얻을 수 있는 공로로 보았다. 더구나 금식은 그 자체로 어떤 가치가 있는 것이 아니라 기도의 한 부분으로서 기도를 돕기 위한 수단인데도 불구하고 오히려 기도보다 더 큰 가치가 있다고 생각하였다.[12] 즉 수단과 목적

---

8) Inst. 4.12.17.

9) *Inst.* 4.12.16..

10) *Inst.* 4.12.18.

11) 칼빈은 『기독교 강요』 제3권 7장에서 그리스도인의 삶을 자기 부인(self-denial)으로 정의하고, 제8장에서 십자가를 지는 것이 자기 부인의 한 부분이라고 주장한다. 여기에 대해서는 최근에 나온 다음 논문을 참고하라: Randall C. Zachman, "'Deny Yourself and Take up Your Cross': John Calvin on the Christian Life," *International Journal of Systematic Theology*, 11 (2009): 466-82.

12) John Calvin, *Commentary on the Book of Prophet of Jeremiah and Lamentations* (Grand Rapids: Baker Book House, 1974; reprint), 335-36. 한국교회의 상황 속에서 칼빈의 말에 귀를 기울일 필요가 있다. 금식은 무엇보다 하나님 앞에서 겸비와 회개로 이해되어야 하는데, 한국교회는 하나님께 특별한 무엇을 얻기 위한 수단으로 금식을 이해하고 실천하는 경우가 많다.

이 뒤 바뀌게 되었다.

물론 어떤 경우에는 금식 자체가 우리의 몸에 어떤 유익을 줄 수 있다는 것을 칼빈이 부정하는 것은 아니다. 그 당시 많은 사람들이 술을 즐겼고 먹는 것(특히 고기)을 지나치게 탐하고 있었다. 따라서 신자들이 이런 악에서 벗어나기 위해서 스스로 금식을 행하는 것은 어떻게 보면 장려할 만하다. 그러나 문제는 이런 금식을 수행하면서, 술이나 고기를 전적으로 부정하는 태도이다. 이것은 참된 금식의 범위를 벗어나게 되는데, 왜냐하면 하나님께서 우리에게 먹으라고 주신 것을 비난하는 것이 되기 때문이다.[13] 즉 금식을 하더라도 어떤 태도와 생각으로 하는가가 참된 금식에 있어서 매우 중요한 요소라는 것이 분명해 진다. 앞으로 살펴보게 될 독신과 서약도 마찬가지이지만, 칼빈에게 있어서 영성은 무엇보다 외적인 행위 자체가 아니라 내면적 마음의 태도와 관련된 것이다.

2) 거짓 금식

금식에 대한 반대자들을 향하여 금식의 유용성을 성경적으로 증명한 후에 칼빈은 금식에 대한 잘못된 이해를 다루고 있다. 그런 잘못된 이해들은 대부분 로마가톨릭교회에서 실천되고 있는 것들이었다. 금식은 아주 조심스럽게 사용되어야 하는데, 이것이 잘못 사용되면 교회에 큰 해를 주고, 그럴 경우에는 아예 사용하지 않는 것이 낫다고

---

13) John Calvin, *Treatises against the Anabaptists and against the Libertines*, trans. Benjamin Wirt Farley (Grand Rapids: Baker Academic, 1982), 93. 한국 교회, 특히 칼빈주의를 자처하는 장로교회는 이 점에서 칼빈의 견해에 귀를 기울일 필요가 있다. 한국 교회는 금주를 장려하는 전통을 가지고 있는데, 어떤 경우에는 술 자체를 비난하기도 하고 많은 경우에 금주를 모든 성도들이 지켜야 할 규범으로 가르치고 있다. 칼빈에 따르면, 금주란 성도가 필요한 경우 스스로 선택할 수 있는 사항일 뿐이다.

칼빈은 생각하였다. 가장 첫 번째로 금식을 할 때 조심해야 할 것은 ‘위선’이다. 칼빈은 성경의 여러 예들을 통해서 위선적 금식이 얼마나 위험한 지를 경고한다. 요엘서의 “그들의 옷을 찢지 말고 그들의 마음을 찢어야(욜 2:13)”한다는 메시지에서 알 수 있듯이 금식의 본질은 외적인 행위에 있는 것이 아니라 마음의 내적 상태에 있다고 칼빈은 강조하였다.[14] 마음의 태도와 외적인 행위가 일치하지 않는 것은 하나님의 극심한 진노를 초래할 뿐이다. 이것은 지극히 성경적 견해로 모든 그리스도인이라면 공감을 할 것이다.

금식에 대한 핵심적인 논쟁은 바로 그 다음에 소개가 되는데, 칼빈에 따르면 금식에 대하여 근본적으로 잘못된 견해는 금식을 하나의 공로(merit)나 하나님께 드리는 예배의 한 형식으로 생각하는 것이었다. 칼빈의 예배관에 따르면 금식은 예배의 한 형식이 될 수 없는데, 왜냐하면 금식은 하나님께서 명시적으로 명한 것이 아니라 무요(無要)한 것(*adiaphora*)에 속하기 때문이다. 이 점에서 칼빈은 독자가 무요한 것과 하나님께서 명하신 것, 따라서 그 자체로 필수적인 것을 혼동해서는 안 된다고 주장한다.[15] 무요한 것은 그 자체가 어떤 가치나 공로를 가진 것이 아니기 때문에, 그것이 이루어지는 과정과 지향하는 목적에 따라 그 가치가 결정된다. 무요한 것은 선택의 문제이고 지혜의 문제이지, 당위나 계명의 문제가 아니다. 금식을 선택의 문제가 아니라 당위의 문제로 만드는 것은 금식을 소홀히 하거나 무시하

---

14) *Inst.* 4.12.19. 금식에 대한 엄격적인 외적인 준수에 대하여 칼빈은 비판적인 태도를 가졌기 때문에, 금식의 실천 방법에 대해서는 아주 자유로운 견해를 표명한다. 칼빈에게 있어서는 평소 먹는 식사 보다 질이 낮은 간단한 식사도 금식으로 간주한다. Cf. *Inst.* 4.12.18.

15) *Inst.* 4.12.19. 무요(無要)에 관한 칼빈의 견해에 대해서는 John L. Thompson, *John Calvin and the Daughters of Sarah: Women in Regular and Exceptional Roles in the Exegesis of Calvin, His Predecessors, and His Contemporaries* (Geneva: Librairie Droz, 1992), 229이하를 참조하라.

는 것 보다 더 위험하다. 칼빈의 주 관심은 금식을 무시하는 것도 지나치게 강조하는 것도 아니고 그것을 올바른 위치에 자리 잡도록 하는 것이었다.

금식에 있어서 세 번째 잘못된 견해는 금식을 필수적으로 보지는 않지만, 그 가치를 지나치게 찬양하면서 엄격하게 요구하는 것이었다. 이 견해는 불경건(impious)한 것은 아니지만 아주 위험한 것이다.[16] 이 점에 있어서 칼빈은 고대 교부들이 잘못된 씨앗을 뿌려 놓았다고 생각하였다.[17] 금식에 대한 그들의 생각 자체는 그렇게 잘못된 것이 아니었지만 시간이 지남에 따라서 금식을 가장 귀한 덕목 중에 하나로 만들었고 이것은 교회 생활 속에 보편화 되었다. 특별히 이런 생각은 나중에 사순절 기간의 금식 기간 속에서 정례화 되었는데, 칼빈은 이것이 성경적 근거가 없는 미신적 행위라고 보았다.

하지만 사순절 기간의 금식을 옹호할 수 있는 근거는 성경 여러 군데서 찾아 볼 수 있는데, 대표적인 예는 예수께서 광야에서 행하신 40일 동안의 금식이다. 그 당시 교회 지도자들은 40일 금식이 그리스도를 본받는 거룩한 행위라고 추천하였다. 칼빈은 이러한 관습적 이해에 정면으로 반대하였다. 그는 그리스도의 40일 금식이 우리에게 모범이 될 수 없다고 단언하였다.[18] 그 이유는 다음과 같다. 첫째, 그리스도께서 오직 한 번만 금식하셨을 뿐이고, 따라서 그 사건은 특유한 사건이지 우리에게 모범이 되는 사건이 아니다. 둘째, 그리스도께

---

16) *Inst.* 4.12.19.
17) 칼빈이 언급하지는 않았지만 금식이 기도보다 낮고, 금식보다 구제가 더 낫다는 생각은 교회 역사 속에서 매우 오래된 사고방식이다. 대표적인 예는 로마의 클레멘트(Clement of Rome) 감독이었다. *The Apostolic Fathers*, Second Edition, trans. J. B. Lightfoot and J. R. Harmer, ed. Michael W. Holmes (Grand Rapids: Baker Book House, 1989), 76.
18) *Inst.* 4.12.20.

서 금식하신 이유는 우리로 하여금 따라하도록 하시기 위한 것이 아니라 우리로 하여금 그의 금식에 대해서 경외감을 가져서 그가 전하는 복음을 믿도록 하기 위함이다. 셋째, 이 금식의 기적은 모세가 율법을 제정할 때도 나타났듯이 그리스도에게도 나타나야만 하였다.[19] 모세의 금식은 그 이후로 어느 누구에게도 이스라엘 백성에게서 본보기로 사용되지 않았다.

우리가 살펴보았듯이 칼빈은 금식이 올바로 실천될 수 있도록 하기 위해서 세밀한 신학적, 성경 해석적 작업을 하였다. 그렇다면 참된 금식과 거짓된 금식을 구분하는 기준은 무엇인가? 결국 성경이라고 할 수 있다. 오직 성경에 근거한 금식만이 하나님께 받을 만한 것이다. 이것을 논리적으로 확장한다면, 칼빈에게 있어서 참된 영성은 어떤 특별하고 고상한 삶이 아니라 성경적 가르침에 충실한 신자의 삶이라고 할 수 있을 것이다. 이 기본적인 원칙은 독신과 서약에 대한 칼빈의 이해에서도 그대로 나타난다.

3. 독신(Celibacy)

1) 로마교회의 거짓된 독신

금식을 다룬 이후 칼빈은 독신을 다룬다. 금식이 모든 신자들에 적용될 수 있는 제도라면, 독신은 오직 특정한 사람들에게 한정된다는

---

19) *Inst.* 4.12.20. Cf. 출애굽기 34:28; 신명기 9:9.

측면에서 구분된다. 칼빈 당시에는 사제들과 수도사들 및 수녀들에 이 제도가 적용이 되고 있었다. 칼빈에게 있어서, 독신에 대한 로마교회의 근본적 문제는 독신을 선택의 문제로 보지 않고 모든 성직자에게 필수적인 요건으로 강조하였다는 것이다.[20] 더 나아가 이 독신을 평생 동안 지속되는 영구적인 것으로 보았는데, 이것은 성경에도 어긋날 뿐만 아니라 고대교회의 관습과도 상관없는 것이었다.

칼빈은 로마교회가 성직자의 권징에 있어서 두 가지 잘못을 저지르고 있다고 비판한다.[21] 로마교회가 한편으로는 기존의 좋은 권징제도는 무시하면서, 자신들이 고안해 낸 잘못된 제도는 지나치게 강요하고 있었다. 예를 들어, 고대 교회는 전통적으로 성직자들에게 평신도들 보다 훨씬 엄격한 규율을 적용하였다. 사냥이나, 도박, 술취함과 같은 것들이 성직자들에게 금지되었다. 이것을 어기는 사람들에게는 무거운 시벌이 뒤따랐고 이를 위해서 정기적으로 주교회의가 열리기도 하였다. 이런 엄격한 규율을 통해서 교회는 도덕적 순결을 유지할 수 있었는데, 이것들은 로마교회에서 거의 그림자만 남았고 그 결과 성직자들이 나태해지고 방탕하게 되었다.[22]

로마교회가 성직자들에게 마땅히 시행하여야 할 엄격한 규율은 소홀히 하면서도, 유일하게 고집스럽게 성직자들에게 강요한 것이 있었는데, 그것은 독신이었다. 칼빈에 따르면 이 제도로 인하여 수많은 악들이 교회에 들어오게 되었다. 음행과 같은 성적인 죄는 말할 것도 없고, 많은 영혼들을 좌절 속으로 빠지게 함으로 훌륭하고 좋은 사역자들을 교회에서 쫓아 내 버리고 말았다. 독신 제도가 칼빈에게 있어서

---

20) *Inst.* 4.9.10.
21) 금식과 마찬가지로, 칼빈이 독신을 권징의 문맥 속에서 다루고 있다는 것을 기억하자.
22) *Inst.* 4.12.22.

가장 큰 문제가 되는 것은 주께서 인간에게 자유롭게 선택하도록 허용한 것을 거부하였기 때문이다.[23] 독신이나 결혼은 선택의 문제이다. 모든 신자들(성직자들도 포함해서)은 결혼을 하기로 혹은 하지 않기로 스스로 결정할 수 있다. 따라서 결혼을 어떤 사람에게 금하는 것은 하나님께서 신자에게 주신 자유를 빼앗는 것이다.

독신과 관련된 논의에서 우리가 주목해야 하는 단어는 '강요(強要)'이다. 독신 그 자체가 나쁘기 때문에 칼빈이 독신에 반대한 것은 아니다. 앞에서 언급하였듯이, 결혼이 선택의 문제이듯이 독신도 선택의 문제인데, 이 선택의 문제를 필수의 문제로 바꿈으로 로마교회는 성경이 정한 규범을 넘어갔다. 더구나 칼빈은 이런 로마교회식의 독신이 성경적 근거가 전혀 없을 뿐만 아니라 명백히 충돌하고 있다고 보았다. 성경은 결혼을 금하는 것은 심지어 마귀의 교리(딤전 4:1-3)라고 선언한다.[24] 더 나아가, 성경은 명시적으로 감독이 한 아내의 남편이 될 것을 요구하고 있다(딤전 3:2).

물론 칼빈은 독신 본문에 대한 로마교회의 '성경적' 해석을 잘 알고 있었다. 로마교회는 디모데전서 3장에 나오는 "한 아내의 남편"을 "한 번 결혼한"으로 해석하였고 그 아내는 죽은 것으로 이해하였다. 칼빈에게 있어서 이 로마교회의 해석이 터무니 없는 것이었는데, 그 구절의 의미를 더 분명히 보여 주는 디도서(1:6)는 "한 아내의 남편이었던(Who hath been)"이 아니라 "한 아내의 남편인(Who is)"으로 명시하고 있기 때문이다.[25] 또한 로마교회는 독신을 모든 신자에게

---

23) *Inst.* 4.12.23.
24) *Inst.* 4.12.23. 디모데전서 4:3은 다음과 같다: "혼인을 금하고 식물을 폐하라 할터이나 식물은 하나님이 지으신 바니 믿는 자들과 진리를 아는 이들이 감사함으로 받을 것이니라."
25) John Calvin, *Commentaries on the Epistles to Timothy, Titus, and Philemon* (Grand Rapids: Baker Book House, 1974; reprint), 77.

요구한 것이 아니라 오직 일부의 그룹, 사제들과 수도사에게 한정시켰기 때문에 디모데전서 4장의 말씀("혼인을 금하고")에 위배되지 않는다고 주장하였다. 그러나 여기에 대해서 칼빈은 다음과 같이 반박한다.

> 이런 변명들은 고려할 가치가 없다; 왜냐하면, 첫째, 그들은 이것들 속에 거룩함 자체가 존재한다고 주장하고; 다음으로, 하나님께 거짓되고 위선적인 예배를 드리며; 마지막으로, 그들이 벗어나야만 했던 어떤 필연에 의하여 양심을 묶기 때문이다.[26]

실제로 고대교회에 있었던 금욕주의적 이단들(몬타니스트)은 절대적으로 모든 사람들에게 혼인을 금하거나 어떤 종류의 음식에만 한정하여 금지시키지 않았다는 점을 칼빈은 지적한다.[27] 결국 로마교회의 관습들은 고대 교회의 이단들과 본질적으로 다르지 않다는 것이 칼빈의 요지이다.

사제들과 수도사에 대한 로마교회의 독신 교리는 기본적으로 사제적인 직분관에 근거하고 있었는데, 그들의 직분적 모델은 구약 시대의 제사장들이었다. 이 제사장들은 성소에서 자신들의 거룩한 임무를 수행할 때, 성관계를 할 수 없었다.[28] 이것은 오늘날 성직자들에게 모델이 되어야 한다고 로마교회는 주장하였다. 칼빈에게 있어서 이 주장은 근본적인 오류가 있었는데, 구약시대의 직분자들과 신약시대의 직분자들을 본질상 같은 것으로 보았기 때문이다. 하지만 칼빈은 그

---

26) Calvin, *Commentaries on the Epistles to Timothy*, 102.
27) Calvin, *Commentaries on the Epistles to Timothy*, 103.
28) 사무엘상 21:5 이하 참조.

두 직분이 근본적으로 다르다고 주장하였다. 신약의 직분자들은 복음을 전파하는 자들이고, 구약의 제사장들은 희생의 제사를 드리는 자들이다. 무엇보다 구약의 제사장은 신약 시대의 직분자에 대한 예표가 아니라 그리스도에 대한 예표이다.[29]

칼빈은 항상 그러했듯이 성경에만 근거하여 로마교회의 교리를 비판한 것이 아니었다. 고대 교부들과 공의회는 성경 다음으로 그에게 중요한 권위였다. 칼빈에게 있어서 오직 성경(*sola scriptura*)은 성경만 '유일한' 권위라고 보는 것이 아니라 다른 하부 권위들에 대한 '최종적 권위'를 의미하는 것이었다.[30] 그는 그 유명한 니케아 공의회(325년)에서 독신의 문제가 어떻게 결정되었는지에 잘 알고 있었고 그 결정을 이용하여 독신에 대한 자신의 주장을 뒷받침하였다.[31]

하지만 니케아 공의회에 대한 칼빈의 호소는 힘을 잃을 수밖에 없었는데, 그 이후에 점차적으로 교회 안에는 독신을 옹호하는 교회 법들이 제정되었기 때문이었다. 시간이 흐르면서, 혼인이 부정하다고 정죄함을 받지는 않았지만, 그것의 신성함과 거룩함은 상당히 희석되어 버리고 말았다. 따라서 칼빈의 대적자들은 이러한 고대 법들의 결정에 호소하여 칼빈을 반박할 수 있었을 것이다. 칼빈 당시에 고대성(antiquity)은 진리는 결정하는 데 있어서 중요한 기준들 중의 하나였다. 여기에 대해서 칼빈은 독신의 부당성을 궁극적으로 성경과 사도

---

29) *Inst.* 4.12.25.
30) Cf. Anthony Lane, "*Sola Scriptura?* Making Sense of a Post-Reformation Slogan," in *A Pathway into a Holy Scripture*, ed. Philip E. Satterthwaite and David F. Wright, (Grand Rapids: Eerdmans, 1994), 297-328.
31) 니케아 공의회에서는 성자의 신성에 대한 문제만 다루어진 것이 아니라 교회 정치에 대한 문제들도 다루어졌다. 성직자의 독신을 강력히 주장하는 그룹이 있었지만, 금욕주의자이면서 많은 존경을 받았던 Paphnutius가 그 안에 반대함으로 성직자 독신제도는 이루어지지 못했다.

들에게 호소하면서도, 고대의 교회들이 독신을 선호하였으나 그것을 성직을 위한 필수적인 요소까지는 보지 않았음을 강조하였다.[32]

로마교회에서 독신에 대한 강요는 최고의 수준에서 이루어졌는데, 이것은 디모데전서 5:11 이하의 말씀에 근거한다: "젊은 과부는 거절하라 이는 정욕으로 그리스도를 배반할 때에 시집가고자 함이니, 처음 믿음을 저버렸으므로 심판을 받느니라." 사실, 이 구절이 잘못 이해되면, 독신을 저버리게 되면 영원한 형벌이 뒤따른다는 해석이 나올 수 있다. 실제로 로마교회는 그런 식으로 이해하였다. 여기서 논란이 되는 문구는 "처음 믿음"이었다. 로마교회는 이 처음 믿음을 독신에 대한 첫 서약으로 이해하였고, 이 서약을 깨는 것은 그리스도를 배반하는 것이고 그에 따라 영원한 형벌을 초래할 것이라고 엄중하게 경고하였다. 칼빈은 이 해석이 근거가 없다고 보았는데, "첫 믿음"은 독신에 대한 서약이 아니라 그야말로 최초의 믿음, 세례 받을 때에 행하였던 서약을 의미하기 때문이었다.[33]

2) 참된 독신으로서의 절제(continence)

로마교회의 독신에 대해서 칼빈은 신랄하게 비판하였지만 칼빈은 독신 자체를 정죄한 것은 아니었다. 거듭 강조하지만, 핵심적인 문제는 독신을 성경이 말한 것보다 더 엄격하게 규정하여 양심을 구속하는 것이었다. 독신은 특별한 은사이기 때문에, 이 은사를 가진 사람들은 그것을 사용하면 된다. 하지만 이 은사는 특별한 은사이기 때문에

---

32) *Inst.* 4.12.27.
33) Calvin, *Commentaries on the Epistles to Timothy*, 132.

그 은사가 우리의 것이라고 쉽게 판단해서는 안 된다.[34] 또한 이 은사를 통해서 유익을 받지 못하면 하나님께서 주신 피난처, 즉 결혼을 통해서 해결할 수 있다고 보았다. 칼빈은 고린도전서 7:9에 근거하여 이 은사를 독신(celibacy)이라는 말 보다는 절제(continence)라고 부르고 있다. 칼빈이 여기서 말하는 절제는 "몸만 음행으로부터 순결해지는 것이 아니라 마음도 그 정조를 더럽히지 않는 것"을 의미한다고 강조하는데, 왜냐하면, 사도 바울이 우리에게 외적인 방종뿐만 아니라 마음의 불타는 정욕에 대해서도 경고하고 있기 때문이다.[35] 즉 칼빈에 있어서 경건은 몸뿐만 아니라 마음의 문제이다. 그리고 실제로 더 중요한 것은 마음이다. 만약 우리의 마음이 성(性)의 절제를 통하여 유익을 얻을 수 없다면, 육체의 금욕은 아무런 의미가 없다고 할 수 있다. 어떠한 독신도, "몸뿐만이 아니라 영혼에도 영향을 주지 않는다면 그것은 하나님을 기쁘시게 할 수 없다."[36] 이는 독신 그 자체가 결혼을 하지 않은 천사의 삶과 같으며 그것이 천국 또는 영생을 보장받는다는 어리석은 생각이다. 왜냐하면 절제는 그것을 실천하는 사람들로 하여금 "모든 걱정으로부터 벗어나서 자신들을 보다 경건의 의무를 잘 하도록 준비하는 것"[37]이기 때문이다. 절제는 경건을 위한 수단이지 그 자체가 목적이 아니다. 로마교회의 잘못은 독신 자체를 신성하게 생각하면서 독신이 지향하는 거룩한 생활과 경건의 의무는 소홀히 했다는 것이다.

---

34) John Calvin, *Commentary on a Harmony of the Evangelists, Matthew, Mark, and Luke* (Grand Rapids: Baker Book House, 1974; reprint), 385-86.
35) *Inst.* 4.13.17.
36) John Calvin, *Commentary on the First Epistle to the Corinthians* (Grand Rapids: Baker Book House, 1974; reprint), 262.
37) Calvin, *Commentary on a Harmony of the Evangelists*, 387.

4. 서약(Vow)

금식과 독신은 그 자체가 덕을 증진시키는 행위라면, 서약은 그것을 이루기 위한 수단이라고 할 수 있다.[38] 사실, 서약이 없다면 금식과 독신은 그렇게 큰 의미가 없을 수 있다. 왜냐하면, 서약이 빠진다면 금식과 독신은 언제든지 그것들로부터 벗어나서 자유롭게 생활할 수 있기 때문이다. 서약은 무엇보다 하나님과 관계된 약속이기 때문에 반드시 지켜야 할 의무가 생긴다. 신자들은 사람들에게 그들이 좋아하는 것이나 그들에게 해야 할 것을 약속하듯이, 하나님께도 약속할 수 있으며 이 약속 자체가 나쁜 것은 아니다. 그러나 여기에서 주의해야 할 사항이 있다. 왜냐하면, 사람은 하나님께 약속할 때, 하나님을 기쁘시게 하는 것이나 하나님께서 정하신 것을 약속하는 것이 아니라 자기 마음 속에 떠오르는 것을 성급하게 결정하는 경향이 있기 때문이다. 칼빈은 지난 수 세기 동안 이 서약이야말로 가장 일상화된 악이 되었다고 주장한다.[39] 따라서 서약을 사용하기 전에 말씀에 근거하여 참된 서약이 무엇인지를 먼저 제대로 이해하여야 한다.

1) 서약에서 고려해야 할 세가지 요소

칼빈은 참된 서약을 이해하기 위해서 다음 3가지 요소를 다룬다:

---

38) 칼빈은 서약을 새 장(chapter)인 제13장에서 다룬다. 그러나 주제의 성격상 금식과 독신과 밀접하게 연결되어 있다는 점을 주목할 필요가 있다. 서약은 오늘날 우리 한국교회와는 별 상관이 없는 것처럼 보이지만 사실은 그렇지 않다. 독신이나 금식과 관련된 서약은 한국 개신교 내에 거의 존재 하지 않지만, 작정헌금은 매우 보편화 되어 있고 일종의 서약으로 다루어지고 있다. 이 점에서 칼빈의 견해가 오늘날의 한국 장로교회와 전혀 무관하다고 말할 수 없다.

39) *Inst.* 4.13.1.

누구에게 서약을 하는가? 누가 서약을 하는가? 어떤 의도로 서약을 하여야 하는가? 첫 번째 질문에 대한 답은 너무나 분명하다. 서약은 하나님께 하는 것이다. 그런데 이 가장 기본적인 원칙이 서약을 어떻게 이해할 것인가에 있어서 매우 중요하다. 서약이 하나님과 관련된 것이기 때문에 칼빈은 서약을 예배의 관점에서 바라본다. 만약 서약이 예배의 한 형태라면, 예배가 규범적 원칙(regulative principle)에 따라 이루어져야 하듯이,[40] 서약도 하나님의 말씀이 명시적으로 명한 규범에 따라 이루어질 때만이 합법적이다. 칼빈은 말하기를 "만약 우리 자신들이 하나님의 계명과 상관없이 고안한 모든 자발적 예배를 하나님이 증오하신다면, 그의 말씀이 인정한 것 이외의 어떤 예배도 하나님께서 받으실만 하지 않다."고 하였다.[41] 따라서 서약은 하나님의 명시적 말씀에 근거해야 하고, 그 말씀에 근거한 믿음만이 서약을 참된 서약으로 만들 수 있다. 왜냐하면 "믿음에서 나지 않는 모든 것이 죄"(롬 14:23)이기 때문이다.

서약과 관련된 두 번째 질문은 "누가 서약하는가?"이다. 여기에 대한 답도 간단하다. 서약을 하는 당사자는 인간인 신자들이다. 서약을 하는 자는 인간이고, 서약을 받는 자는 하나님이다. 따라서 올바른 서약이 되기 위해서는 서약을 받는 분과 서약을 하는 자를 잘 알아야 한

---

40) 종교개혁 당시, 그리고 그 이후에 있어서 어떻게 예배를 드릴 것인가에 대해서는 첨예한 논쟁이 있었다. 칼빈과 청교도들은 성경이 명시적으로 명한 것만이 예배와 교회 정치의 지침이 되어야 한다고 생각했는데, 예배와 관련해서는 '규범적 원칙'(regulative principle)이, 교회 정치와 관련해서는 '신적 법도'(*jus divinum*)라는 용어가 전문용어로 굳어지게 되었다. 칼빈이 예배에 있어서 규범적 원칙에 매우 충실했다는 것에 대해서는 다음 책을 참고 하라. Daniel F. N. Ritchie, *The Regulative Principle of Worship: Explained and Applied* ([s.l.]: Xulon Press, 2007), 12이하. 개혁신학의 규범적 원칙에 대해서는 Brian M. Schwertley, *Sola Scriptura and the Regulative Principle of Worship* (Southfield, MI: Reformed Witness, 2000)을 참조하라.
41) *Inst.* 4.12.27.

다. 이 점에서 우리는 칼빈 신학의 핵심을 접하게 된다. 칼빈에게 있어서 하나님에 대한 지식과 우리에 대한 지식은 분리될 수 없으며, 이 둘은 서로 밀접하게 연관되어 있다. 『기독교 강요』의 가장 첫 문장은 바로 다음과 같다: "우리가 소유한 거의 모든 지혜, 즉 참되고 바른 지혜는 두 부분으로 구성된다: 하나님에 대한 지식과 우리에 대한 지식."[42] 인간에 대한 지식조차 인간을 창조하신 분을 알지 못할 때 가능하지 않기 때문에 우리 자신을 알기 위해서는 하나님을 아는 것이 필수적이다. 그렇기 때문에, 비록 하나님에 대한 지식과 인간에 대한 지식의 우선순위를 정하기는 쉽지 않지만, 칼빈의 신학에서 후자에 앞서서 전자가 먼저 다루어진다. 이것은 서약을 다루는 데에 있어서도 그대로 나타난다.

칼빈에게 있어서 인간을 안다는 것은 인간의 위대함이나 능력을 아는 것이 아니라 인간의 나약함과 죄와 비참을 아는 것인데, 이 생각은 서약에서도 그대로 반영된다. 서약을 하는 인간들은 자신들의 한계를 제대로 알아야 한다. 따라서 성급하게 "자기의 능력 밖에 있는 것이거나 하나님의 소명과 충돌하는 것을 서약해서는" 안 된다.[43] 우리가 하나님께 드릴 수 있는 것을 하나님께 드리겠다고 서약하여야 한다.

---

42) 이 이중적 지식은 칼빈에 있어서 아주 중요하기 때문에 어떤 학자들은 이것이 『기독교 강요』를 구성하는 중심 원칙이라고 이야기하기도 하였다. Cf. Edward A. Dowey, Jr. *The Knowledge of God in Calvin's Theology* (Grand Rapids: Eerdmans, 1994). 그러나 이 견해는 『기독교 강요』가 사도신경의 구도를 따랐다는 파커(T. H. L. Parker)에 의해 도전을 받았다. Cf. Parker, *Calvin's Doctrine of the Knowledge of God* (Grand Rapids: Eerdmans, 1959). 다우이의 책의 초판은 파커의 책 보다 먼저 출판되었다. 이러한 주장들은 최근에 와서 멜랑히톤의 *Loci Communes*와 교리문답의 구도를 복합적으로 따랐다는 리차드 멀러의 주장에 의해 그 힘을 잃게 되었다. Cf. Richard Muller, *The Unaccommodated Calvin: Studies in the Foundation of a Theological Tradition* (New York: Oxford University Press, 2000), 132이하.

43) *Inst.* 4.13.3.

그런데 우리가 하나님께 드릴 수 있는 것은 이미 하나님께서 주신 것이라고 할 수 있다. 이 점에서 칼빈은 오렌지 공의회(Council of Orange, 529)에서 내린 다음의 결정을 옹호한다: "우리는 우리가 하나님의 손에서 받은 것을 제외한 어떤 것도 그분께 서약해서는 안 된다."[44] 따라서 참된 서약은 우리의 능력에 의존하지 않고, 하나님께서 주신 은사에 근거한다.

참된 서약이 되기 위한 세 번째 요소는 서약하는 사람의 의도이다. 서약은 인간이 하나님께 하는 것이기 때문에 내적인 요소가 매우 중요한다. 똑같은 행위라고 하더라도 그 의도가 바르지 못하면 하나님께 받으실만한 행위가 될 수 없다. 따라서 칼빈에게 있어서 서약 그 자체에 어떤 가치를 가지는 것이 아니다. 서약 그 자체에 거룩한 무엇이 내재해 있다고 믿는 것은 미신(superstition)이다.[45] 무엇보다 서약을 받으시는 하나님은 외모를 보시지 않고 마음의 중심을 보시는 분이시다. 서약의 의도와 목적이 바르게 사용된다면 서약은 신자들에게 큰 유익이 되는데, 칼빈에 따르면, 참된 서약은 네 가지 바른 목적을 가진다. 두 가지는 과거와 관련되어 있고, 두 가지는 미래와 관련되어 있다. 처음 두 개는 하나님께 받은 은혜에 대해서 감사하는 서약을 하거나, 자신이 저지른 잘못에 대해서 하나님으로부터 임할 벌을 돌이키시도록 하기 위한 서약이다. 칼빈은 전자를 "감사"의 연습이라고 부르고 후자를 "회개"의 연습이라고 부른다.[46]

감사로서의 서약의 예는 성경에 많이 나타나 있다. 대표적으로 야곱이 에서를 피해서 쫓겨 날 때, 하나님께서 그를 평안히 돌아오게 하

---

44) *Inst.* 4.13.3.
45) *Inst.* 4.13.4.
46) *Inst.* 4.13.4.

시면 십일조를 바치겠다고 서약한 것이고(창 28:20-22), 이스라엘 왕들이 종종 전쟁에 앞서 승리를 주시면 화목제를 드리겠다고 서약한 것이다. 이런 종류의 서약을 할 때는 주의해야 할 것이 있다. 서약이 합법적이 되기 위해서는, 첫째로 그것이 올바른 목적을 가져야 하고, 둘째로 하나님께서 인정한 것이어야 하고, 셋째로 그 서약은 서약자의 능력의 범위 안에 있어야 한다.[47] 야곱은 자신의 서약에서 이 모든 요소들을 충족시켰던 반면, 로마교회는 그것들을 무시하고 자신들만의 서약제도를 고안해서 강제적인 제도로 만들어 버렸다. 어쨌든, 칼빈은 구약의 이러한 서약의 예들이 오늘날에도 적용되지 않을 이유가 없다고 생각한다.

감사로서의 서약과는 달리, 칼빈은 회개로서의 서약의 예를 성경에서 언급하지는 않는다. 그는 일상에서 일어날 수 있는 평범한 예를 언급하는 것에 만족한다. 만약 어떤 사람이 탐식(gluttony)의 죄로 인해 계속적으로 고통을 당해왔다면, 서약을 통해 자신을 엄중하게 절제하게 함으로써 그러한 죄에서 벗어날 수 있을 것이다. 그러나 이것은 그 사람에게 선택의 문제로 남겨질 때에만 유익하게 시행될 수 있다고 칼빈은 강조한다.[48]

과거에 대한 서약이 두 개로 나뉘듯이 미래에 대한 서약 역시 두 개로 나뉠 수 있다. 하나는 무엇을 하지 않기 위한 서약이고, 다른 하나는 무엇을 하기 위한 서약이다. 만약 어떤 사람이 옷이나 보석과 같은 것에 대한 탐심이 강하다면, 그 사람은 당분간 그것을 사용하지 않기

---

47) John Calvin, *Commentaries on the First Book of Moses Called Genesis* (Grand Rapids: Baker Book House, 1974: reprint), 121. 비록 서약의 세 가지 요소에 대한 순서는 다르지만, 내용에 있어서 칼빈의 『기독교 강요』와 성경 주석은 너무나 서로 조화를 이루고 있음을 알 수 있다.

48) *Inst.* 4.13.4.

로 하면서 자신을 지킬 수 있을 것이다. 또한 어떤 사람이 경건의 어떤 부분에 있어서 소홀히 여기는 경향이 있다면 그 사람은 자신을 서약을 통해서 경건의 부족한 부분들을 보강할 수 있을 것이다.[49] 만약에 서약이 이러한 건전한 목적 때문에 실행된다면 신자들이 이것들을 사용하지 않을 이유는 없을 것이다.

서약에 대한 지금까지의 칼빈의 논의들을 도표로 정리하면 다음과 같이 표시할 수 있다.

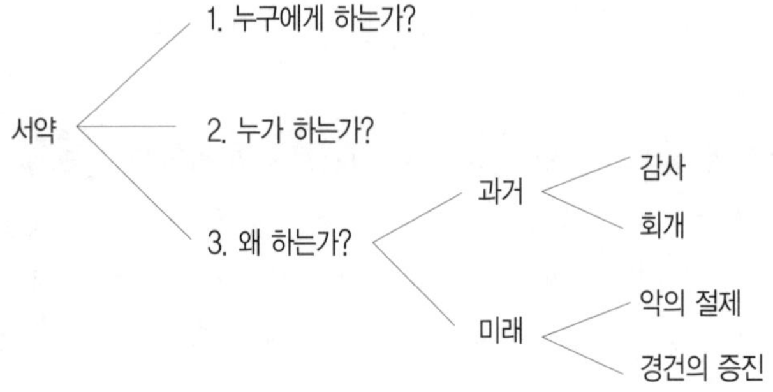

도표에서 보아서 알 수 있듯이 서약에 대한 칼빈의 논의는 매우 세밀하다는 것을 알 수 있다. 그는 서약을 로마교회의 잔재라고 해서 뭉뚱그려서 배격하지 않았고, 또한 서약을 액면 그대로 무조건 받아들이지도 않았다. 칼빈은 성경적 관점에서 서약을 분석을 한 후, 서약의 남용이나 오용으로부터 서약의 본모습을 지키려고 하였다. 특히 칼빈의 영성과 관련하여 우리가 주목하게 되는 것은 서약의 목적을 보았

---

49) *Inst.* 4.13.5. 과거에 관한 서약과 미래에 관한 서약은 거의 비슷하여 잘 구분이 가지 않을 수 있다. 어떤 면에서 모든 서약은 미래에 관한 것이다. 하지만, 과거에 관한 서약은 하나님께서 이미 하신 일(또는 앞으로 하실 일에 근거하여)이나 자신이 이미 한 일(죄)에 대해서 서약자가 미래에 할 일을 서약하는 것이고, 미래에 관한 서약은 자신이 아직 실제로 행하지 않았지만 할 가능성이 많은 것에 관하여 스스로 금하기로 서약을 하는 것이다.

을 때, 그것이 칼빈의 중생관을 그대로 반영하고 있다는 것이다. 칼빈은 중생을 죄에 대해서 죽고(*mortificatio*), 의에 대해서 사는 것(*vivificatio*)으로 정의하였는데,[50] 이 은혜의 이중적인 요소가 서약에서 그대로 실천적으로 적용이 되고 있음을 도표를 통해서 우리는 쉽게 알 수 있다. 칼빈에게 있어서 소위 이론신학과 실천신학의 구분은 존재하지 않는다.

2) 진정한 서약의 표본으로서의 성례

오늘날 한국 개신교인들은 거의 대부분 서약과 아무런 상관없이 살아가고 있다. 아마도 서약은 특별한 사람들을 위한 것이고 일반 사람들과는 별로 관계가 없다고 생각할 것이다. 만약 그렇다면, 서약에 대한 칼빈의 장황한 논의는 오늘날 우리 교회에 큰 도움이 될 수 없을 것이다. 그러나 칼빈은 모든 신자가 하나의 공통된 서약에 참여하고 있다는 점을 상기시킨다. 그것은 바로 언약이다. 세례를 통하여 모든 신자는 하나님 앞에서 엄숙한 서약을 하였고 성찬을 통해서 그 서약을 확증한다.[51] 칼빈은 성례는 일종의 계약(*syngraphae*)과 같아서 그것을 통하여 하나님은 우리에게 자비와 영생을 주시고, 우리는 그것에 보답하여 순종을 약속한다. 이 보편적 서약에 대해서 칼빈은 다음과 같이 말한다.

> 이것은 [성례는] 서약의 형식(form), 적어도 요약이다. 사탄을 버림으로 우리는 우리 자신을 하나님을 위해 바쳐 그의 거룩한 계명을 지키고 우리 육체의

---

50) 여기에 대해서는 『기독교 강요』 제3권 6장에서 10장을 참고하라.
51) *Inst.* 4.13.6.

악한 욕망을 따르지 않는다. 이 서약은 성경에 의해 확증되었고 모든 하나님
의 자녀들에게 요구되기 때문에 거룩하고 신성하다.[52]

만약 세례와 성찬을 서약으로 보고 그 서약 속에서 하나님의 계명
에 대한 순종이 있다면, 신자들은 서약을 항상 깨뜨리는 것이 아닌가
라는 질문이 생길 수 있다. 물론 신자는 하나님의 모든 계명을 완벽하
게 지킬 수 없다. 어떤 면에서 신자는 자신의 서약을 수시로 깨뜨린다
고 볼 수 있다. 그렇다고 해서 이 서약이 무효화 될 수 없는데, 성례는
하나님의 은혜 언약을 전제하고 그 은혜 언약 속에는 죄사함과 성령
의 거룩하심에 대한 약속이 들어 있기 때문이다.[53] 성례 속에서 하나
님께 대한 서약을 지킬 수 있는 근거는 우리에게서 나오는 것이 아니
라 하나님의 은혜에 근거하고 있음을 알 수 있다. 이 점에서 우리는
칼빈이 인간의 공로에 근거한 서약의 교리를 하나님의 은혜에 근거한
서약의 교리를 완전히 바꾸어 버렸다는 것을 보게 된다.

진정한 서약의 표본으로서의 성례에 대한 칼빈의 이해는 그 당시
가장 고귀하다고 간주된 수도원 서약에 대한 통념을 바꾸어 버렸다.
성례, 특히 세례를 서약으로 이해한다면 수도원 서약은 그야말로 그
자체가 거짓된 서약이기 때문이다. 칼빈이 수도원 서약 자체를 거부
한 것은 그 서약이 제2의 세례(the second baptism)로 간주되었기
때문이다. 이것은 세례의 단일성을 깨뜨리게 되고 결국 교회를 나누
는 분리주의 운동일 뿐이다. 수도원에 들어가기로 결심한 이들은 교
회와 분리한다. 칼빈은 수도사들이 분리주의자인 이유를 다음과 같이
말한다.

---

52) *Inst.* 4.13.6. 여기서 사용된 '형식'은 질료(matter)와 구분되는 용어로 사용되었다.
53) *Inst.* 4.13.6.

그 이유가 무엇이냐고? 그들은 자신들만의 직분과 사적(private)인 성례의
실시를 받아들임으로 신자들의 합법적 공동체로부터 분리하지 않는가? 만약
이런 것이 교회의 친교(communion)를 깨뜨리는 것이 아니면, 도대체 무엇
이 그렇게 하는 것인가?[54]

칼빈의 견해에 의하면 그 당시 수도원제도는 원래의 수도원 제도와
근본적인 차이가 있다. 칼빈은 수도원 제도 자체가 성경적이지 않다
고 보았지만, 전적으로 악하다고 생각하지는 않았다. 예전의 수도원
과 칼빈 당대의 수도원의 근본적인 차이는 교회의 하나 됨에 관한 것
이었다. 그들은 비록 생활에서는 다른 사람과 분리되어 있었지만, 성
례에 있어서는 분리되지 않았다. 지역 교회의 성례에 참여함으로써,
예전의 수도사들은 교회의 하나 됨을 유지하였다. 칼빈은 반문한다.
"사적인 제단을 자신들을 위해서 세우는 것을 통해서, 오늘날 수도사
들이 하나 됨의 끈을 끊어 버리는 일 외에 무엇을 하고 있다는 말인
가?"[55] 그들이 분리주의자라는 사실이 그들이 사용하는 용어를 보면
더욱 두드러진다. 그들은 고린도교회 교인들이 했던 것처럼 자신들을
그리스도인이라기 보다는 베네딕트파, 도미니칸파, 프란체스칸파라
고 부르기 때문이다.[56] 그들은 자신들만의 서약을 지나치게 강조하다
보니 그들의 서약 보다 훨씬 더 우위에 있는 참된 서약(즉 세례)의 유
효성을 부인하게 되어 버렸다.

---

54) *Inst.* 4.13.14.
55) *Inst.* 4.13.14. 여기서 말하는 제단이란 성찬상을 말한다. 성찬에 대한 로마교회와 개혁교
회의 근본적인 차이는 성찬의 본질을 무엇으로 볼 것인가의 차이였다. 로마교회는 그것을
제사로 보았고, 개혁교회는 식사로 보았다. 이 본질에 대한 차이는 성찬의 실천에 있어서
도 차이를 가져 왔다. 로마교회는 미사가 시행되는 곳을 제단(altar)라고 불렀고, 개혁교
회는 성찬이 시행되는 곳을 식탁(table)이라고 불렀다. 여기에 대한 논의는 다음 책을 참
고 하라. 고재수(N. H. Gootjes), 『세례와 성찬』(서울: 성약 출판사, 2007): 49-95.
56) *Inst.* 4.13.14.

5. 결론

영성 연구에 있어서 탁월한 한 학자는 "중세의 기독교는 철저하게 수도원적인 영성을 고무했으며 수도원적인 생활의 특징을 모방하였다"[57]고 말하였다. 이것이 사실이라면, 칼빈은 교리에서 뿐만 아니라 영성에 있어서도 중세의 잘못된 전통에 항거하였다. 앞에서 우리가 보았듯이, 칼빈은 거짓된 영성을 거부하고 올바른 영성을 추구하려고 하였다. 이 점에 있어서 '오직 성경'은 가장 근본적인 원리로 작용하였다. 칼빈이 로마교회의 거짓된 전통을 거부한 궁극적인 이유는 그것들이 성경의 가르침에서 벗어났기 때문이다. 칼빈은 구체적인 성경 해석에 근거하여 로마교회의 영성의 잘못된 점을 지적하였다.

성경의 가르침에 금식, 독신, 서약을 비추어 보았을 때, 로마교회의 가장 큰 잘못은 그것들 자체에 어떤 가치가 있다고 보고 하나님의 호의를 얻을 수 있는 공로로 본 것이다. 칼빈은 참된 영성은 우리의 외적인 행동이 아니라 우리의 내적인 마음에 의해서 결정된다고 보았다. 따라서 그와 같은 규례들은 목적이 아니라 경건을 이루어 가기 위한 수단으로 이해하여야 한다. 이 둘의 차이를 제대로 이해하지 못하면, 신자들은 위선에 빠지게 된다.

영성의 범위에 있어서도 칼빈은 로마교회와 결별하였다. 로마교회가 영성을 특정한 그룹들(성직자, 수도사)에 한정시켰다면 칼빈은 그것을 모든 대중적 혹은 보편적인 것으로 만들어 버렸다. 칼빈에게 있어서 영적인 삶이란 더 이상 특정한 사람들만이 향유할 수 있는 특권이 아니었다. 누구든지 경건의 의무를 행하고자 하는 소망이 있고 하

---

57) 요셉 리차드, 『칼빈의 영성』, 한국 칼빈주의 연구원 편역 (서울: 기독교문화협회, 1986), 100.

나님께서 은사를 주신다면 그와 같은 영적인 삶을 누릴 수 있다. 영성을 이렇게 규정함으로 칼빈은 영성의 근거가 사람에게 있는 것이 아니라 하나님께 있다는 것을 강조하였다. 요약하면, 영성을 가능케 하는 힘은 하나님에게서 온다.

다음으로, 칼빈은 그리스도께서 신자에게 주신 자유를 강조하였다. 금식, 독신, 서약의 위험성은 그것 자체에 가치가 있다고 주장될 때, 그것의 중요성이 지나치게 강조될 때, 그리고 그 시행에 있어서 강압적으로 이루어 질 때, 그리스도인들의 양심을 구속한다. 칼빈에게 있어서, 특히 그리스도인의 양심은 오직 하나님의 양심에만 매여 있다. 이 원칙이 어겨진다면, 우리의 모든 영성은 위선이 되는 것이다.

필자가 미국 미시간의 그랜드래핏(Grand Rapids)에서 신학 공부를 하고 있을 때, 아주 보수적인 개혁교회의 목사와 대화를 나눈 적이 있다. 기도에 대해서 이야기를 나누는 중에 금식에 대해서 어떻게 생각하는지를 물어 보았는데, 자신은 금식을 한 번도 해 본적이 없다고 하면서 금식이 로마가톨릭의 공로 사상과 연결된 것이 아닌가라는 생각을 한다는 답변을 하였다. 한국 장로교회에는 금식이 비교적 많이 시행은 되고 있으나 이것에 대한 체계화 된 신학적 정리가 결여된 반면, 미국 개혁교회는 로마교회와의 투쟁 속에서 금식에 대한 극단적 반발로 인하여 금식 자체가 사라져 버렸다고 할 수 있다. 칼빈의 의도와는 달리, 금식, 서약, 독신과 같은 실천적 주제들은 개혁교회에서 거의 사라진 주제가 되어 버렸다. 이 점에서 칼빈을 따른다고 자처하는 한국 장로교회가 칼빈의 영성에 관한 균형잡힌 교훈에 다시 한 번 귀를 기울일 필요가 있다고 본다.

칼빈의 경제사상에 반영된 그의 영성

권 호 덕 교수 (백석대학교)

1. 서론

물질은 저급하고 악하다는 '물질적인 원리' 와 '영적인 원리' 가 상호 간에 영향을 주지 않고 영원히 평행선을 긋는다는 이원론에 젖어 있는 사람들은 이런 논문 제목을 보고 처음엔 매우 의아하게 생각할 것이다. 이들의 경우 물질생활은 영성 내지 경건과는 아무런 상관이 없다고 여기기 때문이다. 이런 이원론의 경우, 육체가 저지른 죄가 영혼에 아무런 영향을 끼칠 수 없다. 따라서 몸으로 아무리 큰 범죄를 해도 영혼은 깨끗하게 보존된다고 한다. 이것은 결국 윤리 이원론에 빠지게 만드는 것이다.

그런데 성경은 이런 이원론과는 거리가 멀다. 창세기 1장은 피조물을 가리켜 "좋다"라고 표현한다. 또 구약성경은 인간을 설명할 때 영혼과 몸을 분리시켜 놓고 설명하지 않고 이 둘을 하나로 된 존재로서 인간을 말한다.[1] 즉 영적인 요소와 물질적인 요소가 스펀지에 물이 젖듯이 하나로 되어 일치한다는 것이다. 성경의 경우, 인간의 영적인 원리를 통해 생각하는 것은 자연스럽게 말과 행동과 연결되기 때문에 생각과 행동이 이분화 되지 않는다는 말이다. 이런 인간관을 가진 사람은 본 논문의 제목이 타당함을 인정할 것이다.

바울은 데살로니가교회에 편지를 쓰면서 그 교인들에게 가르침과 행함을 분리시키는 이원론적인 영지주의를 경고하고 있다. "형제들아 우리 주 예수 그리스도의 이름으로 너희를 명하노니 규모 없이 행하고 우리에게 받은 유전대로 행하지 아니하는 모든 형제에게서 떠나라"(살후 3:6). 한국 보수교단 교인들은 이런 이원론에 친숙한 편이다. 이런 이원론적 사고방식이 지금 세상으로부터 비난을 받는 한국교회를 만드는데 일조했다고 여겨진다. 바울은 이 경고의 말에 앞서 그리스도인들이란 이런 이단과는 달리 교훈과 행함이 일하는 사람들임을 주지시킨다. "주는 미쁘사 너희를 굳게 하시고 악한 자에게서 지키시리라 너희에게 대하여는 우리의 명한 것을 너희가 행하고 또 행할 줄을 우리가 주 안에서 확신하노니 주께서 너희 마음을 인도하여 하나님의 사랑과 그리스도의 인내에 들어가게 하시기를 원하노라"(살후 3:3-5).

---

1) Th. C. Vriezen, *Theologie des Alten Testaments in Grundzegen* (Neukirchener Kreis Moers: Verlag der Buchhandlung des Erziehungsvereins, 1956), 171. 구약성경의 인간이 몸과 영혼이 하나로 된 존재라는 내용은 다음과 같은 브리젠(Vriezen)의 발언 속에 잘 표현되어 있다. "이스라엘인의 시각에 따르면 인간은 생기 있는, 더 나은 표현에 따르면, 생명이 있기 만들어진 몸이다, 이것은 그리스 철학에서 말하는 몸속으로 갇혀진 영원한 영혼이 아니라, 말하자면 몸으로 구현된 영혼이다. 인간론에 관한한 구약은 매우 실제적이다" 이와 같은 인간관은 다음과 같은 발언 속에도 발견된다. "하나님의 숨결이 물질로 된 형태 속으로 불어넣어졌다. 그리고 이를 통해 인간은 생명 있는 존재가 되었다"(ibid.). 다음과 같은 최의원의 번역은 인간의 영혼 일체성을 잘 표현하고 있다고 하겠다. "이에 여호와 하나님이 땅의 흙으로 사람을 지으시고 생명의 숨결을 그의 코에 불어 넣으시니 사람이 생명체가 되었다"(창 2:7). 참고 최의원 편저,『새 즈믄 하나님의 말씀』(서울: 예영커뮤니케이션, 2008); Hans Walter Wolff, *Anthropologie des Alten Testaments* (München: Chr. Kaiser Verlag, 1984), 25ff.

우리는 본 논문을 통해 칼빈의 경제사상을 이해하고 윤리 이원론적인 사고방식에 젖어 있는 한국 교인들에게 자신의 현주소를 파악하게 만드는 동시에 바람직한 물질 사용에 대한 개혁교회 성도들을 위한 지침서를 제공할 수 있을 것이다. 이 문제를 규명하기 위해 우리는 먼저 칼빈의 영성에 대한 이해를 고찰하고 그 다음 그의 경제사상 내지 경제 활동을 점검한다. 이를 위해 이런 주제와 관계하는 성경 주석을 분석하는 동시에 이 분야의 전문가들의 발언을 고려의 대상으로 삼는다.

2. 칼빈의 영성 이해

칼빈 신학에 있어서 "영성"이라는 말이 타당할까? 칼빈의 경우 영성(靈性)이란 인간이 창조주 하나님에 대해 가지는 전인적인 관계를 의미한다. 물론 그는 영성(靈性)이라는 말을 사용하지 않고 "경건"이라는 말을 사용한다. 즉 칼빈은 '영성'(spirituality)이라는 용어를 잘 사용하지 않았다. 따라서 그의 '영성' 이해는 '경건'(*pietas*) 또는 '종교'(*religio*)라는 말로 가장 잘 표현되는 것이다.[2] 사실 영성은 수도원적 이원론적인 개념을 내포하고 있다. 즉 세속 문화를 벗어나 거룩한 장소에 머물면서 때 묻지 않고 거룩하게 살려는 문제와 더불어 이런 용어가 사용된 것이다. 그런데 칼빈의 경우 이 세상의 삶 속에서 하나님 중심적으로 사는 문제를 경건이라는 말로 요약하고 있는 것이다.

---

2) Ford Lewis Battles, *Interpreting John Calvin*, ed. by Robert Battles (Grand Rapids: Baker Books House, 1966), 289.

그의 『기독교 강요』 초판(1536)은 그의 관심이 영성에 있음을 명확하게 보여 주고 있다. '강요'(*Institute*)라는 말은 "거의 전적으로 경건의 총체"(*totam fere piestas Summam*)라는 의미에서 그 책이 무엇을 추구했는가를 보여준다. 그러면 칼빈이 경건이라는 말 속에서 가르치고 싶었던 것은 무엇일까? 『기독교 강요』 초판의 요약은 그것이 무엇인지를 보여준다.

> "하나님과 인간에 대한 지식, 하나님을 향한 인간의 존경과 영광을 돌려야 할 필요성, 인간 편에서의 믿음과 봉사와 복종에의 요구, 그리스도 안에서 성육하신 하나님의 말씀에 대한 전폭적인 의존, 그리고 경건한 예배에서 표현되는 인간의 실천적 자세"[3]이다.

그러면 칼빈은 우리가 이런 영성을 유지하기 위해 어떠해야 한다고 가르치는가? 이 질문에 답하려면 칼빈이 구체적으로 어떤 내용을 권고했는지를 알 필요가 있다. 그것은 한 마디로 그리스도인의 삶에 대한 성경의 가르침이란 무엇인가 하는 문제이다. 이 내용은 『기독교 강요』 제3권 6-10장에 열거되어 있다.[4] 그것은 한 마디로 "자기 부정"에 관한 것이다.

---

3) 요셉 리차드, 『칼빈의 영성』 (서울: 기독교문화협회, 1986), 136. 이 책의 제4장 "존 칼빈의 영성: 그 기원, 원동력, 그리고 내용". 저자는 여기서 *OS* I, 19을 인용한다. 칼빈이 아니라 이 책 발행인이 『기독교 강요』 초판의 부제를 달았는데, 여기 인용문은 바로 그 부제이다. "totam fere pietatis summam et quidquid est in doctrina salutis cognitu necessarium complectens, omnibus pietatis studiosis lectu dignissimum opus ac recens editum." 이 책의 우리말 역본인 『칼빈의 영성』의 각주는 *OS* I, 9라고 잘못 표기되었다.

4) *Inst.* 3.6. 그리스도인의 삶과 이에 대한 성경의 가르침, 3.6.7. 그리스도인의 삶의 요체, 3.6.8. 십자가를 지는 일 : 자기 부정, 3.6.9. 영생에 대한 묵상, 3.6.10. 이 세상을 사는 자세.

1) 하나님을 향하는 마음으로서 경건

칼빈은 『기독교 강요』 제3권 6장 첫 부분에서 경건한 삶을 이루기 위한 첫 번째 조건으로서 하나님과 인간 사이의 수직적인 관계를 유지하는 일임을 주지시킨다. 이를 위해 칼빈은 우리가 세속을 부인하고 자기를 부인하여 우리가 우리의 것이 아니라, 하나님의 것임을 인식시킴으로서 경건의 삶이 무엇인지를 설명한다. 칼빈의 경우 경건의 삶 내지 영성이란 하나님과 인간 사이의 연합 상태이다.

> "우리가 하나님과 연합되었다는 사실을 들을 때마다 거룩함이 그 연합의 끈이 된다는 사실을 기억하도록 하자 … 먼저 하나님과 연합되어 있어야 그의 거룩하심이 우리에게 가득 차게 되고, 그가 부르시는 곳으로 따라가게 된다. 하나님의 영광이 악이나 부정(不淨)과는 어떠한 교제도 나누지 않는 특징을 지니고 있으므로, 하나님과 교제하는 자는 당연히 거룩해야 한다는 뜻이다" (*Inst.*, 3.6.2).

하나님과 연합의 상태를 유지하는 자만이 그 마음이 하나님을 향하고 거룩하게 살 수 있기 때문이다.

그리고 칼빈은 이렇게 우리의 마음이 하나님과의 교제로 나아가도록 하는 요인을 예수 그리스도의 구속 은혜에 대한 응답과 성령의 역사로 보았다.

> "그리스도께서 우리를 그의 몸에 접붙여주셔서 우리가 그의 몸의 지체들이 되었으니, 흠과 티가 없도록 특별히 주의를 기울여야 마땅하다(엡 5:23–33; 고전 6:15; 요 15:3–6)"(*Inst.* 3.6.3). 즉 그리스도와 연합에 대한 인식은 거룩을 힘쓰게 함으로써 경건을 유지하게 된다는 뜻이다. 다음과 같은 발언도

여기에 속한다. "그리스도께서 그의 피로 씻으셔서 우리를 정결케 하셨고, 또한 세례를 통해서 이 정결함을 전달해 주셨으므로, 우리가 다시 우리 자신을 더럽힌다면 그것을 정말 가당치 않는 일이다(엡 5:26; 히 10:10; 고전 6:11; 벧전 1:15,19)."

칼빈은 한 걸음 더 나아가 우리가 승귀하신 그리스도와 연합되어 있기 때문에 그 눈길이 하늘로 향하여 삶으로써 경건을 유지함을 암시한다.

"우리의 머리 되신 그리스도께서 하늘로 올리우셨으니, 이 땅의 것들에 대한 사랑을 뒤로 제쳐두고 진심으로 하늘을 사모하는 것이 합당하다(골 3:1f.)"(Inst. 3.6.3).

칼빈은 우리가 이런 상태를 유지하는 것은 다음과 같이 성령의 도우심으로 그렇게 할 수 있음을 암시한다.

"성령께서 우리를 하나님께 성전(聖殿)으로 드리셨으니, 하나님의 영광을 밝히 드러내도록 최선을 다해야 하며, 죄의 더러움에 물들지 않도록 경계해야 마땅하다(고전 3:16; 6:19; 고후 6:16)"(Inst. 3.6.3).

그렇다면 이렇게 만드는 추진력은 무엇일까? 칼빈은 그리스도인의 경건한 삶이 인간의 생각과 말 그리고 행동의 원천이 되는 마음에 달려 있음을 주목하고 이 마음속에 복음이 침투해서 영향을 주어야 함을 주지시킨다.

"교리는 우리의 속마음에 들어가며, 다음에 일상생활이 되며, 우리를 개조하

고 동화시킴으로써 복음의 결과가 나타나도록 해야 한다. … 복음의 효력은
마음속 가장 깊은 감정에까지 침투해서 영혼 안에 자리를 잡고 인간전체에
영향을 주어야 한다"(*Inst.* 3.6.4).

이 말은 한편으로는 칼빈의 경우 범신론적인 방법 내지 미신적인
방법으로 경건 내지 영성이 유지되는 것이 아니라 진리의 말씀을 통
해 이루어짐을 말함으로써 인식과 깨달음이 경건에 어떤 의미가 있는
지를 설명하는 것이고, 다른 한편으로는 진리가 인간의 오성(悟性)에
추진을 가하여 삶의 전체 영역에 영향을 끼친다는 말이다. 즉 이 말은
노동의 종류가 무엇이든 간에 그것이 마귀의 일이 아닌 한, 그 마음이
복음의 지배를 받으면 그의 모든 활동이 경건하다는 말이다.

주목할 만한 것은 칼빈이 『기독교 강요』 제3권 7장에서 그리스도인
의 삶의 요체를 말하면서 우리의 마음이 하나님께 향하는 것이 경건
한 삶임을 설명한다는 점이다.

"가장 중요한 일은 우리가 하나님에게 성별되며 바치어져, 금후로는 그의 영
광만을 위해서 생각하고 말하며 명상하고 행동하는 것이다."(*Inst.* 3.7.1)

다음과 같은 발언도 여기에 속한다.

"'섬긴다'는 것은 하나님의 말씀에 순종하는 일뿐만 아니라, 모든 육적인 생
각을 버린 빈 마음을 하나님의 영이 명하시는 쪽으로 완전히 돌아서게 하는
것을 의미한다. 이것이 생명으로 들어가는 첫 문이다"(Inst. 3.7.1).

요컨대, 칼빈에게 우리의 마음이 수직적인 차원에서 하나님을 향하
는 것이 경건한 삶의 출발점이라는 것이다.

2) 이웃을 배려하는 자세로서 경건

칼빈은 그리스도의 삶의 두 번째 특징을 이웃을 사랑하는 삶에서 찾는다. 이것 역시 자기 부인의 원리를 이웃과의 관계에 적용하는 문제인데 『기독교 강요』 제3권 7장 4-7절에서 다룬다. 칼빈은 자기를 부인하는 것이 경건을 이루는 도구가 됨을 주지시킴과 동시에(*Inst.* 3.7.4), 이런 자만이 이웃의 유익을 구함을 지적한다. 즉 자기 부정을 통해 이웃을 돕는 태도가 경건으로 인도한다는 말이다.

"우리는 원래 자기만을 위하는 쪽으로 기울어져 있기 때문에, 다른 사람의 유익을 도모해서 우리 자신과 재산을 무시한다는 것은 쉽지 않다. 우리가 당연히 가질 권리가 있는 것을 기꺼이 내놓고 다른 사람에게 양보한다는 것은 우리의 천성으로 보아서 쉽지 않다. 그러니 성경은 우리를 이 경지로 인도하기 위해서, 우리가 하나님에게서 받은 은혜는 모두 일정한 조건 하에 위탁된 것이라고 경고한다. 받은 은혜를 합당하게 사용하려면, 다른 사람들에게 아낌없이 친절하게 나누어 주어야 한다. 우리가 가지고 있는 은사 전체는 우리의 이웃들의 유익을 위해서 분배하라는 조건으로 하나님께서 우리에게 베푸시고 위탁한 것이라고 우리는 배웠다(벧전 4:10)"(*Inst.* 3.7.5).

그리고 칼빈은 우리가 다른 사람들을 돕고 그들을 위해 봉사해야 하는 방법의 원리를 고린도전서 12:12이하에 나오는 교회 지체 원리로부터 배운 것 같다.

"어느 기관도 자신을 위해서 그 능력을 가진 것이 아니며, 자신의 사사로운 필요만을 위해서 사용하지 않는다. 각 기관은 다른 기관들을 위해서 그 능력을 쏟아 놓는다. 온 몸에 공통적으로 유익하게 된 때에 비로소 각 기관은 자체 능력의 혜택을 받는다. 그와 같이 경건한 사람도 그가 가진 능력이 무엇이든 간에 교우들을 위해서 일할 줄 알아야 하며, 교회의 전반적 성장을 위해서 전심전력하는 이외에 어떤 다른 방법으로 자기를 돌보지는 않는다. 그러므로 관용과 자선에 대한 우리의 규칙은 이것이다. 즉 우리는 하나님께서 우리의 이웃을 도울 수 있도록 우리에게 주신 모든 것을 관리하는 청지기이며, 우리의 청지기 직책에 관해 보고할 의무가 있다는 것이다. 그 뿐 아니라, 올바른 청지기의 유일한 사랑을 표준으로 알아 낼 수 있다. 그래서 우리는 남의 이익에 대한 열심과 자신의 이익에 대한 관심을 결합할 뿐 아니라, 자기의 일보다 남의 일을 더 중시하게 될 것이다"(*Inst.* 3.7.5).

즉 칼빈의 경우 경건 은 유기체의 지체들이 각자 제 기능을 발휘하는 것이라는 말이다.

칼빈은 우리가 이웃을 사랑할 때, 그 태도에 있어서도 영성 내지 경건함이 있어야 됨을 보여준다. 즉 그리스도인은 이웃에게 봉사할 때 외모를 취하지 않아야 하는데, 이것은 하나님만을 우러러보기 때문이라고 말하여 수평적인 차원의 사랑은 수직적인 차원의 관계와 밀접하게 연결되어 있음을 지적한다.

"우리는 사람 자체가 가치 있다고 생각할 것이 아니라, 모든 사람 안에 있는 하나님의 형상을 보며, 그 형상에 대해서 경의와 사랑을 표시하라고 한다. 그러나 특히 믿음의 식구들 사이에서(갈 6:10), 그리스도의 영을 통하여 중생하고 회복된 하나님의 형상을 보도록 더욱 주의해야 한다"(*Inst.* 3.7.6).

심지어 칼빈은 여기서 인간 안에 있는 하나님 형상을 중요하시 하는 마음으로 사랑할 것을 권고하되 이를 위해서는 우리 자신과 우리 소유 전체를 바칠 가치가 있다고 주장한다.

사실 '칼빈의 경제 활동 사상에 나타난 경건'은 그리스도인의 이웃에 대한 사랑의 관점에서 논할 내용에 속한 것이다.

3) 경건의 삶의 한 요소로서 시간 속에서 할 일

흥미롭게도 칼빈은 그리스도인의 삶 가운데 십자가를 지는 일과 영생에 대한 묵상을 경건을 이루는데 필요한 요소임을 암시한다. 그는 자기 부정의 일부로서 십자가를 지는 일은 성화를 이룸을 지적한다.

> "역경의 고통이 많을수록 그리스도와의 사귐이 더욱 확실하게 보장된다는 것은 십자가의 가혹한 성격을 완화하는 데 얼마나 큰 도움이 될 것인가? 주와 사귐을 가짐으로써 고난 자체가 우리에게 복이 될 뿐 아니라 우리의 구원을 촉진하는데 큰 도움이 된다"(*Inst.* 3.8.1).

또 십자가는 신자를 낮추어 하나님의 은혜를 의지하게 함으로써 경건을 이룸을 암시한다. 경건이 이루어지려면 우리의 교만을 억제해야 되는데, 칼빈은 십자가를 통해 그렇게 하신다고 가르친다.

> "하나님께서 우리의 이 교만을 억제하시는 가장 좋은 방법은 우리의 경험을 통해서 우리가 심히 무능함과 연약함을 증명하시는 것이다. 따라서 하나님께서는 치욕 빈곤, 근친의 죽음, 병 기타의 재난들로 우리를 괴롭히신다. 재난이 있는 동안 우리는 견뎌내지 못하고 곧 굴복한다. 이렇게 자만심이 꺾여 하나님의 힘을 구할 줄 알게 되고 하나님의 힘만이 재난을 이기고 굳게 버티는 힘을 준다는 것을 깨닫게 된다"(*Inst.* 3.8.2).

즉 시간 속에서 고난을 통해 우리는 하나님에 대한 깊은 지식을 얻게 되고 육을 죽이게 된다는 말이다. 사실 칼빈의 경우 십자가를 통해 자기를 부정하는 일은 회개의 첫째 단계인 '자기를 죽이는 것'과 일치하는 것이다(*Inst.* 3.3.5).

나아가 칼빈은 십자가는 하나님의 신실하심을 경험하는 기회도 되지만 승리 뒤에 생기는 미래에 대한 소망을 주며(*Inst.* 3.8.3) 우리의 인내와 순종을 훈련시키고(*Inst.* 3.8.4), 반항하는 육을 억제시키고 영적 질병을 치료하여(Inst. 3.8.5) 경건을 이룸을 암시한다.

시간적인 차원에서 경건을 연습하는 또 다른 길은 내세에 대해 명상하는 일이다. 칼빈은 이 문제를 『기독교 강요』 제3장 9장에서 언급한다. 이 문제는 그리스도인의 시간관 내지 역사관과 관계된다. 칼빈은 하나님께서 현세 생활의 허무성을 보지 않으려는 경향을 지닌 육안에 있는 그리스도인들로 하여금 고난을 통해 현세에 과도하게 애착하지 못하게 타락을 막고 그 눈길을 미래로 향하게 하여 소망을 가지게 함을 지적한다(*Inst.* 3.9.1-2). 칼빈에 의하면 인간은 이 세상의 삶에 대한 바른 인식이 영생에 대한 묵상으로 이어진다고 하는데(*Inst.* 3.9.3-6), 이런 자세가 경건을 이루는 동인(動因)이 되는 것이다.

요컨대, 칼빈의 경우 우리가 경건의 상태를 유지하려면 세 가지(수직, 수평, 시간) 차원의 관계를 역동적으로 유지해야 된다는 뜻이다. 이를 통해 칼빈의 경건 개념은 그가 수도원적 이원론(로마가톨릭)을 극복하는 동시에 신비주의적인 이원론을 극복하여 하나님 중심 세계관을 구축하여 경건한 삶 속에서의 영성과 관계하는 것이다. 그렇다면 칼빈의 경제사상은 하나님 중심적인 세계관을 지니고 경제 활동하는 것과 밀착되어 있을 것이다. 우리는 칼빈의 경제사상에 경건이 어떻게 나타나는가를 주목한다.

3. 칼빈의 경제사상에 엿보인 영성

1) 칼빈 개인의 경제생활에 반영된 경건

칼빈이 가난하고 검소하게 살았던 것은 잘 알려진 사실이다. 그럴
수밖에 없었던 것은 그 당시 교인들의 영적 수준이 매우 낮아 자기들
의 목회자들의 형편을 헤아릴 수 있는 상태에 있지 않았기 때문이다.

"그는 거의 매일 설교하고 주일에는 입교 준비자들을 가르쳤다. 더불어 종교개
혁을 진행하기 위하여 다른 종교개혁자들과 관계를 유지하면서 목회적인 특별
한 돌봄을 필요로 했던 사람들과 접촉을 했다. 당시에 회중들은 목자들의 재정
적인 필요성을 알지 못했던 시기였다."[5]

칼빈은 급료도 바라지 않고 단순히 하나님의 일에 몰두했는데, 그
의 경제생활은 초라하기 이를 때 없었다.

"제네바에서 처음으로 그는 가재도구들과 그의 서재의 책들을 빚을 안지기
위하여 팔아야만했다. 그가 주당 급료를 받기 시작했던 것은 강연을 시작한
8개월 후였다. 그러나 그 액수는 편안한 삶을 위해서는 충분치 못한 것이었
다. 거기에서 그는 29세가 될 때까지 난방이 없는 집에서 다음 식사를 어떻
게 맞이해야 하는지를 확신하지 못하면서 하나님께서 그에게 요구하셨던 것
을 섬기면서 미혼으로 남아 있었다."[6]

---

5) "Character of Calvin" by English Translator of "Vita J. Calvini"(The Life of John)
by Th. Beza in http://www.godrules.net/library/calvin/143calvin2.htm
6) John K. Baumann, "John Calvin as Pastor" in www.department.mom.edu/classics/
Speel- Festschrift/ Baumann.htm

사실 현대교회 소위 부요한 개혁교회 목회자들이 주목하고 닮아야 될 것은, 종교개혁자들의 놀라울 만큼 청렴결백한 삶이다. 칼빈이 1539년에 파렐에게 쓴 다음과 같은 편지는 그가 얼마나 심각한 가난의 압박을 받으며 로마서 주석을 썼는가를 증명해준다.

"Waldensian 형제들이 나에게 1 크라운 빚져 있다. 나는 그들에게 일부를 빌려주었고 나머지는 그들의 배달부에게 지불했다. 나는 그들에게 그것을 당신에게 전달하여 내 빚의 일부분을 갚을 것을 요구했다. 나머지는 내가 갚을 수 있을 때에 갚을 것이다. 나의 현재 상태는 매우 가난하다. 내게는 1 페니도 없다. 비록 나의 소비가 너무 크지만, 만일 내가 내 형제들에게 짐이 되기를 원하지 않는다면 내 자신의 돈에 의지해서 살아야 한다는 것은 유례없는 일이다. 당신이 내게 애정 어린 마음으로 권했으나 내가 나의 건강을 돌보는 일은 쉽지 않다."[7]

모든 시대의 복음의 사역자들이 300 크라운[8]만 남긴 칼빈처럼 청렴결백한 삶을 보여주었는가? 이 정도의 돈은 비록 탐욕스러운 성직자들이 지니고 있었다고 해도 고소할 수 없던 돈이었다.

우리의 관심은 그런 가난 중에도 그의 삶은 연구하고, 명상하며, 경계하고 감사하며 그리고 기도하는 것으로 특징지워졌다는 것이다. 이것은 그가 유물론적인 사고방식을 극복했다는 것을 의미한다. 이런 삶이 바로 칼빈이 가르치는 경건인 것이다. 그가 어떤 물질관을 가지고 있었기에 이런 가난 속에서도 경건을 유지할 수 있었을까?

---

7) J. Calvin, *Johannes Cavins Lebenswerk in seinem Briefen Bd. 1 übersetzt von Rudolf Schwarz, 35* (Neukirchen; Neukirchener Verlag, 1961), 112f.
8) 1 Crown은 25 펜스이다. 1파운드는 100펜스이다. 1펜스는 20원이므로, 1크라운은 500원, 300크라운은 150,000원에 해당된다.

2) 칼빈의 물질관에 반영된 경건

① 칼빈의 재물이해

칼빈이 물질적인 축복을 하나님의 은사에 기인하는 것으로 생각했다는 점에서 그는 물질을 악하다고 여기는 이원론과는 거리가 멀다. 그런데 칼빈은 재물을 악한 것으로는 보지 않지만 인간의 탐욕 때문에 부패해지는 것을 경고한다. "부(富)가 그 본질상 우리가 그리스도를 뒤따르는 것을 막는 것은 아니다. 그러나 인간성이 매우 부패해 있기 때문에, 잘 사는 사람들이 자기들의 부에 짓눌려 버리는 것은 거의 확실한 일이다"[9]

칼빈은 재물이 우리가 살아가는데 필요한 보조 수단이라고 말한다. 그런데 이 재물을 깨끗한 양심으로 이용할 수 있기 위해서는 일정한 방침을 지켜야 한다고 말한다. 그렇지 않으면 경건에 훼손이 가해지기 때문이다.

> "물질 사용에 있어서 육의 무절제를 변명하며, 방종한 쾌락 생활의 길을 준비하려는 사람들이 지금 많다. … 그들은 … 이 자유에는 아무런 제한이나 구속을 가할 것이 아니라, 각자의 양심에 일임하여 자기에게 합당하다고 여겨지는 대로 그것을 사용하도록 해야 한다고 주장한다. 그러나 성경에는 합당한 사용에 대한 일반적인 표준이 있으므로 우리는 거기에 따라서 사용을 제한하는 것이 마땅하다"(*Inst.* 3.10.1).

칼빈에 의하면, 재물을 올바로 사용하는 원칙은 창조의 목적에 따

---

9) *Com. on Acts* 9:43. 재인용 W.J. 부스마, 『칼빈』, 이양호 · 박종숙 역 (서울: 도서출판 나단, 1993), 457.

라 사용하는 것이다.

"즉 하나님께서 여러 가지 선물들을 창조하신 목적은 우리의 유익을 위해서이지, 우리를 멸망시키려는 것이 아니었기 때문에 하나님께서 창조하시고 정하신 그 목적에 따라서 하나님의 선물을 사용한다면, 그러한 사용은 방향이 바르다는 것이다"(*Inst.* 3.10.2).

칼빈은 물질을 사용하는 일에 원칙이 있었다. 첫째, 칼빈은 재물을 올바로 사용하기 위해 육신의 정욕을 억제하는 일에 힘쓸 것을 말한다. 이것은 경건을 이루는 하나의 방법이기 때문이다.

"우리는 육의 정욕을 억제하는 데도 못지않은 노력을 기울여야 한다. 육의 정욕은 절제하지 않으면 한없이 흘러넘친다. … 정욕을 억제하는 방법의 하나는 우리를 위하여 만물을 지으신 창조주의 뜻은 우리가 그를 인식하며 그의 인자하심에 감사하도록 하시려는 데 있음을 확인하는 것이다. 만일 연락(宴樂)과 폭음 폭식으로 둔하게 되어 경건과 소명의 의무를 수행하지 못하게 된다면, 우리의 감사는 어디 있는가?"(*Inst.* 3.10.3).

둘째, 칼빈은 재물을 올바로 사용하여 경건을 이루기 위해서 하늘의 영생불멸을 명상하는 일이 필요하다고 한다. 이것은 처음이 있고 나중이 있는 바른 시간관을 가질 것을 암시하는 것이다. 이를 위해 세상 물건을 쓰는 자들은 다 쓰지 못하는 자같이 하며 빈곤을 조용히 참고 견디며, 부유함을 절제하라는 것이다(*Inst* 3.10.4).

셋째, 물질 사용에 있어서 절제할 수 있어야 경건을 유지할 수 있음을 가르친다.

"대부분의 죄악이 물욕으로부터 온다는 사실을 제외하고서라도, 빈곤을 참지 못하는 사람은 여유가 생기는 때 대개는 반대되는 증세를 나타낸다. … 초라한 의복을 부끄러워하는 사람은 비싼 옷을 자랑할 것이요. 빈약한 음식으로 만족할 수 없어 더 좋은 음식에 대한 욕망으로 고통 하는 사람은 그런 음식을 얻게 될 때에 무절제하게 남용하게 될 것이다"(Inst 3,10,5).

넷째, 칼빈은 소명감이 있어야 생각 없이 인생을 방탕하지 않고 바른 경제생활을 살 수 있다고 한다. 이런 원칙을 지키는 한, 부(富)는 결코 저주의 대상이 아니라는 것이 칼빈의 견해이다. 심지어 그는 부 그 자체를 무시하는 것은 하나님 앞에 불경이라고 말한다.

"부(富)는 그 자체에 있어서 결코 비난받아야 할 것은 아니다. 부를 소유한 사람은 그 부 때문에 전적으로 부패하게 된다는 의미를 함축하면서 부를 부인하는 것은 심지어는 하나님에 대한 커다란 불경이기조차 하다. 도대체 하나님으로부터가 아니라면, 부가 어디에서 왔단 말인가?"(Inst. 3.10.6).

이런 부가 인간의 노동을 통해 오기 때문에, 칼빈은 노동하는 도구들을 일방적으로 경시하는 것은 비성경적으로 본다.

"자신의 노동으로 자녀들을 부양하고 생계를 유지해야 하는 농부가, 어쩔 수 없는 상황이 아니라면, 작은 밭·기를 팔아 버린다는 것은 죄를 짓는 것이다. 하나님께서 우리의 손에 맡기신 것을 가지고 있는 것은, 이것을 통해 우리가 단순히 가족을 부양하고 가난한 자들에게 무엇인가를 나누어 줄 수 있는 한, 모든 것을 팔아 치우는 것보다 더욱 덕스러운 것이다."[10]

---

10) *Com. on Matt.* 10:20-22. 부스마, 『칼빈』, 458f.

가족들을 위해 정상적으로 노동하는 상태를 유지하는 것은 경건 생활에 필요한 요소임을 암시하는 것이다.

더욱 흥미로운 것은 칼빈이 재물로 가난한 자를 도울 때, 막연하게 허비하는 것을 금한다는 것이다. 말하자면 칼빈은 "가난한 자들에게 자선을 베풀기 위하여", "재물을 무계획적으로 낭비하는 것"을 반대했다.[11] 즉 우리의 재물을 성경적으로 이치에 맞게 사용하는 것이 경건에 속한 행위라는 말이다. 칼빈에 의하면 하나님께서 주신 재물을 정당하게 즐기는 것은 하나님의 뜻이라는 점에서 그런 행위 내지 자세는 경건과 관계한다고 볼 수 있다. 하나님께서는 "우리를 그의 아들의 몸에 접붙임으로써 우리로 세상의 주인이 되게 하셔서, 하나님께서 풍성하게 주신 모든 것들을 우리들의 것으로 정당하게 즐길 수 있도록 하셨다."[12]

② 칼빈의 빈곤관

칼빈은 빈곤을 반드시 불행한 것으로 보지 않는다. 가난이 우리를 경건하게 만들 수 있다면 그것은 가치 있는 것으로 본다. "하나님을 잊어버리고도 세속적 번영을 얻을 수 있으나, 그것은 저주를 받은 번영이다. 경건하게 살면서 가난한 것이 무한히 더 행복한 상태이다"(*Inst* 3.7.8). 따라서 우리가 가난에 처할 때에 인내할 것을 가르친다. "가난한 사람은 물질에 대한 과도한 욕망으로 고통을 받지 않기 위해서, 없이 지내며 견딜 줄 알아야 한다"(*Inst* 3.10.5). 칼빈은 하나님이 인간을 냉대하시기 때문에 가난을 허락하신다고 할 수 없다고 한다.

---

11) *Com. on Jer.* 22:16. 부스마, 『칼빈』, 459.
12) *Com. on I Tim.* 4:5. 부스마, 『칼빈』, 459.

> "칼빈은 결코 빈곤과 불운으로 고통을 받는 개인에 대한 하나님의 냉대의 증
> 거로 보지 않았으며, 번영을 개인적 공로에 대한 하나님의 축복의 표시나 구
> 원을 위한 선택의 증거로 생각하지 않았다."[13]

그런데 칼빈은 인간의 부패함 때문에 경건한 삶을 위해 가난이 유
익하다는 것도 잊지 않고 언급한다. 칼빈은 특별히 성직자들은 가난
해야 경건하게 사역하기 때문에 가난을 요구했다. "주의 사제들은 빈
곤이 영광이다"(*Inst* 4.17). 칼빈이 『기독교 강요』 제4권에서 교황주
의를 비판할 때 그들이 물질욕에 눈이 어두워 타락하고 실족했음을
장구하게 열거했다.

그 다음 우리는 가난한 사람을 돕는 일이 경건과 무슨 관계에 놓여
있을까 하는 것이다. 칼빈은 가난한 사람을 돕는 방법과 태도에 관심
을 가지면서 경건하게 가난한 사람을 돕는 문제를 설명한다.

> "하나님은 어디에서나 우리 형제들의 궁핍을 돕도록 우리를 권면하고 계시
> 지만 계산을 한 뒤에 우리 자신과 가난한 사람 사이를 가를 수 있도록 하는
> 층계를 아무데서도 열거하시지 않는다. 그는 어디에서도 우리로 하여금 시대
> 의 상황이나 사람들에게 얽매이도록 하시지 않고 사랑의 규칙을 우리의 지
> 침으로 취하도록 우리에게 요청하신다."[14]

요컨대, 칼빈의 경우 이원론자들처럼 재물을 무시하지 않으면서도
육신의 정욕 때문에 부한 자들을 경고하여 경건에 이르게 하고, 가난
이 반드시 불행의 요인이 아님을 지적하여 가난한 자들에게 그런 기

---

13) 프레드 그래함, 『건설적인 혁명가 칼빈. 사회와 경제에 끼친 영향』, 김영배 역 (서울: 생명
   의 말씀사, 1995), 91.
14) *Com. on 2 Cor.* 8:8.

회가 경건하게 살도록 만든다는 것을 주지시킨다. 즉 칼빈에 의하면, 천국은 "자신들의 부를 올바르게 사용했거나 또는 가난을 인내심 있게 참고 견디는 모든 사람들에게" 열려 있다.[15]

3) 경제 활동에 대한 칼빈의 견해에 반영된 경건

① 상거래 행위와 경건 개념

인간의 부패성을 잘 파악했던 종교개혁자들은 그 당시 상거래와 경제 활동에 부정과 부패가 많았음을 잘 알고 있었다. 루터는 그 당시 무역업계에 종사하는 사람들을 가리켜 "선한 양심을 가지고 논할 수 있는 것이라고는 아무 것도 없는 탐욕과 범죄만이 가득한 지옥"[16]이라고 말하면서 상인을 사기꾼과 동일시했다. 신대륙이 발견된 후, 그 당시 사회 정황은 무역이 엄청나게 성장하면서 부정 상거래가 빈번이 일어났던 것이다. 블랜취(Blench)는 그 당시 목사들이 이런 악행을 설교를 통해 호되게 책망했음을 지적한다.[17]

칼빈은 그 당시 상인들이 점점 귀족의 자리에 오름을 간파했고[18] 상인들의 타락상을 강도 높게 비판했다. "돈을 벌기 위해서는 아직껏 들어보지 못한 수많은 기발한 책략과 속임수와 교활함으로 충만한

---

15) *Com. on Luke* 6:24-25. 부스마, 『칼빈』, 459.

16) *LW*, 45, 270; 로날드 웰레스, 『칼빈의 사회 개혁 사상』, 박성민 역(서울: CLC, 1995), 123.

17) J.W.Blench, *Preaching in England in the Lste Fifteenth and Sixteenth Centuries*(New Your: Barnes and Noble, 1964), 133, 244, 270; Millar MacLure, *The Paul's Cross Sermons 1534-1642*(Toronto: Univ. of Toronto Press, 1958), 123.

18) *Com. on Isaiah* 23:8. "오늘날 베니스 상인들은 자신들이 귀족들과 대등하며… 왕을 제외한 그 밖의 모든 사람들보다 우월하다고 생각한다. … 또한 나는 안트웨르프(Antwerp)에는 가장 부유한 귀족들도 감당할 수 없는 그런 비용을 전혀 망설임 없이 지불하는 대리업자들이 있다는 말을 들었다"

'매춘부의 인생과 매우 닮았다' "고 했다.[19] 그럼에도 불구하고 칼빈은
무역의 발전에 동의했다.[20] 흥미로운 것은 무역의 이런 약점에도 불
구하고 칼빈이 그것을 경건한 삶 쪽으로 전향시키는 영성을 보여주고
있다는 점이다.[21] 성경은 인간을 사회적이고 공동체적인 존재로 가르
친다.[22] 성경은 참된 경건이 성령을 통해 인간들이 상호간에 완전한
연합을 이루는 것과 밀접한 관계에 놓여 있음을 가르친다. 칼빈은 인
간의 이런 공동체적인 본질을 염두에 두고 무역활동이 경건한 영성에
도움을 준다는 사실을 간파한 것이다. 칼빈은 그의 공관복음서 주석
에서 경건한 자의 삶을 상업과 비교하면서 거기서 경건의 삶의 원리
를 도출해 내었다. 칼빈은 마태복음의 달란트 비유(25:20)를 다음과
같이 설명했다.

> "하나님께서 그들에게 맡겨주신 것이 무엇이든지 그것을 유용하게 사용하는
> 사람들은 바로 상업에 종사하는 사람들이라고 말할 수 있을 것이다. 경건한
> 사람들의 삶은 정확히 상업 활동과 비교된다. 왜냐하면 그들은 교제를 유지하
> 기 위하여 서로 교환하고 교역해야 하기 때문이다. 그리고 모든 사람이 그에
> 게 맡겨진 직임, 소명, 적절하게 행동하는 능력 그리고 아주 많은 종류의 상품

---

19) *Com. on Ezekiel* 23:17. Wallace, 『칼빈의 사회 개혁 사상』, 124.
20) 월레스, 『칼빈의 사회 개혁 사상』, 125.
21) R.H.Tawney, *Religion and the Rise of Capitalism* (West Drayton: Penguin Books,
   1948), 92. 월레스 재인용, 『칼빈의 사회 개혁 사상』, 125. 토니는 이 문제에 대해 칼빈의
   결심을 다음과 같이 논평했다. "하나의 출발점으로서 상업적 관례의 실재를 받아들인 것
   은 대단히 중요한 일이었다. 왜냐하면 그것은 칼빈주의와 칼빈주의에서 파생된 그 지류들
   의 미래를 대부분 특징짓게 될 그런 활동의 편에 서는 입장을 취할 뿐 아니라, 무역을 부인
   한 것이 아니라, 오히려 무역이 제공한 기회들을 하나님의 영광을 위해 전력을 기울여 꾸
   준히 사용함으로써 그리스도인의 삶을 영위해야한다는 것을 주장하고 있음을 의미하기 때
   문이다."
22) 인간이 공동체적인 존재하는 사실은 로마서 5장에 나오는 대표설이 분명하게 말해주고,
   사도행전 17장은 인류가 한 혈통으로 창조되었음을 가르친다.

으로 추정되는 다른 은사들을 거래를 통해 실행한다. 왜냐하면 그들이 기대하는 용도와 목적은 인간들의 상호관계를 촉진시키기 위한 것이기 때문이다."[23]

이런 점에서 "칼빈은 개인과 다른 사회 단위들 간의 건전한 통상을 통한 상호 교환은 행복한 공동체 생활을 증진시키는데 매우 귀중한 역할을 알 수 있음을 알았다"[24]라고 말한 월레스나 "칼빈에게 있어 물건을 사고판다는 것은 곧 사회 구성원들 간의 영적인 사귐을 보여주는 하나의 표시였음을 지적하고 있다"[25]라고 말한 비엘러(A. Bieler)의 말은 매우 적절한 지적이다.

말하자면 칼빈의 경우 상거래 행위 자체를 정죄하지 않고 오히려 그런 행위 속에서 경건의 삶의 원리를 도출했다는 점에서 물질생활을 터부시 하는 이원론적인 사고를 극복했다고 볼 수 있다.

② 노동과 경건

칼빈은 위에서 살펴본 대로 일부 직업에 대해서 부정적인 입장을 취한 루터와는 달리, 그것이 공익을 위해 봉사하는 한 현실 세계의 모든 직업 생활은 경건의 삶과 연관됨을 주장한다. 이것은 칼빈이 참된 종교가 병자를 문병하고 과부들과 고아들을 돌볼 뿐만 아니라 현재 세상의 나머지 사람들의 직업 생활을 복음과 연관시키는 일에 매우

---

23) *CO* 45, 569. "Dicuntur negotiari qui utiliter impendunt quidquid Deus apud ipsos deposuit. Piorum enim vita negotitioni apte confertur, quia ultro ciroque ad fovendam societatem inter se contrahere debent: industria autem, qua quisque monus sibi mandatum exsequitur, ipsaque vocatio, facultas bene agendi, et reliqua dona in mercibus deputantur, quia ad hunc usum et finem spectant, ut mutua sit inter homunes communicatio"
24) 월레스, 『칼빈의 사회 개혁 사상』, 125; 그래함, 『건설적인 혁명가 칼빈』, 109.
25) André Bieler, *The Social Humanism of Calvin*, trans. Paul T. Fuhrmann (Richmond: John Knox Press, 1964), 51.

열심이었던 것에서 드러난다.[26)]

　칼빈의 노동이해는 영성과 밀접하게 연관되어 있다. 칼빈은 인간은 일하는 존재로 창조되었음을 주목하면서 노동이 한편으로는 인간에게는 본질적인 행위인 동시에 노동을 통해 나태를 막으며 나아가 형제들에게 사랑을 베풀 수 있도록 만든다는 점에서 경건과 연결되어 있다.

> "우리는 일하기 위하여 태어났습니다. 하나님께서는 우리가 세상에 사는 동안 게으르기를 원하지 않으십니다. 그는 우리들에게 손과 발을 주셨고, 또한 산업을 주셨습니다."[27)]

　칼빈은 그리스도인의 노동이 자신의 신실함을 보여주는 가장 중요한 면 중에 하나이고, 이 노동은 개인적인 측면에서 그리고 사회적인 측면에서만 자기 목적성 또는 정당성이 될 수 없다고 한다.[28)] 말하자면 칼빈의 경우 노동은 수평적인 차원에서만 그 의미를 찾을 수 없다는 것이다. 그는 한 걸음 더 나아가 수직적인 차원에서 그 의미를 찾아야 함을 암시한다. 즉 그리스도인 노동은 그 영예를 하나님께서 위임하신 명령과 그의 섭리로부터 얻는다는 것이다. 다양한 은혜의 은사들이 하나님의 영으로부터 나오듯이 다양한 재능들은 (이방인을 포함해서) 하나님의 선행으로부터 얻는다고 한다.[29)] 즉 칼빈의 경우 노동이란 수직적인 차원과 수평적인 차원이 만나면서 경건을 발산하는

---

26) 그래함, 『건설적인 혁명가 칼빈』, 112f.
27) *Serm. on Deut.* 5:11. 창세기 2:15과 시편 127:1 주석에도 반복해서 언급된 부스마, 『칼빈』, 462.
28) *Com. on Luke* 17:7–10.
29) *Com. on Ex* 31:2.

수단으로 작용한다. 다음과 같은 발언도 여기에 속한다.

> "노동이란 한편으로는 믿음 안에서 굳건히 서는 것이요, 다른 한편으로는 이 믿음으로부터 파생되어 나온 것으로 책임 있게 세상을 만들어 가는 그 무엇이다."[30]

이런 이중적인 관계와 동전의 앞뒤와 같은 관계는 1562년에 작성된 제네바 신앙문답서의 기도문에 나온다.

> "주여 무엇보다도 주는 주의 성령을 통해서 우리 곁에 계시기를 원하십니다. 이로써 우리는 거짓과 속임이 없이 우리의 입장과 직업에 충실히 머물게 됩니다. 우리는 부요에 따라 가난한 자들을 만족시키는 것보다 당신의 규례를 따르는데 더 관심을 집중시킵니다. 만일 우리의 노동을 확장하시기를 원하시거든 당신이 우리에게 주실 그 능력에 따라, 우리에게 가난한 자들을 도울 수 있는 용기를 주소서. 우리로 모든 겸손 가운데 머물게 하소서 이는 우리가 사람들 곧 당신으로부터 오는 큰 은혜를 체험하지 못한 사람들을 깔보지 않기 위해서입니다. 그리고 만일 당신이 우리에게 가난 곧 우리의 연약함이 원할 수 있는 것보다 더 큰 가난과 궁핍을 주실 때는 당신은 우리에게 우리의 믿음이 오직 당신의 약속으로 향할 수 있도록 하는 은혜를 주시기를 원하시기 때문입니다."[31]

그리고 칼빈은 노동이 다른 사람을 위해 봉사하는 수단으로서 경건을 표현함을 가르친다. 즉 그는 노동이란 하나님에 의해 인간에게 부

---

30) H.H. Esser, "칼빈의 사회윤리와 자본주의", 필자의 "칼빈신학" 강의안(2009), 347.
31) *CO* 6, 137에 따라 번역한 것임; *Com. on Matt.* 20:1.

과된 것으로 보았고, 동시에 그것을 하나님의 선한 은사들 가운데 하나로 보았다.[32] 나아가 칼빈이 직업 생활의 원리를 지체론의 원리와 연결하여 그 시금석을 공동체를 위해 유익으로 삼아 설명한 부분은 직업을 통한 영성 내지 경건을 잘 표현해 준다고 하겠다:

"어떤 사람이 '오 나는 일하고 있습니다. 나는 장사를 합니다, 나는 최선을 다하고 있습니다' 라고 말하는 것만으로는 충분하지가 못하다. 왜냐하면 사람은 그 일이 공동체에 선하고 유익한지의 여부에 관심을 기울여야 하며, 그 일이 우리의 이웃들을 도와줄 수 있는지 없는지를 생각해야 되기 때문이다. … 그리고 바로 이것이 우리가 한 몸의 지체들에 비유가 되는 이유이다. 그러나 만일 사람의 손이 다른 지체를 농락하고 심지어는 손상을 입히는 데 사용된다면 온 몸이 이것으로 말미암아 파멸하고 말 것이다. … 유용하지 못하고 공익에 봉사하지 않고 각자의 개인적 이익에 기여하는 어떤 직업도 결코 인정받지 못하리라는 것은 확실하다."[33]

사실 서로 상대방을 위해 봉사하는 마음으로 직업생활을 하는 것은 창조원리에 따른 것이다. 따라서 누구든지 공익을 위해 도움이 되는 노동을 하는 일은 경건의 삶으로 여겼던 것이다. 무엇보다 칼빈은 노동이 일상생활의 예배로 이해함으로써 노동과 경건 내지 영성과 연관시키는 것이다.[34]

요컨대 칼빈은 그리스도인의 삶의 일부분으로서 노동은 그 자체가 예배인 동시에 경건한 삶을 지탱할 수 있도록 만드는 매개가 된다는 말이다.

---

32) 그래함, 『건설적인 혁명가 칼빈』, 113f.
33) 그래함, 『건설적인 혁명가 칼빈』, 114f. *CO* 51, 639(엡 4:26–28 설교)
34) *CO* 51, 639. H.H. Esser, 논문 "칼빈의 사회윤리와 자본주의", 348.

4) 고리대금업 비판에 반영된 영성

돈을 빌려주고 이자를 받는 것은 성경적으로 바람직한 것일까? 성경은 이 문제에 대해 다양하게 대답한다. 시편은 주의 장막에 유할 자의 자격으로서 변리로 대금치 않는다고 하는가 하면(시 15:5), 이스라엘 내국인 사이에는 변리(邊利)를 취하지 말 것을 명령하고(출 22:25; 신 23:9; 겔 18:8), 타국인의 경우 이식을 취할 수 있다고 가르친다(신 23:20). 교회는 그 동안 이자놀이를 금했다.[35] 그 당시에는 이식을 취하는 것이 경건한 그리스도인의 삶에 어울리지 않는 것으로 여긴 것 같다.

그런데 칼빈은 이와는 다른 견해를 내어 놓았다. 이자에 대한 칼빈의 견해는 그 당시로는 새로운 통찰이었다. 칼빈은 이 문제를 두 가지로 구별해 놓고 다루었다. 즉 그는 생산에 투자한 자본에 대한 이자와 어려움을 당한 사람들을 약탈하려는 기생충과 같은 고리대금업자들의 이자를 구별했다.[36] 칼빈은 단순히 가난한 자들에게 돈을 빌려주는 문제를 다루는 성경의 정황과 무역업을 하는 문제와 연관되는 16세기의 시대적 정황이 다름을 간파하고 사업을 위해 돈을 빌려주고 이자를 받는 것이 정당함을 지적한 것이다. 즉 칼빈에 의하면 "성경이 금하는 고리대업은 단지 가난한 자에 대한 것이고 부자들을 대상으로 하는 경우 … 이자놀이를 허용해도 된다"는 말이다.[37] 칼빈은 수탈의 수단으로서 이자를 배격했다.[38]

---

35) 웰레스, 『칼빈의 사회 개혁사상』, 126.
36) Esser, "칼빈의 사회윤리와 자본주의", 374.
37) *Com. on Exod.*, 22:25; *Com. on Ezek.*, 18:1-9. 웰레스, 『칼빈의 사회 개혁사상』, 126.
38) 부스마, 『칼빈』, 460.

"채권자가 돈에 눈이 어두워 채무자에게 부담을 지우고 억압하는 이러한 경우에만 이자의 수탈이 부당한 것으로 비난되어져야 한다. 참으로 나는 내 이름으로 이자를 받는 것을 달가와 하지 않으며, 이자라는 말 자체가 세상에서 사라져버리기를 원한다."[39]

고리대금업자들에 대한 칼빈의 증오감은 시편 주석에도 나타난다.

"이 세상에서 고리대금업자 중 착취자 또는 부당하고 치욕적으로 수입을 얻는 데 몰두하지 않은 사람을 찾기가 거의 불가능하다. 옛적에 카토(Cato)는 고리대금업과 살인을 같은 범죄로 간주하였다. 왜냐하면 이 고리대금업자들은 남의 피를 빨아 먹는 자들이기 때문이다."[40]

그럼에도 칼빈은 공평과 형제애에 부딪치지 않는 한 이자를 받는 행위가 불법적인 것은 아니라고 했다.

"그러나 이처럼 매우 중대한 문제에 있어서 나는 하나님의 말씀이 말하는 것 그 이상을 감히 말하고 싶지 않다. 고대 이스라엘인들에게 이자가 금지되었다는 것은 명백하지만, 우리는 이것이 그들의 정치적 상황의 일부였다는 것을 고백할 필요가 있다. 이제는 이자를 받는 것이, 공평과 형제애에 모순되지 않는 한, 불법이 아니라는 것을 우리는 이로부터 도출해 낼 수 있다."[41]

---

39) *Com. on Ex.* 22:25 ; 재인용 부스마, 『칼빈』, 461.
40) *Com. on Ps* 15:5; André Bieler, *La penseé économique et sociale de Calvin* (Geneva, 1959).
41) *Com. on Ps* 15:5; André Bieler, *La penseé économique et sociale de Calvin* (Geneva, 1959). 재인용 부스마, 『칼빈』, 461.

칼빈이 첫 번째 경우의 이자놀이도 엄격한 규정 안에서 허용하고, 두 번째 경우의 이자놀이를 금지한 것을 보면[42] 그런 삶은 경건한 삶과는 거리가 멀기 때문이다. 이자에 대한 다음과 같은 칼빈의 발언은 경건한 삶을 사는데 필수적인 조건인 것처럼 말한다. 첫째, 이자를 얻기 위해 돈을 빌려주는 것은 하나의 직업으로 삼아서는 안 된다[43]. 둘째, 가난한 사람들이나 경제적으로 압박을 받는 사람들로부터는 이자를 받아서는 안 된다. 셋째, 이자를 위한 자본투자는 단지 그것이 곤경에 처한 사람들을 돕는 일을 해치지 않는 범위 내에서 이루어져야 한다. 넷째, 이자 계약은 단지 '자연적인 공평'(*equite naturelle*)의 의미에서 그리고 예수 그리스도의 황금률의 의미에서만 맺을 수 있다(마 7:2). 다섯째, 자본을 빌린 자는 빌린 자본으로써, 이자를 받는 사람보다 더 많은 이익을 얻어야 한다 (고리대금업자들이 돈을 빌려간 사람들로부터 지나친 이자를 받음으로써 그들의 사업이 망하거나 그 때문에 그 사업이 발전하지 않게 해서는 안 된다는 뜻이다). 여섯째, 이자율을 정하는 척도는 단순히 풍습에 따라서는 안 되고 하나님의 말씀에 따라야 한다. 일곱째, 이자놀이 사업은 개인의 안목에서 시행될 뿐만 아니라 그 이자놀이가 사회경제 생활에 어떤 영향을 끼칠 것을 고려해야 한다. 여덟째, 지금 현재 있는 규정은 항상 '공평'의 기본원칙에 따라 적용되어야 한다(이 규정은 다른 관점에서는 금지된

---

42) Herbert Lüthy, "Nochmals: Calvinismus und Kapitalismus – Über die Irrwege einer sozialhistorichen Diskusson," *Schweizerische Zeitschrift für Geschichte* II (1961) 1:155; Prof. H. H. Esser, "칼빈의 사회윤리와 자본주의" 재인용. Lüthy는 다음의 내용을 보완한다. "모든 경제 사가들에 의하면, 유럽의 개신교 나라들과 가톨릭 나라들 사이의 차이점은, 전자는 이자를 허용하고 후자는 이자 없이 돈을 빌려주는데 있는 것이 아니라, 전자에는 공적으로 인정되고 규정되며 정확히 정의된 자본이자에 동의한 것이 경제 부흥의 본질적인 요인인 반면에 교회법 나라에서는 자본대여를 위한 고리대금의 이자가 경제적 발전의 주된 방해거리 중에 하나로 남았다는 사실이다."

43) *Com. on Ps.*, 15:5; 재인용, 웰레스, 『칼빈의 사회 개혁사상』, 128

이자놀이를 정당화해서는 안 된다는 뜻이다).[44]
　다음과 같은 그의 발언은 위의 내용을 요약해 준다.

> "이자는 적당해야 하며, 누구든지 항상 돈을 빌려주기만 해서는 안 되고, 또
> 한 교우들 간에는 결코 이자를 받아서는 안 되며, 누구든지 가난한 사람들을
> 착취하는 이자놀이를 해서는 안 된다. 이자의 비율과 관련하여 그는 사람들
> 은 법이 허용하는 5% 이상을 기대해서는 안 된다고 가르쳤다."[45]

　요컨대, 칼빈은 그리스도인의 경건이 돈을 빌려주고 받는 행위를
정당하게 하고 또 그 속에 인휼함이 드러남을 암시한 것이다.

4. 결론

　1. 칼빈이 말하는 경건 내지 영성은 하나님과 인간 사이의 관계, 인
간과 인간 사이의 관계 그리고 시간적인 차원이 회복된 결과로 볼 수
있다.
　2. 칼빈은 물질을 경시하지 않았다. 단지 인간의 탐욕을 경고한다.
그가 프랑스에서 피난온 개신교 피난민을 위해 구제활동을 하고 산업
을 일으킨 것은 이런 물질관에 근거한다.
　3. 칼빈은 상거래 행위에서 경건의 삶의 원리를 도출하여 이원론을
극복했다.

---

44) *OS* II, 391-96.
45) *Sermon on Deut.*, 23:8-20. *CO* 28, 117, 121.

4. 칼빈은 그리스도인의 삶의 일부분으로서 노동은 예배인 동시에 경건을 유지하게 만드는 매개가 된다고 주장한다.

5. 칼빈은 이자를 받을 때 이웃을 배려할 것을 주장하고 사업을 위해 돈을 빌려주고 적정한 이자를 받는 것은 정당하다고 주장한다. 이런 사상은 자본주의를 발전시키는데 기여한 것으로 보인다. 그 결과 칼빈의 후예들 또는 칼빈주의자들이 가는 곳마다 상공업을 포함한 모든 직업이 활발하게 발전하는 기독교 사회가 형성되었다.

한국교회는 이런 측면에서 칼빈으로부터 무엇을 배울 수 있을까?

첫째, 수도원적 이원론적인 영성을 지닌 상당히 많은 한국교회는 물질관에 관해서 이러한 문제점을 극복해야 한다. 이렇게 할 때 세속 문화를 변혁시킬 수 있는 기틀이 마련될 것이다.

둘째, 한국 사회는 칼빈이 가르친 성경적인 물질관을 무시하고 탐욕과 수탈로 얼룩져 있으며 유물론적인 오류에 빠져 있다. 그 결과 한 줌의 돈을 위해 인간의 생명을 희생시키는 풍조가 팽배하다. 교회는 바른 물질관을 통해 본을 보여야 할 것이다.

셋째, 사채를 이용해서 무모하게 사업을 확대하다가 실패하고 자기 목숨을 스스로 버리는 일들이 너무나 많다. 기독교인들이 탐욕을 극복하고 합리적인 사채 활동을 통해 생산적인 본을 보일 필요가 있다. 교회가 이런 선한 일에 앞장을 선다면 불신자들도 기독교를 부정적인 시각으로 보지 않을 것이다.

성경은 인간으로 하여금 물질을 사용하여 문화를 창조할 것을 가르친다. 그러나 탐욕에 빠져서는 안 되고 이 물질을 하나님 중심적으로 사용할 때 경건을 이룰 수 있음에 유념해야 한다. 이를 위해 세 가지 차원 곧 수직적인 차원의 믿음과 수평적인 차원의 사랑 그리고 시간적인 차원에서 소망을 이루는 일에 매진해야 한다.

기고자 약력소개 •

신득일 교수　　고신대학교 신학과(B.A.)와 신학대학원(M.Div.), 그리고 대학원 신학과(Th.M.)과정을 거쳐 네덜란드 캄펜 신학대학원에서 구약학(Th.Drs.) 학위를 받았고 남아공 노스웨스트 대학교에서 구약학 박사학위(Ph.D.) 학위를 받았다. 미국 리폼드 신학대학원 연구교수였으며, 현재 고신대학교 신학과 구약 교수이며 대양교회 협동목사이다. 저술로는 『구약 히브리어』, 『성경길라잡이』가 있다.

채영삼 교수　　연세대학교 철학과(B.A.)와 총신대 신대원(M.Div.), 그리고 미국 칼빈 신학대학원(Th.M.)를 거쳐 트리니티 복음주의 신학대학원에서 신약학 박사학위(Ph.D.)를 받았다. 그 후 시카고 갈보리 교회 담임목사로 섬겼으며, 현재 백석대학교 기독교학부 교수로 재직 중이다. 주요 저서로는 *Jesus as the eschatological Davidic Shepherd: Studies in the Old Testament, Second Temple Judaism and in the Gospel of Matthew* 외 다수의 논문이 있다.

안명준 교수　　중앙대학교 전기공학과(B.A.), 합동신학대학원(M.Div.), Reformed Theological Seminary(Th.M., 신약), Westminster Theological Seminary(Th.M., 조직신학), Universiteit van Pretoria에서 조직신학 박사학위(Ph.D.)를 받았다. 현재 평택대학교 피어선신학전문대학원 조직신학 교수로 재직중이다. 한국개혁신학회 협동총무 이사, 한국장로교신학회 서기, 조직신학연구 편집인, 칼빈 탄생 500주년 기념사업회 실행위원장이다. 저술로는 『칼빈의 성경해석학』, 『칼빈의 해석학과 신학의 유산』이 있다.

라은성 박사　　고신대학교(B.A.), 총신대신대원(M.Div.), Covenant Theological Seminary(Th.M.), Trinity Evangelical Divinity School(Th.M.)에서 수학 후 University of Pretoria에서 박사학위(Ph.D.)를 받았다. 그 후 국제신대원에서 교회사교수로 활동하다가, 현재는 '교회사아카데미'를 세워 일반신자들에게 교회역사관을 심어주기위해 교회사를 가르치는데 주력하고 있다.

문병호 교수　　고려대학교(법대 법학과, B.A.), 총신대 신학대학원(M.Div.), 미국 웨스턴신학교(홀랜드)에서 신학석사 학위(Th.M.)를 수여 받았으며, 영국 스코틀랜드 에딘버러 대학교에서 박사학위(Ph.D.)를 받았다. 현재는 총신대학교 신학대학원에서 조직신학 교수, 왕십리 교회에서 교육협동목사로 섬기고 있다. 저서로는 영국에서 출판된 *Christ the Mediator of the Law: Calvin's Christological Understanding of the Law as the Rule of Living and Life-Giving* 가 있으며, 현재 한국 칼빈학회 서기 및 한국 칼빈 신학 연구소(KICTS)의 대표로 활동하고 있다.

이신열 교수　　뉴욕주립대학교(State Univ. of New York at Binghamton) 화학과(B.A.), 펜실바니아 비블리칼 신학대학원 (Biblical Theological Seminary, M.Div.), 그리고 네덜란드 Apeldoorn 기독개혁신학대학교에서 신학석사(Drs.) 학위를 받고 동교에서 "Grace and Power in Pentecostal and Charismatic Theology"라는 논문으로 신학박사(Th.D.) 학위를 받았다. 백석대학교 조교수를 역임했으며, 현재 고신대학교 신학과 교의학 교수이며 모든민족교회 협동목사이다.

황대우 교수　　고신대학교 신학과(Th. B.)와 신학대학원(M. Div.), 그리고 대학원 신학과(Th. M.)를 거쳐 네덜란드 Apeldoorn 기독개혁신학대학교에서 "Het mystieke lichaam van Christus. De ecclesiologie van Martin Bucer en Johannes Calvijn"(2002)라는 논문으로 신학박사(Th. D.) 학위를 받았다. 현재 진주 북부교회 부목사이며 고신대학교 강사, 부산외국어대학교 겸임교수이다. 저술로는 『삶, 나 아닌 남을 위하여』, 『라틴어: 문법과 구문론』, 『칼빈과 개혁주의』가 있다.

김순성 교수　　한국외국어대학 독어과(B.A.), 고려신학대학원(M.Div.), 고신대학교 대학원(Th.M), University of Stellenbosch에서 신학박사(Th.D) 학위를 받았다. 한소망 교회와 화란한인교회에서 담임목사로 섬겼으며, 현재 고려신학대학원 실천신학(목회와 영성) 교수이다.

이성호 교수　　서울대학교 서양사학과(B.A.), 고려신학대학원(M.Div.), 미국 칼빈 신학교에서 석사학위(Th. M)을 취득한 후 리차드 멀러(Richard Muller) 교수의 지도하에 "All Subjects of the Kingdom of Christ: John Owen's Conceptions of Christian Unity and Schism"라는 논문으로 철학박사 학위(Ph. D)를 받았다. 현재 합동신학대학원 대학교에서 조직신학 교수로 재직중이다. 주요 논문으로는 "바른교회, 바르게 세우기: 칼빈의 직분론", "선행교리에 대한 개혁신학의 변증", "불가시적 카톨릭 교회에 대한 개혁신학의 변증", "진리 안에서 그리고 자발성에 의한 하나됨: 성경적 교회 일치를 향한 존 오웬의 탐구" 외 다수가 있다.

권호덕 교수　　총신대학교 신학과(BA), 총신대학교 신대원(M. Div. equiv.), 독일 뮌스터 대학교 (Mag. theol.)와 하이델베르크 대학교(Dr. theol.)에서 학위를 받았다. 마포 성산교회 담임목사로 섬겼으며 한국복음주의 조직신학회 회장을 역임하였으며, 현재 백석대학교 신대원 조직신학 교수로 재직 중이며, 한국개혁신학회 회장으로 섬기고 있다.